सबके राम

(निधि समर्पण अभियान)

लेखन एवं संकलन

डॉ. प्रवेश कुमार • राजीव गुप्ता

www.prabhatbooks.com

प्रकाशक
प्रभात पेपरबैक्स
प्रभात प्रकाशन प्रा. लि. का उपक्रम
4/19 आसफ अली रोड, नई दिल्ली-110002
फोन : 23289777 • हेल्पलाइन नं. : 7827007777
इ-मेल : prabhatbooks@gmail.com ❖ वेब ठिकाना : www.prabhatbooks.com

संस्करण
प्रथम, 2022

मूल्य
एक सौ पचास रुपए

मुद्रक
आर-टेक ऑफसेट प्रिंटर्स, दिल्ली

★

SABKE RAM
Ed. Dr. Pravesh Kumar • Shri Rajeev Gupta

Published by **PRABHAT PAPERBACKS**
An imprint of Prabhat Prakashan Pvt. Ltd.
4/19 Asaf Ali Road, New Delhi-110002

ISBN 978-93-5521-033-3

₹ 150.00

सबके राम

पूजनीय स्व. अशोक सिंहलजी

तथा

बलिदान हुए सभी कारसेवकों को

आशीर्वचन

महंत नृत्यगोपालदासजी महाराज

'मंदिर का निर्माण राष्ट्र का निर्माण है।'

अब यह बड़ा सुहावना समय आ गया है कि करोड़ों श्रीराम भक्तों की अभिलाषा, मनोरथ और इच्छाएँ शीघ्रातिशीघ्र पूरी होनेवाली हैं। जहाँ रामलला विराजमान हैं, वहाँ दिव्य-भव्य मंदिर का निर्माण शुरू हो गया है। मंदिर का निर्माण भारत का निर्माण है, भारतीय सांस्कृतिक धरोहर का पुनर्निर्माण है।

सभी रामभक्तों को मेरा साधुवाद!

जय श्रीराम!

॥ श्रीहरि ॥

स्वामी गोविन्ददेव गिरि

आचार्य-डी.लिट्. (मानद)

कोषाध्यक्ष, श्रीरामजन्मभूमि तीर्थक्षेत्र (न्यास), अयोध्या

'धर्मश्री', सूर्यमुखी दत्तमंदिर के समीप
पुणे विद्यापीठ मार्ग, पुणे-४११०१६
दूरभाष : (०२०) २५६५२५८९
फैक्स : (०२०) २५६७२०६९
swamigovindgiriji@gmail.com

हार्दिक अभिनंदन

आसिन्धु-सिन्धुपर्यन्तं राम रामेति गर्जनम्।
आबालवृद्धभक्तानां रामकार्ये समर्पणम्॥

स्वतंत्र भारतवर्ष में चले अब तक के सभी अभियानों में अयोध्याजी में श्रीरामजन्मभूमि स्थल पर निर्माणाधीन श्रीराम मंदिर के लिए चला 'निधि समर्पण अभियान' अनेक विशेषताओं के कारण परमोज्ज्वल एवं अनन्य-साधारण प्रमाणित हुआ है।

मर्यादा पुरुषोत्तम भगवान् श्रीराम आसेतुहिमाचल सर्वमान्य जीवनादर्श है, यह पढ़-सुनकर जानना और बात रही, पर अभियान काल में शहरी-ग्रामीण, शिक्षित-भावुक, धनी-निर्धन, आबालवृद्धों का उमड़ता उत्साह एवं स्वप्रेरित दान-प्रवाह ऐसा प्रचंड था कि भाषा, प्रदेश, जाति, पंथ, संप्रदाय आदि सभी सीमाओं के पार पहुँचकर रामप्रेम का सागर लहराता रहा और स्थान-स्थान पर भावाश्रुओं का रूप लेता रहा।

श्रीराम के सर्वमान्य राष्ट्रपुरुष होने का यह साक्षात्कार सामाजिक समरसता एवं राष्ट्रीय एकात्मता के दर्शन का सुनहरा पर्व रहा, जो विश्वास दिलाता है कि राष्ट्र-निर्माण में श्रीराम मंदिर की भूमिका कितनी आधारभूत है। इस अमृतमय पर्व के संस्मरण ऐतिहासिक एवं सांस्कृतिक धरोहर के रूप में ग्रंथाकार प्रकाशित करने का 'विश्व हिन्दू परिषद्' का संकल्प अत्यंत अभिनंदनीय है। तदर्थ सभी को साधुवाद एवं हार्दिक शुभकामना!

आषाढ़ कृ. ८
युगाब्द ५१२३
दि. : ३१/७/ २०२१

स्वामी गोविंददेवगिरि:

(श्री ज्ञानेश्वरपदाश्रित)

। महर्षि वेदव्यास प्रतिष्ठान । गीता परिवार । संत श्री ज्ञानेश्वर गुरुकुल । श्रीकृष्ण सेवा निधि।

Email : dharmashree123@gmail.com • Website : www.dharmashree.org

H.H. Sri Vishvaprasannatirtha Swamiji
Sri Pejavara Adhokshaja Matha
jagadguru Sri Madhwacharya
maha Samsthana
Udupi-576101, Karnataka
Ph. : 0820-2526598,
9448472198, 9449082198
Email : pejavaraparyaya2016@gmail.com

श्रीश्री विश्वप्रसन्नतीर्थश्रीपादा:
श्रीपेजावर अधोक्षज मठ:
जगद्गुरु श्री मध्वाचार्य महासस्थानम्
उडुपि-५७६१०१, कर्णाटक

शुभकामना संदेश

देश के सर्वोच्च न्यायालय ने अपने कठघरे में सुदीर्घ चर्चा के बाद अयोध्या के श्रीरामजन्मभूमि के विवाद से संबंधित ऐतिहासिक निर्णय सुनाकर उस विवाद की इतिश्री की। अयोध्या की भूमि श्रीराम की ही है। देश के समस्त नागरिक हिन्दू बंधु-भगिनी इसकी आराधना के हकदार हैं। इस प्रकार का महत्त्वपूर्ण निर्णय सर्वोच्च न्यायालय ने दिया, इससे बहुत वर्षों तक चले इस मामले को लेकर लोगों में जो जिज्ञासा थी और शांत हुई। राम मंदिर निर्माण के लिए जिस ट्रस्ट की रचना की गई थी, वह ट्रस्ट एक महत्त्वपूर्ण जिम्मेदारी को अपने कंधे पर लेकर कर्तव्य करने पर तुला हुआ है। मंदिर निर्माण के लिए निधि संग्रह करने के उद्देश्य को लेकर पूरे भारतवर्ष के समस्त नागरिकों के सामने अपनी संगठन-शक्ति के दायरे को लेकर उसके अनुसार देश के समस्त हिन्दू जनों के द्वार तक विश्व हिन्दू परिषद् के लाखों सदस्यों एवं कार्यकर्ताओं ने 'निधि संग्रह अभियान' चलाने का निर्णय लिया। अभियान के दौरान लाखों गाँव में जाकर श्रीराम के मंदिर के लिए एक लंबी मधुकरी वृत्ति में निरत रहे। अभियान के लिए जो प्रोत्साहन मिला, वह अवर्णनीय है। मंदिर निर्माण के लिए दान देने में लोगों ने आगे-पीछे नहीं किया, बल्कि तन, मन, धन से होड़ लगाकर दान देने के लिए स्वयं प्रेरित होकर बड़े आनंद से दान देने के कार्य में सक्रिय रहे। जिस प्रकार श्रीराम के आगमन का इंतजार शबरी करती थी, उसी प्रकार लोग राम मंदिर निर्माण के लिए सहायता करने के लिए तत्पर रहे। यहाँ कोई बड़ा या कोई छोटा नहीं होता; किसने कितना दिया, किसने कितना नहीं दिया, यह मायने नहीं रखता, बल्कि किस भावना से उन्होंने इस कार्य में अपनी सहायता को प्रदान किया है, यह अति मुख्य होता है। 50 रुपए से लेकर 100 लद्दाख करोड़ रुपए तक असंख्य लोग भी दान देनेवालों में से हैं। लाखों-करोड़ों श्रेणी में उदारता से दान देकर अपनी भक्ति को एक नए नजरिए से प्रकट करनेवाले इसमें शामिल हैं। इस दृष्टि से सबका अभिनंदन करना अत्यंत आवश्यक है। दान देनेवाले की

दृष्टि को देखना नहीं, बल्कि किस दृष्टिकोण से उन्होंने दान दिया है, यह देखा गया है। निधि संग्रह के इस अभियान में हम लोग देश भर में, विशेष करके दक्षिण भारत के कुछ गाँवों में, जब हमने भ्रमण किया तो उसका अनुभव अविस्मरणीय रहा, जहाँ-तहाँ कार्यकर्ताओं के आह्वान को स्वीकार करके उनके गाँवों में जाकर उनके साथ उनके मोहल्ले, उनके तालुका में जो मर्यादा हमें देखने को मिली, वह अनुपम है। हमारा वह देश-संचार भी रोचक अनुभव के रूप में आज हमारे सामने है। कुछ केंद्र-मंत्री, अनेक राज्यपाल, मुख्यमंत्री, हजारों साधु-संत, मठाधीश, उद्यमी, बड़े लोग, न्यायाधीश, अधिकारीगण, जनप्रतिनिधियों आदि से मुलाकात करके उनके द्वारा सहायता की याचना करने से भी हमें बहुत मदद मिली। इसके साथ-साथ अनेक दीन-दलित बंधुओं की गलियों में भी भजन मंडली तथा हजारों गाँव में जब दान माँगने गए, वहाँ तो जाग्रत् श्रीराम की भक्ति तथा उनके हृदय में श्रीराम के प्रति श्रद्धा को देखकर हम उत्साह से भरा गए। यह भी अवर्णनीय है। यह एक अनदृश्य अनुभव भी है। इसके द्वारा लोगों ने हमारी आशा से बढ़कर, अपनी क्षमता की सीमा से बाहर जाकर दान दिया। उनकी इस उदारता, दयालुता, स्नेह, प्रेम को देखकर हमारा मन भर आया। ट्रस्ट के इस कार्य पर विश्वास करके जिन लोगों ने दान दिया, पैसा दिया है, इसके कारण हमारे इस ट्रस्ट का उत्तरदायित्व और बढ़ गया है। लोगों के इस विशाल विश्वास का पालन ही आज हमसे कार्य करवा रहा है। वे लोग श्रीराम की कृपा से जीवन में यश प्राप्त करेंगे, यह हमारा विश्वास है। सब लोगों की सहकारिता से मंदिर का निर्माण-कार्य सफल होगा, यही इस अभियान का दृढ़ निश्चय है। दान देकर निधि-संग्रह में हाथ बढ़ानेवाले सभी भक्त मंदिर-निर्माण के बाद अयोध्या जाकर श्रीराम मंदिर का दर्शन प्राप्त करें, यही आशा है। अपने इस कार्य को हम अपने पूर्व जन्मों का पुण्य कर्म मानते हैं। इस चारित्रिक कार्य को कभी नहीं भूलेंगे और इस अभियान के दौरान जिन पहलुओं से हम गुजरे, इस निधि-संग्रह के द्वारा उन्हें दाखिल करने का अवसर हमें मिला, इसके लिए हम उन लोगों के प्रति कृतज्ञ हैं। आगे आने वाली पीढ़ी को राम मंदिर के निर्माण और सार्थक कार्य करने में जाग्रत् आस्था लाने में सभी कार्यकर्ता अपना भाग्य मानते हैं। जिन करोड़ों श्रद्धालुओं ने दान देकर हमारा उत्साह दुगुना किया है, उनके लिए उन समस्त श्रद्धालु परिवारों को पारावार कराने का बीड़ा श्रीरामजी लेंगे। उन सभी लोगों के दुःख दूर करके उन्हें सब प्रकार की संपत्ति प्रदान करके उनके जीवन की रक्षा करें, इसी प्रार्थना को हम श्रीराम के चरणों में रखते हैं। सब लोगों का शुभ हो! भगवान् भला करें!

जय श्रीराम

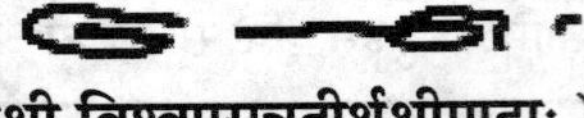

(श्रीश्री विश्वप्रसन्नतीर्थश्रीपादाः)

॥ वंदे श्री सिद्धराम-काडसिद्धेश्वर यतीश्वराभ्याम्॥ रजि.नं. : A33

Shree Kadsiddheshwar Swamiji
श्री काडसिद्धेश्वर स्वामीजी

श्री सिद्धगिरि मठ
Shree Siddhagiri Math

दिनांक : 26-06-2021

प्रभु रामचंद्र धर्ममूर्तिरूप, आदर्शों के महात्मा मर्यादा पुरुषोत्तम हैं। वे एक लोकतांत्रिक राज्यव्यवस्था के संस्थापक हैं। सर्वकाल, समस्तों के दीपस्तंभ हैं। ऐसे महात्मा के जन्मस्थान अयोध्या में मंदिर निर्माण बरसों से प्रतीक्षा में था। सर्वोच्च न्यायालय ने मार्ग प्रशस्त किया। राम मंदिर तीर्थक्षेत्र का शिलान्यास हुआ। मंदिर निर्माण की नींव रखते ही राष्ट्रीय स्वयंसेवक संघ के धर्मांग विश्व हिन्दू परिषद् के मार्गदर्शन में संघ के अंग संस्थाएँ, देश की आध्यात्मिक संस्थाएँ, सेवामय संस्थाएँ तथा अन्य सभी हिन्दू धर्मियों ने श्रीराम मंदिर निर्माण के लिए 'निधि समर्पण अभियान' प्रारंभ किया है। अभियान के कार्यकर्ता अल्प आत्मविश्वास से मैदान में उतरे, लेकिन आगे चलकर प्रभु रामचंद्र की कृपा से चला व्यावहारिक निज धर्मकार्य के इस ग्रंथ का विषय कार्यकर्ताओं के लिए आनेवाली पीढ़ी का मार्गदर्शन करने में कोई शक नहीं, क्योंकि—

1. भारतीय उनके बहुदिवसीय सपने साकार होते हुए देखकर आनंद अनुभव करने का क्षण सभी के मुख पर उत्कट दिखाई दे रहा था।
2. विविधता में एकता का दर्शन हुआ। देश की अखंडता और एकता का दर्शन किया।
3. धर्म के बारे में अविस्मरणीय व्यक्ति जिसे मानते थे, उन लोगों के रामभक्ति, राष्ट्रभक्ति उनके दान से जब प्रकट हुआ तो सबको विश्वास नहीं हुआ।
4. जो लोग हमारे भगवान् और धर्म की निरंतर निंदा करते आए थे, जिसे हम अनिवार्य रूप से सुनते आए थे, लोगों ने अपने मुक्त हस्त से दान देकर उनके ऊपर बदला लिया और साथ ही उनको नग्न किया।

Shree Kshetra Siddhagiri mahasansthan, Kaneri Math, Karveer, Kolhapur-416234
Tel. : 0231 2671059 / 2684100 ● Mumbai : 022 28762070
दूरध्वनि ०२३१२६८४१०० ● मुंबई : ०२२२८७६२०७०
E-mail : siddhagirimath@gmail.com ● Website : siddhagirimath.org

5. जो लोग मतांतर हुए थे, उन्होंने भी यह दिखा दिया कि उनके हृदय में से भगवान् श्रीराम को निकालना असंभव है।
6. भगवान्, धर्म और राष्ट्रभक्ति के कार्य में खुद को समर्पित करने के मनोबल को लोगों ने राष्ट्र मंदिर के लिए दान देकर बढ़ाया।
7. सामान्यत: धार्मिक, सामाजिक, शैक्षणिक प्रकल्पों के लिए दान देने, संग्रह करने की रूढ़ि है, लेकिन इस तरह के संग्रह-कार्य की जिम्मेदारी उठानेवालों का कार्यसिद्धि तक थक जाना सामान्य है, लेकिन श्रीराम मंदिर निधि समर्पण कार्य में निरत लोग इसके विपरीत थे।

कुल मिलाकर राष्ट्र निर्माण के कार्य में खुद को समर्पण भाव से लगे कार्यकर्ताओं के सभी अनुभव देखकर राष्ट्र की जनता को कार्यकर्ताओं के मनोबल, विश्वास, जिम्मेदारी को बढ़ाने के साथ-साथ भविष्य की प्रकल्पनाओं को भरोसा दिलाया है।

(श्री काडसिद्धेश्वर स्वामीजी)

॥ ॐ ॥

राष्ट्रीय स्वयंसेवक संघ

प्रधान कार्यालय—डॉ. हेडगेवार भवन, महाल, नागपुर

दूरभाष : (0712) 2723003, 2720150, फैक्स नं. : 2721589

Email-sachivalay@hedgewarbhavanngp.in

श्रावण कृ. अष्टमी युगाब्द 5123 दिनांक—31 जुलाई, 2021

नागपुर

मर्यादा पुरुषोत्तम श्रीराम भारतवर्ष के सनातन धर्म तथा संस्कृति के प्रतीक पुरुष तथा करोड़ों भारतवासियों के आज भी अनन्य आराध्य हैं। उनकी जन्मभूमि पर श्री अयोध्याजी में एक भव्य मंदिर विराजमान था। इसलाम के आक्रमण की आँधी आई। उसमें अनेक अत्याचारी दुष्कृत्यों में श्रीरामजन्मभूमि मंदिर का विध्वंस भी एक दुष्कृत्य था। भारतीय समाज के लिए तो वह एक अतीव मानहानिकारक कलंक था। शतकों की सतत् प्रयत्नों की संघर्ष शृंखला इस अपमान से मुक्त होने के लिए हिन्दू समाज के द्वारा चलाई गई। अंततोगत्वा हिन्दू समाज के शौर्य, दृढ़ता व सातत्य के फलस्वरूप विद्यमान भारत के सर्वोच्च न्यायपीठ के द्वारा दिए गए निर्णय से श्रीरामजन्मभूमि पर मंदिर के पुनर्निर्माण का मार्ग प्रशस्त हुआ। निर्णय में अंतर्भूत आदेश के अनुसार मंदिर निर्माण के लिए एक न्यास की स्थापना हुई।

भव्य मंदिर के निर्माण के लिए अर्थात् भारतवर्ष में भारत की सनातन हिन्दू संस्कृति की मान-मर्यादा के प्रतीक के निर्माण के लिए धनराशि के संकलन की आवश्यकता तो थी ही, अब तक के सभी संघर्षों में प्रत्यक्ष व अप्रत्यक्ष रूप से हिन्दू समाज का प्रत्येक घटक सहयोगी था। श्रीरामजन्मभूमि पर निर्माण का विषय प्रत्येक भारतीय के हृदय की उत्कट कामना रही है। इसलिए संपूर्ण समाज से मंदिर निर्माण के लिए धन संकलन की योजना बनी। उसका प्रत्यक्ष क्रियान्वयन गत वर्ष युगाब्द 5122 की प्रबोधिनी एकादशी से मकर संक्रांति तक किया गया।

इस अभियान को अभूतपूर्व उत्कट प्रतिसाद समाज के सभी वर्गों से प्राप्त हुआ, यह कहना इस अभियान से संबद्ध सभी को, जो समाज की अंतरंग भावानुभूति का दर्शन हुआ, उसका अत्यंत अपर्याप्त वर्णन होगा। वास्तव में उस अनुभव के लिए शब्द ही नहीं हैं। 'गिरा अनयन, नयन बिनु बानी' ऐसी स्थिति हो जाती है। फिर

भी इस अभियान की अनुभूति संपूर्ण देश को इस देश के स्वरूप का दर्शन करा सकती है, इसलिए उसको जन-जन तक पहुँचाना आवश्यक है।

यह सोचकर विश्व हिन्दू परिषद् द्वारा इस अभियान में कार्यकर्ताओं को प्राप्त हुए अनेक हृदयस्पर्शी अनुभवों के संकलन व प्रकाशन का निर्णय अत्यंत समयोचित तथा समाज की एक आवश्यकता को पूरा करने वाला निर्णय है। भारत की अध्यात्म आधारित धर्मप्राण सनातन अमर चिति की जीवनदायिनी अनुभूति इस प्रकाशन के प्रचार-प्रसार से भारतवर्ष के जन-जन के मन में नित्य जागरूक होगी, यह विश्वास है। प्रकाशकों का तथा अन्य सभी कार्यकर्ताओं का अभिनंदन व अनेकानेक शुभकामनाएँ।

आपका

(मोहन भागवत)

प्रस्तावना

विश्व के सबसे बड़े लोकतांत्रिक देश भारत में लोकतांत्रिक मूल्यों के आधार पर संवैधानिक तरीके से लगभग 500 वर्षों के अनवरत संघर्ष के पश्चात् अयोध्या में भगवान् श्रीराम की जन्मभूमि पर भव्य मंदिर निर्माण करने का सौभाग्य रामभक्तों को प्राप्त हुआ है। इस स्वर्णिम अवसर को प्राप्त करने के लिए हिन्दू के अनवरत संघर्ष की गाथा किसी भी समाज के लिए अत्यंत गौरव का विषय है। 1528 से निरंतर चले इस संघर्ष ने यह सिद्ध कर दिया कि हिन्दू समाज अपने इष्ट की प्रतिष्ठा को पुनर्स्थापित करने के लिए किसी भी सीमा तक जाकर संघर्ष कर सकता है। 1984 में रामजन्मभूमि मुक्ति आंदोलन प्रारंभ करने से राम मंदिर के पुनर्निर्माण की यह यात्रा बहुत ही अद्‍भुत रही। 13 करोड़ से अधिक रामभक्तों की सहभागिता ने इसे विश्व का सबसे बड़ा जन-आंदोलन बना दिया। इस आंदोलन के कारण जो जन-जागरण हुआ, उसने इसे हिन्दू समाज का एक नवजागरण आंदोलन बना दिया, जिसका परिणाम जीवन के प्रत्येक क्षेत्र में दिखाई दिया।

यह सर्वविदित है कि माननीय सर्वोच्च न्यायालय के निर्देश पर ही भारत सरकार ने 'श्रीरामजन्मभूमि तीर्थ क्षेत्र न्यास' का गठन किया, परंतु सरकार ने पहले ही दिन अपनी भूमिका स्पष्ट कर पूरे देश को एक मार्गदर्शन दे दिया कि मंदिर बनाना और मंदिर चलाना सरकार का काम नहीं है। यह सरकारी ट्रस्ट नहीं होगा, अपितु इस ट्रस्ट में वही लोग होंगे, जो इस आंदोलन को यहाँ तक लेकर आए हैं। इसलिए इस ट्रस्ट में महंत नृत्यगोपाल दासजी, चंपत रायजी, युगपुरुष परमानंदजी, गोविंद देव गिरिजी महाराज को प्रमुख स्थान दिया गया और उनकी सहायता हेतु भारत सरकार द्वारा कुछ प्रशासकों को भी जिम्मेदारी दी गई। फिर हमें ध्यान आया कि यह मंदिर तो देश के जन-जन का मंदिर है, भगवान् राम तो देश के जन-जन के साथ जुड़े हुए

हैं, इसलिए हम सरकार से भी पैसा नहीं लेंगे। सोमनाथ का मंदिर एक उदाहरण के रूप में हमारे सामने उपस्थित है, हालाँकि वह सरदार वल्लभ भाई पटेल की प्रेरणा से बना था, परंतु गांधीजी और स्व. राजेंद्र प्रसाद की इच्छा थी कि उसके निर्माण में सरकार का एक पैसा भी न लगे। अभी तक लाखों-करोड़ों रामभक्त श्रीराम मंदिर आंदोलन के साथ जुड़े थे।

अब उन्हें भगवान् राम के भव्य मंदिर निर्माण के साथ जोड़ना है और इस प्रकार सभी रामभक्तों को लगेगा कि गिलहरी की तरह उनका भी कुछ योगदान है, जब भगवान् राम का नाम गाँव-गाँव तक जाएगा तो वह विद्युत की तरह एक स्पंदन उत्पन्न करेगा और पूरे देश में अद्भुत जागरण होगा, यही सोचकर 'तीर्थ क्षेत्र न्यास' ने निर्णय लिया कि हम समाज के पास जाएँगे। कई बड़े-बड़े उद्योगपति स्वयं आए और उन्होंने भगवान् राम के भव्य मंदिर के निर्माण का सारा खर्चा स्वयं वहन करने के लिए कहा। न्यास ने उनको भी विनम्रतापूर्वक अस्वीकार इसलिए किया, क्योंकि सभी जानते हैं कि दिल्ली में एक लक्ष्मी नारायण मंदिर है। उसको श्री घनश्याम दास बिड़लाजी ने बनवाया था, अतः आज लोग उसे बिड़ला मंदिर के नाम से जानते हैं। हम चाहते हैं कि भगवान् राम के भव्य मंदिर से लोग स्वयं को जोड़ें, उन्हें गर्व हो कि यह मंदिर उनका है, इसके निर्माण में उनका भी सहयोग है, इसलिए न्यास ने निधि समर्पण के इस महाभियान का निर्णय लिया।

विहिप ने इस महाभियान में सहयोग करने का प्रस्ताव किया, जिसे न्यास ने स्वीकार करने की अनुकंपा की, प्रारंभिक बैठकों में ट्रस्ट के लोगों ने और पूज्य संतों ने इस महाभियान के प्रारूप को तय किया। श्रीराम शिलापूजन अभियान के समय भारत के तीन लद्दाख गाँवों तक कार्यकर्ता गए थे और इस महाभियान के अंतर्गत चार लद्दाख गाँवों तक जाएँगे और ग्यारह करोड़ परिवारों से संपर्क करते हुए यह प्रयास करेंगे कि लगभग 50 करोड़ लोगों का योगदान श्रीराम के भव्य मंदिर निर्माण हेतु हो, लेकिन जब प्रांतों की बैठकें हुईं और प्रखंड तक जाना शुरू किया तो देखा कि रामभक्तों का उत्साह देखने लायक था तथा इतना बड़ा लक्ष्य भी बौना पड़ गया, उस उत्साह के सामने। हमने तो मात्र चार लद्दाख तक जाने का ही लक्ष्य रखा था, लेकिन हम 5,23,395 गाँवों तक पहुँचे, जबकि भारत में कुल छह लद्दाख गाँव हैं, इसी प्रकार हमने ग्यारह करोड़ परिवार तक जाने का लक्ष्य तय किया था और हम तेरह करोड़ परिवारों तक पहुँचे तथा 50 करोड़ रामभक्तों तक पहुँचने की संख्या भी अब 65 करोड़ हो गई है, जो कि भारत के हिन्दुओं की कुल जनसंख्या के आधे से

भी अधिक है। मुझे लगता है कि विश्व का यह सबसे बड़ा संपर्क अभियान बन गया है। यह विचार किया गया कि देश भर में लगभग दस लद्दाख टोलियाँ निकलेंगी और एक टोली में कुल चार कार्यकर्ता होंगे। इस प्रकार कुल 40 लद्दाख कार्यकर्ता जनसंपर्क करेंगे, जो कि अपने आप में एक विश्व रिकॉर्ड होगा।

वर्तमान पीढ़ी वास्तव में बहुत सौभाग्यशाली है कि वह 492 वर्ष के अनवरत संघर्ष के पश्चात् अयोध्या में भगवान् राम के भव्य मंदिर का निर्माण होते हुए देख रही है। मंदिर निर्माण का कार्य शुरू हो गया है और जब संपूर्ण देश के रामभक्त, जिन्होंने इस भव्य मंदिर के लिए समर्पण किया है, इस भव्य राम मंदिर से अपने आप को जोड़ेंगे तो यह अपने आप में एक अद्वितीय अनुभव होगा। मुझे लगता है कि भगवान् राम का यह भव्य मंदिर रामराज्य की दिशा में जाने के लिए एक लॉन्चिंग पैड बनेगा। राम मंदिर से रामराज्य की ओर जानेवाली यह यात्रा भारत समेत संपूर्ण विश्व के लिए बहुत महत्त्वपूर्ण होगी, क्योंकि भगवान् राम का जीवन-मूल्य संपूर्ण मानवता के लिए है। इस राम मंदिर निर्माण से एक नए भारत का निर्माण होगा और जो राष्ट्र-विरोधी शक्तियाँ हैं, वे सब निस्तेज होंगी। यही सपना भारत के राष्ट्रपति श्री अब्दुल कलामजी का भी था और उन्होंने अपनी पुस्तक 'विजन-2020' में भारत के एक महाशक्ति बनने की बात की थी, अब महर्षि अरविंद घोष, स्वामी विवेकानंद, श्री अब्दुल कलामजी आदि महापुरुषों का वह सपना साकार होता दिखाई दे रहा है।

वर्तमान समय की सहस्राब्दी को मैं भगवान् राम की सहस्राब्दी बनते हुए देख रहा हूँ और आनेवाली पीढ़ियाँ इसी रूप में इसे याद भी करेंगी। लोगों के अंदर इस महाभियान को लेकर जबरदस्त उत्साह दिखाई दिया। कश्मीर के वे लोग, जो कि जम्मू बस स्टैंड तक तीन दिन की यात्रा करके पहुँचते हैं, वे भी चिंता कर रहे थे कि उन तक कूपन कैसे पहुँचेगा? लद्दाख में रहनेवाला बौद्ध कहता है कि "भगवान् बुद्ध भी उसी इक्ष्वाकु वंश के थे, जिस इक्ष्वाकु वंश में भगवान् राम का जन्म हुआ।" शायद भारत में बहुत लंबे अरसे के बाद भगवान् राम और भगवान् बुद्ध को जोड़ा जा रहा है। कश्मीर की घाटी भगवान् राम के पूर्वजों की धरती है, यह चर्चा भी आई थी। यही अनुभव संपूर्ण देश का रहा। पूरे देश के सभी रामभक्तों ने पूर्ण समर्पण के साथ अपने आप को राम के साथ जोड़ लिया। भिक्षुक से लेकर उद्योगपति तक, वनवासी, ग्रामवासी से लेकर नगरवासी तक आबाल-वृद्ध सभी रामभक्त सहयोग देकर अपने आप को धन्य समझ रहे थे। पूरा देश दलगत, जातिगत, क्षेत्रगत सभी बंधनों से ऊपर उठकर समर्पण कर रहा था। सबने देखा कि भगवान् राम पूरे देश को एकसूत्र में

जोड़ रहे हैं। हमने कूपन बाँटने प्रारंभ भी नहीं किए थे कि रामभक्तों ने कूपन लेने के लिए स्वयं ही विहिप कार्यालयों से संपर्क करना प्रारंभ कर दिया था। इस प्रकार से हम कह सकते हैं कि भगवान् राम के भव्य मंदिर के निर्माण हेतु रामभक्तों के अंदर एक अभूतपूर्व उत्साह है और राममंदिर से रामराज्य की यात्रा अवश्य प्रारंभ होगी।

—डॉ. सुरेंद्र जैन

संयुक्त महामंत्री, विश्व हिन्दू परिषद्

राष्ट्रभाव जगानेवाला आंदोलन

विषय प्रवेश से पूर्व मैं श्रीरामजन्मभूमि आंदोलन की थोड़ी पृष्ठभूमि दे रहा हूँ। किसी देश में एक मंदिर निर्माण के लिए इतना बड़ा व्यापक जन-जागरण एवं आंदोलन करना पड़ता है, यह स्वतः ही एक आश्चर्य है। भगवान् राम को इस देश के सामान्यजन ने अपना आदर्श माना, उनके लिए अंतःकरण में श्रद्धाभाव रखा, ऐसे अपने श्रद्धा स्थान के लिए उन्हें संघर्ष करना पड़ा, यह भी एक आश्चर्य है। सन् 1528 से आज तक संघर्ष यह निरंतर चलता रहा है। आज इस देश के स्वाभिमान के प्रारंभ में इस संघर्ष की इतिश्री हुई, ऐसा कहा जा सकता है।

5 अगस्त को अयोध्या में संपन्न हुआ भूमि-पूजन केवल एक मंदिर के निर्माण का प्रारंभ न होकर उसके अनेक बिंदुओं से एक विचारधारा का आरंभ होना है। भारत में रामजी के मंदिरों की कमी नहीं है। गाँव-गाँव में रामजी के मंदिर हैं और इसलिए अगर कहा जाए कि यह एक मंदिर के लिए किया गया संघर्ष था तो यह उचित नहीं होगा। इस मंदिर का संघर्ष धार्मिक नहीं, प्रादेशिक नहीं, संप्रदाय विशेष का नहीं, राजनीतिक नहीं वरन् राष्ट्र की अस्मिता के जागरण का विषय है। ध्यातव्य है कि यदि यह धार्मिक अथवा सांप्रदायिक होता तो जब यह आंदोलन शिखर पर था, तब लाखों की संख्या में कारसेवक अयोध्या जा रहे थे तो उनके रास्ते में गैर-हिंदुओं के अनेक श्रद्धा स्थान थे, या अनेक गैर-हिन्दू बस्तियों से वे गुजरे, फिर भी किसी कारसेवक द्वारा किसी गैर-हिन्दू को अथवा उसके श्रद्धा स्थान को क्षति नहीं पहुँचाई गई।

इसलिए यह आंदोलन किसी के विरोध में था, ऐसा नहीं है। देश, राष्ट्र व समाज की अस्मिता देश की बड़ी शक्ति होती है और यही शक्ति उस देश के गौरव, सम्मान और प्रतिष्ठा को बढ़ाती है। इस अस्मिता का निरंतर पोषण करना चाहिए, उसकी

रक्षा की जानी चाहिए तथा उसमें वृद्धि की जानी चाहिए। ऐसी शक्ति जब जाग्रत् होती है, तभी सही अर्थ में कोई राष्ट्र अपने स्वरूप पर खड़ा होता है तथा अपने कर्तव्य को पूर्ण करने हेतु सिद्ध होता है। **दुर्भाग्य से अपने भारत का गत 1,000–1,200 वर्षों का इतिहास भारत की मानसिकता की गुलामी को निर्माण करनेवाला रहा है।** इस देश की अस्मिता को बिसार दिया गया था। दिल्ली में जो बैठा है, वही हमारा राजा है, इस प्रकार की मानसिकता गुलाम भारत के जनमानस की हो गई थी। इसलिए गुलामी के प्रतीक चिह्नों को दूर करना एक स्वाभिमानी राष्ट्र का कर्तव्य है। अतः जब-जब ऐसे प्रयत्न हुए, तब-तब सभी विरोधों को सहते हुए भी हमारे राष्ट्र का दृष्टिकोण 'भारत : एक राष्ट्र' के रूप में देखने का ही रहा है।

सोमनाथ मंदिर का पुनर्निर्माण केवल दस-बारह ज्योतिर्लिंगों में से एक का पुनर्निर्माण नहीं था, बल्कि उस स्थान पर अत्यंत जर्जर अवस्था में खड़ा हुआ, आक्रमणकारियों द्वारा तोड़-फोड़ कर ध्वस्त किया हुआ पुराना मंदिर था। जब देश स्वतंत्र हुआ तो तत्कालीन शीर्ष नेतृत्व ने विचार किया कि यदि इस देश को अपना पुरुषार्थ जगाकर योग्य मार्ग पर चलना है तो इस मंदिर को पुनः भव्य रूप प्रदान करना होगा अन्यथा देश में स्वतंत्रता प्राप्ति के पश्चात् देश के सम्मुख अनेक गंभीर समस्याओं के होते हुए भी सरदार पटेल जैसे नेता इस सोमनाथ मंदिर के पुनर्निर्माण के प्रति इतने आग्रही क्यों होते? इस काम का विचार करें तो ध्यान में आएगा कि देश में पुनर्जागरण का प्रारंभ सोमनाथ मंदिर के निर्माण से हुआ तथा उसके बाद भी गुलामी के प्रतीक चिह्नों को हटाने के प्रयास देश में होते रहे। कुछ स्थानों के नामकरण हुए, कुछ विदेशियों की पुस्तकें हटाई गईं और उनके स्थानों पर राष्ट्रभाव जाग्रत् करनेवाले स्मारकों का निर्माण होता रहा, इस सारे कालक्रम में अयोध्या का स्थान सर्वोत्तम ही है।

साढ़े चार सौ साल पूर्व देश पर आक्रमण करनेवाले व्यक्तियों ने विजय के प्रतीक के रूप में अयोध्या में श्रीरामजन्मभूमि पर एक ढाँचा खड़ा किया और उसको 'स्वयं' का नाम दिया। यह इसलिए किया गया कि हिन्दू समाज को यह राज्य हमेशा चुभता रहे। दुनिया की कोई भी मस्जिद किसी व्यक्ति के नाम से नहीं जानी जाती, लेकिन दुर्भाग्य से अयोध्या में मंदिर तोड़कर उसके स्थान पर बनाई गई मस्जिद को बाबर का नाम दिया गया। इसके पीछे उद्देश्य यही था कि हिन्दू समाज की मानसिकता दुर्बल हो। हिन्दू हमेशा मार खाते रहे हैं, यही भाव बना रहना चाहिए, यही उद्देश्य था। देश में अनेक स्थानों पर अनेक मंदिर होते हुए भी

अयोध्या में राम मंदिर क्यों? इसका उत्तर एक ही है—**हमने अपनी अस्मिता को जाग्रत् करना प्रारंभ किया है और उसका आरंभ अयोध्या से हुआ है, ऐसा कहा जा सकता है।**

यह दिन देश के इतिहास में विशिष्ट स्थान रखेगा। सोमनाथ मंदिर के स्थान पर पुराना मंदिर था, जोकि निर्माण अवस्था में था। अयोध्या के मंदिर की कहानी उससे अलग है। अयोध्या में मंदिर पूर्ण रूप से नष्ट किया गया था और उसके स्थान पर आक्रमणकारियों की विजय व हिंदुओं की पराजय को चिह्नित करने हेतु स्मारक बना दिया गया था। सोमनाथ मंदिर से अयोध्या का संदर्भ भिन्न है, इसलिए जब आंदोलनकारियों ने 'मंदिर वहीं बनाएँगे' के नारे लगाए तो इस घोषणा का अलग अर्थ है, इस स्थान का विशेष महत्त्व है। इस स्थान पर मंदिर बनाने का भी बहुत अधिक महत्त्व है। ये सभी संदर्भ ध्यान में रखने योग्य हैं। 1987 में जब उस स्थान पर शिलान्यास का कार्यक्रम हुआ, तब वह ढाँचा विद्यमान था। जब अयोध्या में शिलान्यास हुआ और संयोगवश उसी दिन अयोध्या से 5,000 किमी. दूर कम्युनिस्टों द्वारा बर्लिन की दीवार गिराई गई। एक ओर अद्भुत निर्माण करनेवालों का स्मारक नष्ट हो रहा था तो दूसरी ओर उसी समय श्रद्धालुओं द्वारा राम मंदिर का शिलान्यास किया जा रहा था, यह संयोग ही तो था। यदि देखा जाए तो हम पाएँगे कि आंदोलनकारियों में राष्ट्रभाव जगाने का प्रयत्न प्रारंभ से ही रहा, इस संदर्भ में मैं दो उपक्रमों का उल्लेख करना चाहूँगा।

एक, मंदिर के लिए कश्मीर से कन्याकुमारी तक तथा राजस्थान से मणिपुर जैसे उत्तर-पूर्व तक फैले हुए भाग के हर कोने से रामभक्त और कारसेवक घर-घर से निकलते हैं और सब प्रकार के कष्ट सहते हुए अयोध्या पहुँचते हैं। यह केवल मंदिर की चारदीवारी खड़ी करने का संकल्प नहीं था, अपितु यह राष्ट्र निर्माण करने का भी संकल्प था। देश भर के लाखों कारसेवक अपने मन में यह भावना धारण कर वहाँ एकत्रित हुए, उनमें एक आंतरिक आकांक्षा है। उसका दर्शन उस समय हुआ, उसके बाद एक और छोटा उपक्रम किया गया। प्रत्येक गाँव से एक शिला का पूजन कर उसे मंदिर निर्माण के लिए अयोध्या पहुँचाने का संकल्प लिया गया। इसके क्रियान्वयन के लिए देश भर के **साढ़े तीन लद्दाख गाँवों** से करोड़ों लोगों द्वारा एक-एक शिला का पूजन कर अयोध्या पहुँचाने का काम किया गया। क्या अयोध्या में पर्याप्त मात्रा में ईंटें निर्माण करने की क्षमता नहीं थी? लेकिन जब एक व्यक्ति अपने गाँव की मिट्टी से, अपने गाँव के पानी से, स्वयं के श्रम से निर्मित

ईंट को अयोध्या पहुँचाता है, तब उसका अर्थ है कि यह मंदिर हमारा है, इस देश का है, इस राष्ट्र का है, हमारे हिन्दू समाज की विजय का प्रतीक है, यह भावना उस प्रयास के पीछे थी। हमने आंदोलनकारियों को स्वयं रुपए देने के लिए कहा था, आपको आश्चर्य होगा कि करोड़ों लोगों ने उस समय सवा-सवा रुपए दिए। इस मंदिर के निर्माण के लिए कभी पैसे की कमी नहीं पड़नेवाली, कभी दानकर्ताओं की कमी नहीं रहेगी।

यह मंदिर इस कल्पना से नहीं निर्मित हो रहा है कि सिर्फ एक भव्य भवन का निर्माण हो, इसका उद्देश्य यह है कि इससे प्रत्येक सामान्य जन को यह आभास हो कि यह मेरा श्रद्धा स्थान है। श्रद्धा किसी भी देश की बड़ी शक्ति होती है। भविष्य में शायद आंदोलन की आवश्यकता नहीं होगी, परंतु देश का सामान्य रामभक्त विश्वास रखेगा, संकल्प लेगा, मन में आकांक्षा रखेगा कि यह मंदिर मेरे जीवन से संबंधित है। इसका संबंध देश के हित से है, राष्ट्र के विश्वास से है, इस अर्थ में यह मंदिर राष्ट्र मंदिर के रूप में खड़ा होगा।

राममंदिर क्या है, इसके भी कुछ संदर्भ हैं—समाज में रामजी के जीवन को एक आदर्श जीवन माना जाता है, इसलिए रामजी के जीवन के आदर्शों को लेकर सामान्य व्यक्ति को अपना जीवन ढालना चाहिए। जीवन में आनेवाले संकटों को मान लेना चाहिए, आसुरी शक्तियों को पहचान लेना चाहिए, योग्य-अयोग्य का विवेक जाग्रत् करना चाहिए। यह स्वयं भगवान् राम के दर्शन करने पर हर व्यक्ति के अंत:करण में उतरनेवाला है। इसलिए वह एक सुंदर मूर्ति है, वहाँ आरती होनेवाली है, भजन होनेवाला है, केवल इतना ही नहीं, राम का जीवन अनुकरणीय है, ऐसी भावना उस मूर्ति के दर्शन से प्रत्येक व्यक्ति के मन में प्रकट होनेवाली है।

राम का जीवन आदर्श इस रूप में हमारे सम्मुख है। इस आदर्श जीवन का वर्णन जिस श्रेष्ठ राष्ट्र से किया जा सकता है, उस राष्ट्र को हमारे यहाँ रामजी के उपर्युक्त जीवन में चित्रित किया गया है, वह राष्ट्र है—'पुरुषोत्तम का, यानी उत्तम पुरुष का। यह उत्तम पुरुष कैसा है ? उसके साथ एक और बात जोड़ी गई कि वह मर्यादाधिष्ट है यानी वह मर्यादा पुरुषोत्तम हैं, अर्थात् रामजी का दर्शन करते समय मर्यादा क्या है ? आदर्श क्या है ? उत्तम क्या है ? श्रेष्ठ क्या है ? इसका स्मरण होगा और इसके भी आगे जाकर विचार किया जाए तो हजारों वर्ष बाद राम का जन्म कब और कहाँ हुआ, इसका भी पता चलता है।

आज भी किसी आदर्श व्यवस्था की बात करें तो रामराज्य ही होगा। **रामराज्य**

यानी क्या ? महात्मा गांधी ने भी अपने कई वैचारिक भाषणों में यह प्रकट किया कि देश में रामराज्य आना चाहिए। सामान्य व्यक्ति हो, शिक्षित व्यक्ति हो, संपन्न व्यक्ति हो अथवा कोई भी हो, प्रत्येक व्यक्ति यही विचार करता है कि रामराज्य आना चाहिए। रामराज्य अनेक संदर्भों से भरा हुआ है, यह एक सुसंगत, योग्य राज्य की रचना है। यह एक आदर्श राज्य व्यवस्था है, जहाँ सब चीजें स्थिर नहीं वरना सुसंगत होती हैं। उनमें क्रमानुसार बदलाव होते रहते हैं, लेकिन मूल आदर्श से समझौता न करते हुए यह राज्य चलना चाहिए, यही आदर्श राज्य की संकल्पना है। इसलिए मैं जिस रामराज्य का उल्लेख करता हूँ, उसका मूल विचार क्या है ? जहाँ व्यवस्था है, जहाँ दुर्गुणों का संरक्षण है, रामराज्य का अर्थ, जहाँ किसी प्रकार का भेदभाव, किसी के भी द्वारा किसी से नहीं किया जाता, वह राज्य है। व्यवस्थाएँ बदलती जाएँगी, कालानुरूप नवीन रचनाएँ आएँगी, लेकिन इन सूत्रों से कोई समझौता नहीं करते हुए जो राज्य चाहता है, वही रामराज्य के रूप में जाना जाता है। इस प्रकार रामराज्य आदर्श व्यवस्था की संकल्पना है।

रामजन्मभूमि आंदोलन में हमने देखा कि जाति, पंथ, भाषा, सामाजिक स्तर, गरीब, धनवान, शिक्षित एवं अशिक्षित समेत सभी वर्ग के लोग इस आंदोलन से जुड़े, एक बड़ी शक्ति बनकर खड़े हो गए और देश की शक्ति का दर्शन संपूर्ण जगत् ने किया। उस समय अयोध्या के इस संघर्ष का विश्लेषण करते हुए प्रबुद्धजनों ने कहा था कि **उन्हें यह लग रहा था कि हिन्दू समाज समाप्त हो चुका है, लेकिन इस आंदोलन ने उन्हें बता दिया कि यह समाज मृत नहीं है। यह समाज शायद कुछ समय के लिए सुषुप्त अवस्था को प्राप्त हो गया था।** हिन्दू समाज जब जाग्रत् होता है, तब उसका स्वरूप क्या होता है, यह इस आंदोलन ने दिखा दिया।

वर्तमान समय में इस आंदोलन में हुए साक्षात्कार के आधार पर एक अलग प्रकार का कदम भविष्य में उठाए जाने की संभावना है, अतः रामजन्मभूमि आंदोलन किसलिए है, यह स्वाभिमान के लिए है, स्वावलंबन के लिए है, आत्मसम्मान के लिए है और यदि भारत को विश्व में फिर पुराने वैभव की बात करनी है तो केवल राजनीतिक सत्ता के माध्यम से नहीं, वरन् जब यहाँ का सामान्य व्यक्ति आत्मविश्वास के साथ खड़ा होगा, तभी यह राष्ट्र विश्व को दिशा देनेवाला हो सकेगा। भारत के बारे में कहा गया है कि देश के ही नहीं, अपितु जगत् कल्याण में, मानव कल्याण में, विश्व कल्याण में भारत की एक भूमिका है। जब हम यह विचार करते हैं, यह भूमिका क्या है, तब ध्यान में आता है कि सब प्रकार की आसुरी

शक्तियों से, अनैतिक शक्तियों से सामान्य जन का संरक्षण करने की वह भूमिका है। इस जगत् का प्रत्येक मानवस्वरूप सम्मान के साथ खड़ा हो, संख्या बल के आधार पर, शस्त्रों के बल पर किसी भी मानव समूह के समक्ष किसी के द्वारा संकट खड़ा न किया जाए, इसके लिए प्रतिकार करनेवाली एक दैवी शक्ति सकारात्मक शक्ति खड़े होने की आवश्यकता है। नियति ने ऐसा निश्चय किया है कि यह कार्य भारत को ही करना होगा। इस देश की जनमानस की प्रेरणा, उनकी भावना, उनके विश्वास को संकलित होकर खड़ा करना आवश्यक है। यह मंदिर इस अर्थ में भविष्य में ऊर्जा एवं प्रेरणा का केंद्र बननेवाला है।

यह मंदिर केवल चारदीवारों से निर्मित सुंदर शिल्पकला का नमूना, रामजी की सुंदर मूर्ति का दर्शन करनेवाला तक मर्यादित नहीं होगा। यह सब होगा ही, लेकिन वहाँ जो रामजीवन का दर्शन मिलनेवाला है, वह वास्तव में राष्ट्रीय जीवन ही होगा। वह रामजीवन आसुरी शक्तियों पर विजय पाने का होगा और दुर्गुणों से रक्षा करना ही होगा, ऐसे भाव से प्रगट होगा।

इसलिए मुझे लगता है कि मंदिर दर्शन को जानेवाला प्रत्येक व्यक्ति अपने विश्वास को राष्ट्र के विश्वास अस्मिता में अपने योगदान के बारे में संकल्पित हो वहाँ जाएगा। इस देश के गाँव में निवास करनेवाला कोई सामान्य व्यक्ति हो अथवा सुदूर वनांचल में निवास करनेवाला कोई वनवासी बंधु, अर्थात् पड़ोस में रहनेवाला कोई गिरिजन हो, शिक्षित हो, बुद्धिमान हो, शौर्य-पुरुषार्थ से भरा हो, इन सबका योगदान निश्चित करने की आवश्यकता है। यह काम शासन को भी करना है, सामाजिक संस्थाओं को भी करना है एवं स्वयंसेवी संस्थाओं को भी करना है। इन सबके माध्यम से समायोजन की शक्ति जाग्रत् होती है, भविष्य में इस प्रकार के जो शक्ति केंद्र हैं, उन्हें आगे आने की आवश्यकता है। रामजन्मभूमि आंदोलन के निमित्त प्रकट हुई एकात्मता की हुंकार है कि एकता का जो स्वर है, वह भारत के विकास के लिए अधिक उज्ज्वल एवं प्रखर होता जाएगा। इसे शिक्षा से प्रारंभ करना होगा, आर्थिक व्यवस्था से प्रारंभ करना होगा, कृषि जैसी मौलिक आवश्यकताओं की पूर्ति करनेवाली व्यवस्था से नागरिक स्पर्धा में उतरते हुए औद्योगिक क्षेत्र में ही प्रगति करनी होगी, लेकिन यह करने के समय राम का भाव सबकी अंतरात्मा में होना आवश्यक है, रामभाव से यह करना होगा।

रामभाव ही राष्ट्रभाव है, यह सब प्रबल-प्रखर है, इसलिए सब करना होगा। इसी कारण ये राम मंदिर सामाजिक क्षेत्र को प्रभावित करनेवाले जो भी क्षेत्र हैं, उन

सबको प्रेरित करेगा। केवल भक्तजन को ही नहीं, वरन् जिनके कोई संकल्प हैं, कुछ अपेक्षाएँ हैं, जो पुरुषार्थ करने के भाव मन में धारण किए हुए हैं, उन सबके अंत:करणों में एक प्रखर भाव निर्माण करने की सामर्थ्य शक्ति इस केंद्र में होगी, उसका आरंभ 5 अगस्त को हो चुका है।

देश के चित्र परिवर्तन का काम प्रारंभ हो चुका है, **हजारों वर्ष की गुलामी की मानसिकता से बाहर निकलकर प्रखरता से और विश्वास के मार्ग पर चलने में अभी भी कुछ समय लगेगा, परंतु दिशा निश्चित है, संकल्प पक्का है, आँखों के सामने स्वप्न स्पष्ट है, प्रगति पथ पर अग्रसर होने की ऊर्जा और शक्ति स्मारकों से मिलनेवाली है।** दिशा दिखानेवाले समाज के अनेक मार्गदर्शक, समाज-चिंतक और व्यवस्था निर्माण करनेवाली सामाजिक-धार्मिक संस्थाओं के समस्त प्रयास से भविष्य का भारत खड़ा होगा। जो निश्चित रूप से विश्व स्तर पर भारत को दायित्व पूर्ण करना है, वह दायित्व पूर्ण करने हेतु हम सिद्ध होंगे, यह विश्वास इस घटना के कारण हमारे सबके मन में निर्मित हो रहा है। वह होना भी चाहिए, भविष्य में वहाँ जानेवाला प्रत्येक व्यक्ति इसी भावना से प्रेरित होकर अपने जीवन की दिशा निश्चित करेगा, ऐसी सामर्थ्य इस भारत में होनी होगी। ऐसा मेरा विश्वास है, इसलिए मुझे ऐसा प्रतीत होता है कि भविष्य का भारत एक उज्ज्वल भारत होनेवाला है, जो विश्व को योग्य दिशा देगा। इसके आधार पर विश्व में एक समन्वय का, शांति का वातावरण निर्मित होगा। बाद जो वर्तमान में विश्व का मार्ग है, वह फिर से सामान्य, सादगीपूर्ण और सबको साथ लेकर चलनेवाला मार्ग बनेगा, ऐसा विश्वास है, यह संकल्प हम सबको मिलकर करना है।

—भय्याजी जोशी
निवर्तयान सरकार्यवाह
राष्ट्रीय स्वयंसेवक संघ

पुस्तक के विषय में

भारत के राष्ट्रतत्त्व की पहचान 'प्रभु रामजी' के मंदिर का अयोध्या में निर्माण हो, इसकी प्रतीक्षा वर्षों से हिन्दू समाज कर रहा था, जब यह सुखद अवसर आया कि 'यह मंदिर बने तो इसमें संपूर्ण समाज लगे', ऐसा चिंतन विश्व हिन्दू परिषद् ने किया और उसे साकार रूप देने की एक रचना बनी। समाज के प्रत्येक वर्ग का इसमें सहयोग हो, ऐसे अभीष्ट को लेकर लाखों कार्यकर्ता अपने-अपने घर से निकल पड़े। उनके मुख में था—राम का नाम और मन में था—वे कितने भाग्यशाली हैं कि उन्हें रामजी के काज में लगने का यह सुअवसर मिल रहा है। जिस प्रकार समुद्र में सेतु बनाने के कार्य में रामजी की सेना के साथ एक छोटी-सी गिलहरी ने भी अपना योगदान दिया या, बस वही योगदान आज फिर रामजी की सेना करने को निकल पड़ी।

इस अभियान में लगे लाखों कार्यकर्ता बंधुओं के निधि समर्पण संग्रहण करने के दौरान कई अनुभव आए, जो अपने में बहुत ही हृदयस्पर्शी थे। ये सभी अनुभव कश्मीर से कन्याकुमारी और कच्छ से कामरूप तक भारत के कोने-कोने में पहुँचे, यही इस पुस्तक का एक उद्देश्य भी है। हमें यह भी ज्ञात है कि यह दुनिया का सबसे बड़ा जप अभियान था, जिसे लोगों ने चलाया। यह स्वभाविक भी है कि एक राज्य के रामभक्त का अनुभव-कथन दूसरे राज्य के रामभक्त तक मौखिक रूप से पहुँचने में भाषांतर जैसी अनेक समस्याएँ हैं। इसलिए रामभक्तों के 'अनुमान-कथन केंद्रित' पुस्तक के माध्यम से सभी रामभक्तों तक पहुँचने का प्रयास मात्र भर है। समाज में किस प्रकार से साधु-संतों से लेकर समाज की अंतिम पायदान पर बैठे उस गरीब, दमित, शोषित, वंचित समाज ने भी अयोध्या में प्रभु श्रीराम के भव्य मंदिर निर्माण हेतु अपने सामर्थ्य के अनुसार अपना-अपना समर्पण किया, यह सब रामभक्तों के साथ-साथ आम समाज का आम जनमानस

भीर जानेगा तो वह भी हिंदुत्व की शक्ति से प्रेरित होगा। साथ ही, समाज के उस व्यक्ति का जागरण होगा जो हिंदुत्व को विस्मृत कर चुका होगा।

निधि समर्पण का यह अभियान मात्र एक महीने तक ही चला, जिसमें धन के साथ-साथ समाज में रामजी के प्रति भाव, उनकी दृष्टि का भी प्रकटीकरण हुआ। आज भगवान् रामजी के अयोध्या में बन रहे भव्य मंदिर के निर्माण हेतु समाज के प्रत्येक व्यक्ति एवं समाज के प्रत्येक वर्ग ने यथा सामर्थ्य अपना समर्पण किया। चाहे वे शहरों में रह रहे झुग्गी-झोंपड़ी में रह रहे रामभक्त हों अथवा बड़ी-बड़ी बिल्डिंगों में रहनेवाले पूँजीपति हों, इन सभी रामभक्तों के अनुभवों का संकलन इस पुस्तक में है। संघ के अपने संगठनों की परिपाटी ही कुछ ऐसी है कि कार्यकर्ता के मन के विचार को अधिकारियों को जानने में ज्यादा समय नहीं लगता। बस, यहीं से पुस्तक बने, ऐसा विचार आया, इसका जिम्मा विश्व हिन्दू परिषद् प्रचार विभाग को मिला और पुस्तक लेखन का कार्य प्रारंभ हो गया, जो साकार रूप में आपके सामने है।

निवेदक

—डॉ. प्रवेश कुमार • राजीव गुप्ता

अनुक्रम

अध्याय : 1

साक्षात्कार पाञ्चजन्य

जिस दिन भगवान् राम भव्य मंदिर में प्रस्थापित हो जाएँगे, उस दिन से भारत का उत्थान शुरू हो जाएगा।

—अशोक सिंहल

विश्व हिन्दू परिषद् के अंतरराष्ट्रीय अध्यक्ष तथा रामजन्मभूमि आंदोलन के अगुआ रहे श्री अशोक सिंहल से वर्ष 2010 में 'पाञ्चजन्य' के तत्कालीन संपादक के साथ हुई बातचीत में जो कहा, उसके प्रमुख अंश यहाँ दिए जा रहे हैं—

भगवान् राम देश के कण-कण में विद्यमान हैं। पवित्र 'गुरुग्रंथ साहिब' में भगवान् राम के बारे में स्पष्ट लिखा हुआ है—

एक राम दशरथ का बेटा, एक राम घट-घट में लेटा।
एक राम का सगल पसारा, एक राम इन सबसे न्यारा॥

अर्थात् भगवान् श्रीराम सारे ब्रह्मांड में विद्यमान हैं। उन्हीं की छत्रच्छाया में सारा ब्रह्मांड चल रहा है। श्रीराम तो हर एक के हृदय में विराजमान हैं।

आततायियों द्वारा जिस दिन भगवान् राम की जन्मभूमि का मंदिर तोड़ा गया, मानो हिन्दू समाज का पतन भी उसी दिन से शुरू हो गया। यदि तुम अपने इष्ट की रक्षा नहीं कर सकते हो तो तुम इस लायक नहीं हो कि इस दुनिया में रहो। इसलिए देश का पतन हो गया। भगवान् राम तो उनके सहायक हैं, जो राम के सहायक हैं यानी राम के अनुयायी हैं। आखिर किन कारणों से मंदिर टूटा, उन कारणों पर विचार करना चाहिए; हालाँकि इसके लिए लोग संघर्ष करते रहे हैं। पहले संघर्ष में ही लाखों

रामभक्त मारे गए। यह कल्पना लोगों को नहीं है। भारत में भगवान् राम का स्थान तब से है, जब से हमारी संस्कृति और संस्कार हैं। भगवान् राम 'मनु' के परिवार के हैं और उन्होंने जो आदर्श स्थापित किए, आज उन आदर्शों को ही देश जी रहा है, वरना रामजन्मभूमि पर फैसले में 60 वर्ष लग जाएँ (उच्च न्यायालय का निर्णय आने तक) और हम बाट देखते रहें, इससे बढ़कर सहिष्णुता और क्या हो सकती है? मैं समझता हूँ कि यह मुकदमा थोड़े दिन में ही पूरा हो सकता था। इस मुकदमे में इतना समय लगने का कारण ही कोई नहीं था, फिर भी हिन्दू समाज ने धैर्य रखा। सुन्नी वक्फ बोर्ड के वकील जफरयाब जिलानी ने कहा था, "मैं इस मुकदमे को 25 साल तक घसीटूँगा।"

भारत के पहले प्रधानमंत्री जवाहरलाल नेहरू तो चाहते थे कि भगवान् राम जहाँ पधार गए हैं, वहाँ से उनको बाहर निकाला जाए। उस समय के गृहमंत्री सरदार पटेल ने महात्मा गांधी के परामर्श से सोमनाथ मंदिर की जो पुनर्स्थापना की, उसके पक्ष में भी नेहरू नहीं थे। उन्होंने तो मंदिर के उद्घाटन के लिए जा रहे तत्कालीन राष्ट्रपति श्री राजेंद्र प्रसाद को भी मना किया। वह तो सरदार पटेल ने पक्का इरादा कर लिया था कि पुनर्स्थापना का काम अवश्य होगा। नेहरू तो हिन्दू धर्म के विरोधी थे। गांधीजी जवाहरलाल नेहरू से कहा करते थे, "मेरे मुस्लिम प्रेम और तुम्हारे मुस्लिम प्रेम में बहुत अंतर है।" गांधीजी का कहना था, "आई लव इस्लाम थ्रू हिंदुइज्म", यानी "मैं हिन्दू धर्म के माध्यम से इस्लाम से प्रेम करता हूँ!" और तुम हिंदुत्व से घृणा करते हो, इसलिए इस्लाम से प्यार करते हो।" दोनों के इस्लाम के प्रति प्रेम में बहुत अंतर था।

जितने गुण संसार में हैं, वे सारे-के-सारे गुण एक व्यक्ति में समाए हैं और वे हैं भगवान् राम। आज भी हमारा समाज वे सारे गुण लेकर जी रहा है। भगवान् राम जिस दिन भव्य मंदिर में प्रस्थापित हो जाएँगे, उस दिन से भारत का उत्थान शुरू हो जाएगा। रामजन्मभूमि आंदोलन भारतीय संस्कृति के पुनरुत्थान का आधार बिंदु बन गया है। संतों ने कहा है कि श्रीरामजन्मभूमि एक तीर्थ है। यह साधारण तीर्थ नहीं है, यह हिन्दू समाज का महान् तीर्थ है। मनु का जन्म यहीं हुआ, आदि तीर्थंकर ऋषभ देवजी का भी यहाँ जन्म हुआ। भगवान् राम के ही इक्ष्वाकु वंश के महात्मा बुद्ध थे। भगवान् राम के पुत्रों लव-कुश से सिख पंथ की परंपरा जुड़ी है। अगर मुसलमानों को दीर्घकाल तक हिन्दू समाज के साथ रहना है तो प्रेम के संबंध होने चाहिए और एक-दूसरे की भावना का आदर करना चाहिए।

तुम यहाँ प्रेम से ही रह सकते हो। हिन्दू समाज स्वाभिमान के साथ रहना चाहता है, इसलिए प्रेम के साथ रहना है तो आइए, द्वार खुले हैं। हमें राजनीतिक स्वतंत्रता मिली, लेकिन धार्मिक स्वतंत्रता नहीं मिली। अगर धार्मिक स्वतंत्रता मिली होती तो राम मंदिर उसी समय बन गया होता। नहीं बना, इसका मतलब धार्मिक और सांस्कृतिक दृष्टि से आज भी देश परतंत्र है। महर्षि अरविंद ने कहा था—"जितना बड़ा आंदोलन हमें राजनीतिक स्वतंत्रता प्राप्त करने के लिए करना पड़ा है, उससे कहीं बड़ा आंदोलन हमें धार्मिक और सांस्कृतिक स्वतंत्रता प्राप्त करने के लिए करना पड़ेगा।" वह आंदोलन चला हुआ है और मुझे लगता है कि इस आंदोलन की सफलता के बाद देश अपनी स्वाभाविक स्थिति में खड़ा हो जाएगा।

□

अध्याय : 2

संतों के राम

तुम्ह सारिखे संत प्रिय मोरे।
धरउँ देह नहीं आन निहोरे॥[1]

अर्थ—भगवान् ने स्वयं विभीषण से कहा है, "तुम्हारे जैसे संत साधक मुझे प्रिय हैं, इसी कारण मैंने शरीर धारण किया है, वरना किसी अन्य की प्रार्थना सुनकर मैं देह धारण नहीं करता।"

अयोध्या में भगवान् श्रीराम की जन्मभूमि पर हो रहे भव्य मंदिर-निर्माण हेतु निधि समर्पण अभियान के निमित्त कोंकण में नाणेज पीठ के जगद्गुरु पूजनीय रामानंदाचार्य स्वामी नरेंद्राचार्य महाराजजी से उनका निधि समर्पण प्राप्त करते हुए श्रीरामजन्मभूमि तीर्थक्षेत्र के कोषाध्यक्ष पूजनीय महामंडलेश्वर श्री गोविंददेव गिरिजी महाराज तथा विश्व हिन्दू परिषद् के केंद्रीय संगठन महामंत्री श्री माननीय विनायक देशपांडेजी एवं अन्य रामभक्त।

1. रामचरितमानस 'सुंदरकांड', पृ. 758, चौपाई-4

अयोध्या में रामजी का मंदिर भव्य बने, यह तो संपूर्ण विश्व का हिन्दू समाज चाहता था। उनका यह अभीष्ट केवल एक मंदिर निर्माण तक का विषय मात्र नहीं था, बल्कि रामजन्मभूमि और मंदिर निर्माण एवं उस रामराज्य, उस आदर्श समाज की स्थापना के साथ भी जुड़ा था, जिसे मुस्लिम आताताथियों ने भारत के मानस से विस्मृत करने का असफल प्रयास किया था।

भारत के जन-जन में प्रेरणा जाग्रत् करनेवाले राम हैं, इसलिए राम भारत के आदर्श और भारत की अस्मिता के प्रतीक भी हैं, परिणामत: बाबर जैसे आक्रांता की सेना के मंदिर तोड़ने से ही हिन्दू समाज के भीतर असंतोष पनपा। जिस दिन मुस्लिम आक्रांताओं ने भगवान् राम के मंदिर को तोड़ने का जघन्य पाप किया, बस उसी दिन से हिन्दू समाज ने उसी स्थान पर मंदिर निर्माण को लेकर एक संकल्प लिया और मंदिर निर्माण हेतु संघर्ष भी उसी दिन से प्रारंभ हो गया। संत समाज ने इस अभियान में तेजी लाने हेतु वर्ष 1984 में विश्व हिन्दू परिषद् को इसकी जिम्मेदारी दी। इसलिए जब राम मंदिर निर्माण हेतु निधि समर्पण अभियान चला तो संतों ने खुलकर इसमें अपना सहयोग एवं समर्पण किया।

तुलसीदासजी ने 'श्रीरामचरितमानस' में संतों के प्रति रामजी के मन के भाव को बड़ी ही खूबसूरती के साथ वर्णन किया है। 'श्रीरामचरितमानस' की एक चौपाई, यह उस समय राजा और संत के बीच के भाव की अभिव्यक्ति है। संत समाज राजा दशरथ से राम-लक्ष्मण को अपने रक्षण हेतु वन में ले जाने की इच्छा लेकर आते हैं, तुलसीदासजी कहते हैं—

असुर समूह सतावहिं मोही। मैं जाचन आयउँ नृप तोही।
अनुज समेत देहु रघुनाथा। निसिचर बध मैं होब सनाथा॥[2]

अर्थ—संत समाज राजा के पास एक याचना करने हेतु आते हैं और कहते हैं कि हमें राक्षस बहुत दु:ख देते हैं। हे राजन्! हमें अनुज के साथ रामजी को दे दो, जो उन राक्षसों का नाश कर सकें।

राजा दशरथ का मन बड़ा डरता है, क्योंकि वे भी अपने पुत्रों से अगाध प्रेम करते हैं, लेकिन फिर भी वे राम को लक्ष्मण के साथ वन में भेजते हैं। ऋषि आश्रम में पहुँचते ही प्रात: से वे संत-सेवा में लग जाते हैं। संतों के प्रति उनकी श्रद्धा देखते ही बनती है। प्रभु राम के द्वारा ताड़का, सुबाहु एवं अन्य राक्षसों का अंत किया जाता

2. रामचरितमानस 'बालकांड', पृ. 204, चौपाई-5

है। संतों के रक्षण हेतु रामजी के जीवन के अनेक प्रसंग हमें 'रामायण' में मिल जाते हैं, वही रामजी अहल्या माता जैसी साध्वी को भी पत्थर से जीता-जागता इंसान बना देते हैं। ऐसे करुणानिधान हैं प्रभु राम!

प्रभु रामजी स्वयं कहते हैं—"संत ही मेरे शरीर धारण करने का कारण होता है।" जब संत रामजी को प्यारे हैं तो संतों को भी रामजी से अगाध प्रेम है, इसीलिए जब निधि समर्पण अभियान से जुड़े कार्यकर्ता संतों के पास रामजी के अयोध्या में बन रहे रामजन्मभूमि मंदिर के निर्माण हेतु निधि समर्पण संग्रहण के पुनीत कार्य हेतु जाते हैं तो संत समाज भी खुलकर मंदिर निर्माण हेतु स्वयं के समर्पण से प्रारंभ कर समाज से मंदिर निर्माण हेतु निधि समर्पण का आह्वान करते हैं।

ऐसा ही एक प्रसंग उत्तराखंड के 'राजाजी नेशनल पार्क' के समीप स्थित गुफावाले बाबा, जिन्हें 'फक्कड़ बाबा' के उपनाम से भी जाना जाता है, का आता है। बाबा बड़े ही सरल एवं सामान्य से दिखनेवाले थे। जब बैंक में पहुँचे और बैंक प्रबंधक से कहा, "मैं एक करोड़ की राशि श्रीराम मंदिर निर्माण हेतु देना चाहता हूँ।" इस बात को सुनकर कोई भी आश्चर्य की मुद्रा में आ ही जाएगा, ऐसा ही कुछ बैंक प्रबंधक एवं कर्मियों के साथ हुआ। एक साधारण से दिखनेवाले बाबा के पास क्या इतनी बड़ी राशि होगी भी? और उस पर जिनका नाम ही फक्कड़ हो, जब बैंक प्रबंधक ने बाबा का खाता देखा तो उसमें उपर्युक्त राशि उपलब्ध थी। बाबा ने निधि समर्पण अभियान को मंदिर निर्माण हेतु एक करोड़ की राशि का समर्पण किया एवं समर्पण निधि देते हुए उन्होंने बताया कि *1986 में अयोध्या में जब ताला खुला था, तब से उनका यह दृढ़-संकल्प था, जो आज फलीभूत हो रहा है।* हम कल्पना करें कि 34 सालों से प्रतीक्षा भी समाज में लोग कर रहे थे, कि वे कब राम मंदिर निर्माण हेतु अपना समर्पण करेंगे, ऐसे ही सैकड़ों अनुभव कार्यकर्ताओं के द्वारा बताए गए।

इसी प्रकार का एक अनुभव मध्य प्रदेश के खरगोन जिले की कसरावद तहसील का है, जिसमें भाटियान ग्राम की एक पर्णकुटी में परमहंस सद्‌गुरुदेव संत सियाराम बाबा निवास करते हैं। उन्होंने तीन बार जीवनदायिनी माँ नर्मदा की परिक्रमा एवं कैलास मानसरोवर की यात्रा की है। बाबा एक संत हैं। संत स्वभाव 'समाज से लेकर समाज को देना' के भाव के अभीष्ट के आधार पर ही कार्य करता है। यही कारण है कि जब उन्हें मध्य प्रदेश के खरगोन जिले के नर्मदा नदी पर बन रहे 'महेश्वर हाइड्रो प्रोजेक्ट' के निहित प्रभावित क्षेत्र हेतु मुआवजे में 2 करोड़ 27 लद्‌दाख रुपए मिले तो उन्होंने अपने लिए सुख-सुविधा न एकत्र कर पूरी राशि

नाँगलवाड़ी धाम को दे दी। उनके द्वारा माँ नर्मदा परिक्रमा मार्ग पर पर्णकुटी का निर्माण एवं नि:शुल्क लंगर की व्यवस्था 4 वर्षों से चल रही है! कोई दान भी करे तो मात्र 10 रुपए का। इन बाबा के साथ जब 'निधि समर्पण अभियान' के कार्यकर्ताओं ने संपर्क किया, तब बाबा ने बेहद श्रद्धाभाव से यह कहते हुए कि यह सब राशि भगवान् श्रीराम की ही कृपा से उन्हें प्राप्त हुई है, उन्होंने 2,50,000 की राशि मंदिर निर्माण हेतु समर्पित की। संत का स्वभाव ही समाज के हित से जुड़ा होता है, वह प्रभु की भक्ति भी समाज के हित में ही करता है।

'निधि समर्पण संग्रहण अभियान' में लगे कार्यकर्ता बंधुओं के अनेक अनुभव हैं। ऐसा ही एक अनुभव पंजाब का आता है। पंजाब में वर्तमान के किसान आंदोलन के कारण स्थिति अच्छी नहीं कही जा सकती, लेकिन फिर भी कार्यकर्ताओं ने निधि समर्पण हेतु सिख समाज के संतों से संपर्क किया। सिख समाज का रामजी के प्रति आदर का भाव सदैव से रहा है। मुस्लिम आतंकियों द्वारा भगवान् राम के मंदिर को तोड़ने का आक्रोश सिख समाज में भी था, यही कारण है कि अनेक बार सिख निहंगों ने रामजन्मभूमि पर जाकर पूजा-अर्चना करने का प्रयास किया और बलिदान भी दिए हैं। गुरुमुखी में लिखे 'गुरुग्रंथ साहिबजी' में अनेक बार रामजी का नाम आता है। सिख मत के दसवें गुरु श्रीगुरु गोबिंद सिंहजी महाराज ने दशम ग्रंथ में रामअवतार का वर्णन किया है और रामजी को राष्ट्र नायक माना है।[3]

ऐसा ही एक प्रसंग बाबा इकबाल सिंहजी का है। इकबाल सिंहजी पंजाब में सिख मत के बड़े संत हैं। शिक्षा के क्षेत्र में 129 शिक्षण संस्थानों का वे संचालन करते हैं, जिसमें हजारों की संख्या में कर्मचारी काम करते हैं। वहीं नानकसरी परंपरा का एक बड़ा गुरुद्वारा मस्तुआना साहिब, जो तमाम सिख मतावलंबियों का ध्यानकर्षण करता है, के भी वे प्रबंधक हैं। उन्होंने ग्यारह लद्दाख रुपयों की राशि राम मंदिर निर्माण हेतु समर्पित की।

संत समाज के द्वारा दिल खोलकर रामजी के काज में निधि का समर्पण किया गया। ऐसा ही एक प्रसंग, मालवा प्रांत के उज्जैन की एक छोटी सी कुटिया में वास करनेवाले पूज्य संत दिग्विजयजी का आता है। संतों के त्याग और उनका समाज के प्रति समर्पण का भाव देखते ही बनता है। देखने में स्वामीजी की कुटिया बस उतनी बड़ी थी, जिसमें वो आराम से विश्राम कर सकें एवं ध्यान लगा सकें, लेकिन रामजी के प्रति उनका समर्पण अपने में अद्वितीय है। जैसे ही पूज्य संतश्री को निधि समर्पण संग्रह

3. रामावतार, 1991, पृ. 5

कर रहे कार्यकर्ताओं के आने की जानकारी मिली, उन्होंने कार्यकर्ताओं को अपने पास बुलाया और बताया कि जब श्रीरामजन्मभूमि के भूमि पूजन का शिलान्यास कार्यक्रम हो रहा था, तब उस आंदोलन का वे हिस्सा रहे थे। उसी समय से एक संकल्प लिया था कि जब भी अयोध्या में भगवान् राम का भव्य मंदिर बनेगा, वे भी अपना यथोचित सहयोग देंगे और आज तक वे अपने उस संकल्प के साथ जीवित हैं। उनका यह संकल्प अब पूरा हुआ है, यह कहते हुए उन्होंने अपनी एक थैली निकालकर उन कार्यकर्ताओं को दे दी। जब कार्यकर्ताओं ने उस थैली की राशि को गिनना प्रारंभ किया तो पाया कि उसमें सिक्के और नोट भरे हुए थे तथा उसमें सबसे बड़ा नोट 20 रुपए का था। जब पूरी राशि की गिनती की गई तो उसमें कुल 1,12,000/- रुपए निकले। कार्यकर्ताओं ने उस समर्पण राशि को बैंक में जमा करवाकर बैंक से एक पावती प्राप्त कर उसे स्वामीजी तक पहुँचा दिया। पावती को देखकर स्वामीजी भाव-विह्वल हो गए और उनकी आँखों से अश्रुधारा निकल पड़ी। रामजी के मंदिर निर्माण की आस ने उन्हें कितने वर्ष प्रतीक्षा कराई, लेकिन उनका भाग्य भी कितना अच्छा था कि उनकी समर्पण निधि उन्हीं के द्वारा रामजी को समर्पित की गई।

भगवान् शिव की नगरी काशी का, जिस काशी के लिए ऐसी कहावत प्रसिद्ध हो कि किसी एक विषय पर काशी का समाज एकजुट नहीं हो सकता है, उसी काशी को रामजी के काज ने एकजुट कर दिया। काशी के 84 घाटों पर जा-जाकर संगठन के कार्यकर्ताओं ने राम मंदिर के निर्माण हेतु 'निधि समर्पण' अभियान को चलाया, जिसमें इन घाटों पर रह रहे संत समाज एवं जनमानस ने अपनी यथाशक्ति अनुसार निधि का समर्पण किया। रामजी की माया ही कुछ ऐसी थी कि केवल हिन्दू पूजा पद्धति के मनानेवाले ही नहीं, अन्य मत-संप्रदायों ने एवं उनके संतों ने भी मंदिर निर्माण में अपना सहयोग दिया। इसमें विशेष बात यह भी थी कि जिस मत-संप्रदाय को हिन्दू समाज का शत्रु बताकर आंबेडकरवादी एक झूठा प्रपंच चलाते हैं, जो पूज्य बाबा साहब आंबेडकर का बौद्ध मत स्वीकारना हिन्दू धर्म के विरोध को मानता है, उन्हें हिन्दू धर्म के विरोधी होने के झूठे षड्यंत्र को प्रचारित और प्रसारित करता है, ऐसे अनेक लोगों को इस अभियान ने बड़ा ही अनुकूल प्रत्युत्तर दिया है।

इसी से जुड़ा एक अनुभव मुंबई का आता है, जहाँ कांदिवली पूर्व के अप्पापाड़ा स्थित बुद्ध विहार सईबाई के शीलप्रिय भिक्षु और धम्म प्रचारक महाथेरोजी ने अयोध्या में भगवान् श्रीराम की जन्मभूमि पर भव्य मंदिर निर्माण हेतु निधि समर्पण संग्रहण अभियान के कार्यकर्ताओं को एक सम्मानजनक राशि का व्यक्तिगत समर्पण किया और बौद्ध

समाज को माननेवाले अन्य लोगों को भी निधि समर्पण करने के लिए प्रेरित किया। उन्होंने सबको बताया, "भारतीय भूमि पर जन्मे इस बौद्ध पंथ का पुण्यभूमि अयोध्या से विशेष नाता है, क्योंकि बौद्ध समाज के छह बड़े संतों का जन्मस्थान पुण्यभूमि अयोध्या ही है।" गुलामी के कालखंड में पनपीं सामाजिक कुरीतियों और सामाजिक विषमताओं के कारण बौद्ध समाज का एक बड़ा वर्ग समाज की मुख्यधारा से दूर हो गया। इसी दूरी का गलत फायदा उठाकर कुछ लोग मतांतरण भी कर रहे हैं। स्वामीजी द्वारा किए गए इस प्रयास का वहाँ के बौद्ध समाज पर व्यापक असर हुआ और वहाँ के समाज ने स्वतः ही अयोध्या में भगवान् श्रीराम की जन्मभूमि पर भव्य मंदिर निर्माण हेतु निधि समर्पण संग्रहण अभियान के कार्यकर्ताओं को अपनी निधि का समर्पण किया।

ऐसा ही एक अनुभव केंद्र शासित प्रदेश लद्दाख का आता है। 'लद्दाख बुद्धिस्ट एसोसिएशन' एवं 'लद्दाख गुंफा एसोसिएशन' ने अयोध्या में बन रहे मंदिर निर्माण के लिए खुलकर सहयोग करने का आह्वान किया। लद्दाख, जहाँ का माइनस बीस डिग्री सेल्सियस तापमान है, ऐसे मौसम ने भी रामजी के काज में लगे कार्यकर्ताओं में जोश की कोई कमी नहीं आने दी। वहीं जितना उत्साह इनमें था, उससे कहीं अधिक जोश निधि समर्पित करनेवाले लद्दाखी बौद्ध बंधुओं में भी था। निधि समर्पण अभियान के कार्यकर्ताओं ने इसी क्रम में 'लद्दाख बुद्धिस्ट एसोसिएशन' से भी संपर्क किया, जिसमें एसोसिएशन का बड़ा ही उत्साहवर्धक व्यवहार दिखा। समर्पण कार्यकर्ताओं को 'लद्दाख बुद्धिस्ट एसोसिएशन' के अध्यक्ष थुप्संट चिवांगजी (पूर्व सांसद) ने निधि समर्पण अभियान को सहयोग करने हेतु एक वीडियो बना, तमाम बौद्ध मतावलंबियों को राम मंदिर निर्माण हेतु निधि के समर्पण के लिए आग्रह किया। इसी प्रकार 'लद्दाख गुंफा एसोसिएशन' के अध्यक्ष श्री के.सी. शेटुक ने भी अपना रिकॉर्डिड संदेश भेजकर निधि समर्पण अभियान में सहयोग करने का आश्वासन दिया। 1,000 से ज्यादा लोगों से संगठन के कार्यकर्ताओं ने संपर्क किया, वह भी माइनस डिग्री तापमान में, यह देश भर के कार्यकर्ताओं के लिए भी एक संदेश है।

इसी प्रकार जोधपुर के 'गुरुद्वारा गुरुसिंह सभा' में सिख समाज की ओर से आयोजित एक कार्यक्रम में लाखों रुपए की धनराशि एकत्र कर अयोध्या में भगवान् श्रीराम की जन्मभूमि पर भव्य मंदिर निर्माण हेतु निधि समर्पण संग्रह अभियान के कार्यकर्ताओं को समर्पित की गई।

केंद्रीय श्री गुरुसिंह सभा, मध्यप्रदेश व छत्तीसगढ़ के महासचिव तथा जत्थेदार ने अलग से अपनी निधि समर्पित की और अपनी प्रसन्नता व्यक्त करके अभियान के

कार्यकर्ताओं को बताया कि वे सब बहुत भाग्यशाली हैं, जो उनकी आँखों के सामने अयोध्या में भगवान् श्रीराम की जन्मभूमि पर भव्य मंदिर का निर्माण हो रहा है। राम मंदिर निधि समर्पण अभियान ने समाज में व्याप्त पूजा पद्धति के भेद की सीमाएँ लाँघकर सब पंथों आदि को भारत के एकात्म भाव, जो 'रामत्व' में है, इससे जोड़ दिया।

राजस्थान के जयपुर स्थित अमरापुर दरबार, जो सिंधी समाज का बड़ा ही पवित्र स्थान माना जाता है, इस दरबार में पूज्य संतों की उपस्थिति में संत भगत प्रकाशजी महाराज के निर्देशन में अयोध्या में भगवान् श्रीराम की जन्मभूमि पर भव्य मंदिर निर्माण हेतु निधि समर्पण संग्रह अभियान को 11 लद्दाख की निधि का समर्पण किया, जिसमें संघ के क्षेत्रीय प्रचारक निंबारामजी भी उपस्थित रहे। भारत में जैन समाज तो स्वभावतः हिन्दू आस्था को मानता आ रहा है। ऐसा ही एक अनुभव राजस्थान के बसौदा के जैन संत 108 मुनि श्री महासागरजी महाराजजी व बासौदा के ही दूसरे जैन संत श्री जैन श्वेतांबर नाकोड़ा पार्श्वनाथ तीर्थजी और मेवानगर के नाकोड़ा पार्श्वनाथ तीर्थजी का आया। इन सभी संतों ने बड़े प्रेम से निधि समर्पण अभियान के कार्यकर्ताओं को स्नेह किया और फिर अयोध्या में भगवान् श्रीराम की जन्मभूमि पर भव्य मंदिर निर्माण हेतु अपनी निधि का समर्पण किया।

ऐसे ही जोधपुर के सैनाचार्य स्वामी अचलानंद गिरिजी महाराज ने भी अपने भक्तों के सहयोग से एक सम्मानजनक राशि का समर्पण किया। जहाँ एक ओर संत समाज ने राम मंदिर निर्माण हेतु अपनी जोड़ी हुई पाई-पाई रामकाज में लगाने का दैवी कार्य किया, वहीं समाज का जागरण भी किया, उन्हें भी राम मंदिर निर्माण के लिए निधि समर्पण करने हेतु प्रोत्साहित किया। महाराष्ट्र के विले पार्ले के संन्यास आश्रम में और बोरीवली पश्चिम के गणपत पाटिल नगर में महामंडलेश्वर स्वामी विश्वेश्वरानंद गिरि महाराज ने वहाँ के हजारों निवासियों का मार्गदर्शन कर उन्हें अयोध्या में भगवान् श्रीराम की जन्मभूमि पर भव्य मंदिर निर्माण हेतु निधि समर्पण संग्रह अभियान के कार्यकर्ताओं को अपनी-अपनी निधि समर्पण देने के लिए प्रेरित किया। स्वामीजी स्वयं भी वर्ष 1982 से श्रीराम मंदिर आंदोलन से जुड़े हुए हैं तथा वे अयोध्या में श्रीराम मंदिर निर्माण हेतु भूमि पूजन कार्यक्रम में भी उपस्थित थे।

ऐसा ही एक अनुभव राजस्थान के रोहिड़ा गाँव का आता है। वहाँ की एक बस्ती में संत सीतारामजी महाराज के साथ अभियान के कार्यकर्ता थाली बजाते हुए पहुँचे। महाराजजी के लिए वहाँ के निवासी धर्माराम के घर की एक बोरी पर उनका आसन लगाकर उन्हें बैठा दिया गया। उस गाँव के लोग महाराजजी के दर्शन करने

के लिए आने लगे। महाराजजी ने वहाँ के निवासियों को अयोध्या में भगवान् श्रीराम की जन्मभूमि पर भव्य मंदिर निर्माण हेतु निधि समर्पण संग्रह अभियान के बारे में बताया। महाराजजी की बात सुनकर धर्मारामजी ने भी अपनी उस झोंपड़ी में रखे पेड़ के पत्तों के बीच से एक स्टील का डिब्बा निकालकर उसे बहुत ही श्रद्धा भाव से महाराजजी के सम्मुख रख दिया। महाराजजी ने उसे अभियान के कार्यकर्ताओं को दिया। कार्यकर्ताओं ने उस डिब्बे से धनराशि निकालकर उसे गिना तो वह पूरे चालीस रुपए थी। इतने में एक दूसरी झोंपड़ी के 65 वर्षीय अर्जुन धर्माजी भी वहाँ पहुँचे और महाराजजी का चरण स्पर्श कर अपनी फटी हुई बनियान की एक गाँठ को खोलकर उसमें से दस रुपए का एक पुराना नोट निकालकर उन्हें समर्पित कर दिया। धीरे-धीरे उस बस्ती के अन्य लोग भी महाराजजी के पास आते गए और अपनी श्रद्धा के अनुसार महाराजजी को अपना-अपना निधि समर्पण करते गए। शाम तक उस बस्ती में ही महाराजजी के साथ अभियान के कार्यकर्ता रुके। उस बस्ती के लोगों के भक्तिभाव को देखकर अभियान के कार्यकर्ता बहुत अभिभूत हुए। ऐसा ही कुछ अनुभव भारत के समुद्री तटीय समूह अंडमान-निकोबार का आता है।

राम मंदिर निर्माण में अंडमान के चिन्मय मिशन ने रविंद्रजी चटर्जी प्रांत-अध्यक्ष विश्व हिन्दू परिषद् का अधिकाधिक सहयोग किया। उनके रामजी के प्रति भाव को विस्मृत नहीं किया जा सकता। इनके सहयोग ने अंडमान में विश्व हिन्दू परिषद् का उत्साहवर्धन किया तथा समाज को राम मंदिर निधि समर्पण अभियान से जुड़ने के आह्वान ने अभियान को तेजी दी। संतों का राम के प्रति भाव ऐसे कुछ प्रसंगों को इस अध्याय में जोड़ा गया है, वहीं अगले अध्याय में समाज के दमित-अनुसूचित जाति के लोगों का रामजी के प्रति भाव को कुछ अनुभवों के साथ दिखाने-बताने का प्रयास किया गया है।

साधु चरित सुभ चरित कपासू। निरस बिसद गुनमय फल जासू॥
जो सहि दुःख परछिद्र दुरावा। बंदनीय जेहिं जग जस पावा॥[4]

संतों का चरित्र कपास के चरित्र (जीवन) के समान शुभ है, जिसका फल नीरस, विशद और गुणमय होता है। संत स्वयं दुःख सहकर दूसरों के छिद्रों (दोषों) को ढकता है, जिसके कारण उसने जगत् में वंदनीय यश प्राप्त किया है।

□

4. 'श्रीरामचरितमानस बालकांड', पृ. 20, चौपाई-3

अध्याय : 3

समरस राम

नाथ आजु मैं काह न पावा। मिटे दोष दुःख दारिद दावा॥
बहुत काल मैं कीन्हि मजूरी। आजु दीन्ह बिधि बनि भलि भूरी॥[5]

अर्थात्—हे नाथ, आज मैंने क्या नहीं पाया! मेरे दोष, दुःख और दरिद्रता की आग आज बुझ गई है। मैंने बहुत समय तक मजदूरी की(विधाता ने आज बहुत अच्छी भरपूर मजदूरी दे दी।

प्रभु राम भारत की अस्मिता के प्रतिबिंब हैं तो वहीं वे सामाजिक समरसता के भी प्रतीक हैं। रामजी के जीवन का एक अवलोकन करें तो हम पाते हैं कि रामजी ने अपने पूरे जीवन में समाज कैसे समरस बने, इसी विचार को प्रस्थापित करने का अनुपम कार्य किया है। निषाद राज से उनकी मित्रता अपने आप में अनूठी है। निषादजी के प्रति प्रभु राम का प्रेम हमें 'श्रीरामचरितमानस' में दिख भी जाता है। 'मानस' में तुलसीदास लिखते हैं कि जब लंका विजय के बाद रामजी अयोध्या आ जाते हैं तो उनके साथ सुग्रीव एवं वानर सेना के सेनापति आदि भी आते हैं। कुछ दिन रुकने के बाद राम से वो सब विदा लेते हैं, तब प्रभु राम निषाद को छोड़कर किसी को भी अयोध्या पुनः आने को नहीं कहते, सिर्फ निषाद से बार-बार अयोध्या आने का आग्रह करते हैं, यह प्रभु का प्रेम है निषाद के प्रति। अब मन में आता है कि आखिर यह निषाद है कौन? निषाद समाज के दुर्बल माने जानेवाले वर्ग का प्रतिनिधित्व करता है, जो समाज में अंतिम पंक्ति में खड़ा है। रामजी ने एक शासक होने के नाते भी यह संदेश दिया कि समाज में अंतिम पंक्ति में खड़े व्यक्ति का

5. 'श्रीरामचरितमानस' 'अयोध्याकांड', पृ. 427, चौपाई-3

विकास करके ही राष्ट्र उन्नति कर सकता है। राम ने इस मित्रता के बंधन से समाज में समता-ममता के साथ सबकी सहभागिता से समाज विकास का अहम संदेश दिया, जिसे भगवान् वाल्मीकिजी ने भी वर्णित किया है। यही कारण है कि प्रभु राम हनुमानजी से कहते हैं—

गुहः (निषाद राज) प्रीतःस ममात्मसमः सखा।[6]

अर्थ—निषादजी मेरे परम मित्र हैं। वे मेरी आत्मा के समान हैं।

इसीलिए रामजी अपने राज्याभिषेक का मुख्य अतिथि भी निषाद को ही बनाते हैं। प्रभु राम अपने जीवन में उन अनेक आदर्शों को स्थापित करते हैं, जिनके अनुसरण मात्र से व्यक्ति का जीवन मंगलमयी हो जाता है।

प्रभु राम तो राजा हैं या यों कहें, राज परिवार से संबंध रखते हैं, उनकी ससुराल भी राज परिवार की है। लेकिन जब रावण जैसे शक्तिशाली राजा से युद्ध करना पड़ा तो उन्होंने जंगलों में बसनेवाले समाज का ही संगठन किया। न तो उन्होंने अपने परिवार से सेना माँगने की बात सोची और न ही ससुराल पक्ष से ही कोई सहायता की माँग की। इसलिए जब राम मंदिर के शिलापूजन का प्रश्न आया तो भी संत समाज एवं विश्व हिन्दू परिषद् नेतृत्व द्वारा समाज के कमजोर, अस्पृश्य समझे जाने वाले समाज को ही इस बड़े कार्य के लिए चुना। वहीं जब मंदिर निर्माण हेतु ट्रस्ट बना तो उसमें भी इस वर्ग को ट्रस्टी बनाया गया। यह समरसता का अहम संदेश है।

प्रभु राम ने आजीवन समाज के दमित, दलित, वंचित, गिरिजन वर्ग को एकत्र कर ही लंका पर अपनी विजय की पताका को फहराया, यह भी अपने में अद्वितीय है। प्रभु अपने वन-गमन के दौरान भील, कोल, शबरी, निषाद कितने ही समाज के इन वर्गों के साथ संपर्क में आते हैं। प्रभु राम का जब शूर्पणखा से संवाद हुआ था, वह रामजी पर आरोप लगाते हुए कहती है, "इस जंगल के समाज को राजा के प्रति आप आंदोलित कर रहे हो," तब राम उसको राजधर्म समझाते हैं, वहीं एक ओर इस वनवासी, दमित समाज के भीतर एक आदर्श समाज निर्माण की सद् इच्छा का जागरण भी करते हैं।[7] वे उनमें स्वाभिमान और स्वत्व जागरण करके सत्य मार्ग की ओर प्रशस्त होने का अनुपम कार्य करते हुए दिखते हैं।

---

6. वाल्मीकि रामायण 'लंका कांड', पृ. 574, चौपाई-4
7. राणा, आशुतोष, 2020, रामराज्य-119

तुलसीदासजी ने भी अपनी लेखनी द्वारा इन सभी वर्गों को जोड़ने का काम किया है। इसीलिए राम मंदिर निर्माण के अभियान की शुरुआत समाज के उसी वर्ग के समर्पण से प्रारंभ हुई, जिसे वर्षों तक सामाजिक कुरीतियों ने मुख्यधारा के समाज से भिन्न रखा। दिल्ली में शुरू हुए इस देशव्यापी अभियान की शुरुआत पूज्य सरसंघचालक मोहनराव भागवतजी ने दिल्ली के वाल्मीकि मंदिर से ही की थी।

दिल्ली में मंदिर मार्ग स्थित भगवान् वाल्मीकि मंदिर के पूज्य स्वामी कृष्ण साह विद्यार्थीजी महाराज को श्रीरामजन्मभूमि का स्मृति-चिह्न भेंट करते हुए राष्ट्रीय स्वयंसेवक संघ के पूजनीय सरसंघचालक डॉ. मोहन भागवतजी।

समता के सूत्र में बँधे बिना रामजी के काज को नहीं किया जा सकता है। दिल्ली में वाल्मीकि मंदिर से प्रारंभ हुआ निधि समर्पण अभियान देखने में बड़ा ही सादा, शोर-भीड़ से इतर था, लेकिन देश भर में बड़ा संदेश देनेवाला जरूर था। इसका प्रभाव समाज में भीतर तक हुआ, जो इस बात का द्योतक है कि राम सिर्फ एक देवता भर नहीं हैं अपितु इस राष्ट्र के परिचायक भी हैं। यह वाल्मीकि समाज वही समाज था, जो दिल्ली में लालकिले से शुरू होनेवाली भगवान् वाल्मीकिजी की शोभा यात्रा में राष्ट्रीय स्वयंसेवक संघ और विश्व हिन्दू परिषद् के कार्यकर्ताओं के शामिल होने पर भी उन्हें अनदेखा कर देता था, आज उस समाज में रामजी के काज के लिए निधि समर्पण अभियान चल रहा है, जिसमें उनकी सक्रिय भूमिका है। यह भी बड़ा हर्ष का विषय है कि इस कार्यक्रम में पूरी दिल्ली के वाल्मीकि समाज की

25 पंचायतों के चौधरी एक साथ एकत्र होकर रामजी के भव्य मंदिर के लिए निधि समर्पण कर रहे हैं, वहीं अभियान को जन-जन तक ले जाने का संकल्प भी कर रहे हैं। ये वे नेता अथवा चौधरी होते हैं, जो वाल्मीकि समाज अपने बीच में से ही चुनता है, यानी कि ये 25 लोग अपने पूरे समाज का प्रतिनिधित्व करते हैं। यह भी एक संयोग ही था कि भगवान् वाल्मीकि मंदिर से शुरू हुआ अभियान दिल्ली के ही रविदास मंदिर 'विश्राम धाम' में जाकर समाप्त हुआ।

जिस रविदासी समाज को वर्षों तक हिन्दू समाज के खिलाफ बरगलाया गया, छद्म आंबेडकरवाद के भाषण और साहित्य ने इस समाज के मानस को कम दूषित नहीं किया था, लेकिन जब विषय आया रामजी का, तब बात ही कुछ अलग हो गई। यह रामजी की कृपा ही थी कि जाटव, रविदासी समाज खुलकर रामजी के काज में जुट गया।

संत सर्वहितकारीजी महाराज एवं मा. आलोकजी, केंद्रीय कार्याध्यक्ष विश्व हिन्दू परिषद्, रविदास मंदिर, दिल्ली

जिस स्थान पर निधि समर्पण संग्रह अभियान का समापन कार्यक्रम हुआ, वह केंद्रीय दिल्ली के ही देव नगर करोल बाग में स्थित है। ऐसी मान्यता है कि इस स्थान पर स्वयं संत रविदासजी महाराज ने आकर विश्राम किया था। इसमें विशेष

बात यह थी कि इस रविदास मंदिर विश्राम धाम ट्रस्ट के पदाधिकारियों ने ही स्वयं प्रेरणा से निधि समर्पण संग्रह का समापन कार्यक्रम आयोजित किया। कार्यक्रम की भव्यता इस बात में थी कि मंच की शोभा, समाज को नेतृत्व देनेवाले संत समाज के पूज्य महामंडलेश्वर प्रकटनाथजी महाराज, पूज्य महामंडलेश्वर तीर्थनाथजी महाराज, पूज्य ऋषि रोशन झाजी महाराज, पूज्य भीमनाथजी महाराज समेत समाज की सज्जन शक्तियों ने बढ़ाई। इसके साथ ही दिल्ली के सम्मानित हमारे अनुसूचित समाज की सभी बिरादरियों के लोग निधि समर्पण संग्रह के उस समापन कार्यक्रम में अपना-अपना समर्पण देने हेतु स्वयं उपस्थित हुए थे। हमें भी ऐसा लगने लगा कि दिल्ली जहाँ लगभग 23 प्रतिशत की आबादी अनुसूचित समाज की है, में यह कार्यक्रम हमारे काम के लिए भी एक 'टर्निंग पॉइंट' सिद्ध होगा।

यहाँ पर एक और बात ध्यान देने योग्य है कि वहाँ पर अनुसूचित समाज के आए हुए लोगों ने बताया, "विश्राम धाम के अंदर इससे पूर्व न तो कभी भगवान् राम का चित्र लगा और न ही वहाँ पर भगवान् राम का नाम ही कभी सुना था। यह अद्वितीय और अविस्मरणीय घटना हमारे जीवन में पहली बार हुई है।" मंच पर बैठे वक्ताओं की वाणी अपने में दिव्यता को प्राप्त हो गई। कार्यक्रम में पूज्य महामंडलेश्वरजी ने कहा कि अनुसूचित समाज की सभी ग्यारह बिरादरियाँ पहली बार किसी गैर-राजनीतिक कार्यक्रम में उपस्थित हुई हैं, जोकि एक स्वस्थ समाज-परिवर्तन का सूचक है। यहाँ पर एक विशेष बात यह है कि अकसर वाल्मीकि समाज और जाटव समाज के लोग एक-दूसरे पर आरोप-प्रत्यारोप लगाते रहते हैं, परंतु पहली बार इन दोनों ही समाज के लोग एक साथ एक मंच पर आकर एक सौहार्दपूर्ण कार्यक्रम का हिस्सा बने।

अभियान के तहत दिल्ली स्थित सेवा बस्तियों के 11,08,000 परिवारों में जाना इस अभियान की जहाँ एक और महत्त्वपूर्ण उपलब्धि है, वहीं इससे भी बड़ी उपलब्धि यह थी कि उस कार्यक्रम में जब पूज्य संतों का चरण पखारने का प्रसंग आया तो विश्व हिन्दू परिषद् के केंद्रीय कार्याध्यक्ष माननीय आलोक कुमारजी, माननीय प्रांत संघचालक श्री कुलभूषण आहूजाजी ने जब स्वयं पूज्य संतों के चरण पखारे तो वह केवल चरण पखारने का एक कार्यक्रम मात्र भर नहीं था, अपितु वर्षों की मानसिक वर्जनाओं को विसर्जित करने का भी एक कार्यक्रम था।

निधि समर्पण संग्रह का यह कार्यक्रम मात्र राशि एकत्र करने भर का नहीं था और न ही मात्र सामाजिक समरसता स्थापित करने का कोई छोटा-बड़ा इवेंट

भर था, अपितु वेद वाक्य 'संगच्छध्वं' के विचार को चरितार्थ करनेवाला था। इस कार्यक्रम से यह विश्वास और अधिक सुदृढ़ हुआ है कि यह 'संगच्छध्वं से सहचित्तम्' की ओर ले जाएगा।

दिल्ली में ही श्रीरामजन्मभूमि मंदिर निर्माण के लिए रेसकोर्स स्थित बी.आर. कैंप (एक सेवा बस्ती) का एक संस्मरण ध्यान आता है, जहाँ विश्व हिन्दू परिषद् के कार्याध्यक्ष श्री आलोक कुमारजी और हिन्दू समाज के अग्रणी राष्ट्रीय संत पूज्य स्वामी विवेकनाथ महाराजजी स्वयं गए तथा वहाँ पर भगवान् वाल्मीकि के भजनों द्वारा स्तुति की। बी.आर. कैंप के निवासियों ने अपने मध्य जब श्री आलोक कुमारजी और राष्ट्रीय संत पूज्य स्वामी विवेकनाथ महाराजजी को पाया तो बहुत आश्चर्यचकित हुए।

विवेकनाथ महाराजजी ने बताया, "जब हम भगवान् वाल्मीकि का गुणगान करते हैं तो 'रामायण' से जुड़ते हैं, जब 'रामायण' से जुड़ते हैं तो प्रभु श्रीराम से भी जुड़ जाते हैं। 'रामायण', श्रीराम और भगवान् वाल्मीकि, ये तीनों एक-दूसरे के संपूरक हैं।" आज हम श्रीरामजी को जानते हैं तो वह भगवान् वाल्मीकिजी की कृपा से ही जानते हैं, इसलिए भगवान् वाल्मीकि प्रथम हैं। मानव कल्याण और मानव उत्थान के लिए उन्होंने 'रामायण' का निर्माण किया। आलोक कुमारजी (केंद्रीय कार्याध्यक्ष, विश्व हिन्दू परिषद्) ने भी बहुत सहजता के साथ वहाँ के लोगों से बातचीत के दौरान बताया, "'रामायण' के द्वारा हमें हमारे कर्तव्य का बोध करवाया गया है, साथ ही अपराध के लिए सजा का भी बोध हमें होता है। 'रामायण' के अध्ययन से यह भी ज्ञात होता है कि अपराध करनेवाला चाहे कितना भी शक्तिशाली और ताकतवर हो, उसे दंड की प्रक्रिया से गुजरना ही पड़ता है।" भगवान् श्रीराम ने अपने जीवन के विभिन्न प्रसंगों में सामाजिक समरसता के जिस दर्शन को चरितार्थ किया है, आज हम सब उसे आपके मध्य लेकर आए हैं। बातचीत के उपरांत बी.आर. कैंप के लोगों के साथ राष्ट्रीय संत पूज्य स्वामी विवेकनाथ महाराजजी और आलोक कुमारजी के साथ सभी लोगों ने जलपान किया। तत्पश्चात् स्वामी विवेकनाथ महाराज की अगुआई में श्री आलोक कुमार के साथ निधि समर्पण के कार्यकर्ताओं ने श्रीराम का भजन गाते हुए रेसकोर्स स्थित बी.आर. कैंप बस्ती के प्रत्येक घर से उनका निधि समर्पण प्राप्त किया। सामाजिक समरसता का इसी प्रकार का कार्यक्रम दिल्ली के मोती बाग के नजदीक में स्थित मोची बाग गाँव में और त्रिलोक पुरी में भी किया गया, जिसका समाज पर बहुत ही सकारात्मक प्रभाव हुआ।

ये दिल्ली के अनुभव थे, वहीं देश के अन्य भागों में भी कुछ कम अनुभव नहीं हुए। अयोध्या में भगवान् श्रीराम की जन्मभूमि पर भव्य मंदिर निर्माण हेतु निधि समर्पण

संग्रह अभियान के कार्यकर्ताओं द्वारा कर्नाटक पेजावर मठ के प्रमुख श्री विश्व प्रसन्न महाराजजी का मुंबई के खार दांडा की एक बस्ती में प्रवास तय किया गया।

उस बस्ती में अधिक संख्या में अनुसूचित समाज के लोग रहते हैं। जब वहाँ के लोगों को इसकी सूचना प्राप्त हुई तो वे सब बहुत प्रसन्न हुए और उन सबने मिलकर स्वयं इस अवसर पर भगवान् श्रीराम के विग्रह की पालकी यात्रा का आयोजन किया तथा कोलीवाड़ा के रास्तों पर महाराज श्री के स्वागत के लिए रंगोली बनाई गई एवं मार्ग को फूलों से सजाया। जब विश्व प्रसन्न महाराजजी उस बस्ती में पहुँचे तो वहाँ के एक बुजुर्ग ने महाराजजी से कहा कि उन्होंने अपने जीवनकाल में अनेक महामंडलेश्वरजी समेत संत-महात्माओं को प्रवचन देते हुए सुना है, परंतु उनकी बस्ती में स्वयं महाराजजी चलकर आए हैं, यह घटना उनके जीवन में पहली बार घटित हो रही है, यह कहते हुए वह बुजुर्ग बहुत भावुक हो गए थे। महाराजजी ने जब उन्हें भावुक होते हुए देखा तो वे तुरंत उनके साथ कुछ पल के लिए बैठ गए और उनका हाथ अपने हाथ में थाम लिया। जब इस घटना को वहाँ के लोगों ने देखा तो उन सबने मिलकर 'जय श्रीराम' का उद्घोष किया। महाराजजी को निधि समर्पण के लिए कुछ कहना ही नहीं पड़ा, अपितु वहाँ के लोगों ने स्वयं ही अपने-अपने सामर्थ्य के अनुसार निधि समर्पण किया।

श्रीरामजन्मभूमि तीर्थ क्षेत्र न्यास के सदस्य पेजावर मठाध्यक्ष श्री श्री विश्वप्रसन्न तीर्थ संत महाराज ने कर्नाटक के तुमकुर शहर के नरसिंह राजा बस्ती और आंबेडकर बस्ती की गली के प्रत्येक घर से श्रीराम मंदिर निर्माण के लिए भक्तजनों से स्वयं निधि-संग्रह किया। महाराजजी को अपने मध्य पाकर सभी लोग बहुत आश्चर्यचकित तथा प्रसन्न हुए, क्योंकि उनके लिए यह एक सपने जैसा था। बस्ती के लोगों ने अपने सभी मतभेदों को भुलाकर अपनी यथाशक्ति के अनुसार स्वामीजी का यथोचित सत्कार किया। भगवान् श्रीराम के प्रति लोगों के भक्तिभाव को देखकर पेजावर मठाध्यक्ष श्री श्री विश्वप्रसन्न तीर्थ संत महाराज स्वयं भाव-विह्वल हो गए और कहा, "ऐसा लग रहा है, जैसे यहाँ के भक्त अपने इष्टदेव का सुंदर घर बनवाने हेतु गिलहरी की भाँति अपना आंशिक योगदान करने के लिए शबरी की भाँति बहुत लंबे समय से प्रतीक्षा कर रहे थे।" महाराजजी ने सामाजिक समरसता को प्रवचन के माध्यम से नहीं, अपितु उसे अपने जीवन में उतारकर दिखाया, ऐसे तमाम अनुभवों का समाज में सकारात्मक प्रभाव निश्चित ही जाएगा।

इसी प्रकार से बेंगलुरु में इस्कॉन के अध्यक्ष श्री मधु पंडित दासजी बेंगलुरु के आंबेडकर मोहल्ले की एक सेवा बस्ती में स्वयं गए। उस सेवा बस्ती के लोगों द्वारा स्वामीजी का भव्य स्वागत किया गया तथा उन सबने अपने-अपने सामर्थ्य के अनुसार स्वामीजी को अपनी निधि का समर्पण किया।

अयोध्या में भगवान् श्रीराम की जन्मभूमि पर हो रहे भव्य मंदिर-निर्माण हेतु निधि समर्पण अभियान के निमित्त पूजनीय मधु पंडित दासजी (इस्कॉन मंदिर, बेंगलुरु) बेंगलुरु के अंबेडकर मोहल्ले की एक सेवा बस्ती के लोगों से उनका निधि समर्पण प्राप्त करते हुए।

निधि समर्पण अभियान ने संपूर्ण राष्ट्र को रामजी के नाम पर एकात्म सूत्र से बाँध दिया, ऐसे कुछ अनुभव उत्तर प्रदेश के भी स्मरण ने आते हैं। दिल्ली की भाँति यहाँ भी राष्ट्रीय स्वयंसेवक संघ के तत्कालीन सह-सरकार्यवाह श्री दत्तात्रेय होसबोलेजी के द्वारा लखनऊ के नगर निगम में कार्यरत सफाईकर्मी श्री नरेंद्र वाल्मीकि के आवास पर जाकर उनका अभिनंदन करते हुए सर्वप्रथम उनसे ही उनकी निधि का समर्पण लेकर इस देवत्व कार्य का श्रीगणेश किया गया। समाज समरस हो, एकत्व भाव पर खड़ा हो, इसका प्रयास कौन करेगा तो इतने बड़े कार्य को हम नहीं कर रहे, बल्कि इस कार्य को स्वयं रामजी हम सबसे करवा रहे हैं, ऐसा तमाम कार्यकर्ताओं के माध्यम से बार-बार बताया गया।

उत्तर प्रदेश के अयोध्या में ही रामजी का जन्म हुआ। प्रदेश में इस अभियान की शुरुआत समाज के अंतिम पंक्ति में खड़े समाज से की गई, जिसके अंतर्गत अभियान के कार्यकर्ताओं ने लखनऊ महानगर में सफाई करनेवाले सफाई कर्मचारियों, रेलवे स्टेशन पर सामान उठानेवाले कुलियों, कुष्ठ आश्रम में निवास कर भिक्षा माँगकर जीवनयापन

करनेवाले कुष्ठ रोगियों, सड़क किनारे सामान विक्रय करनेवाले रेहड़ीवालों आदि से ही प्रारंभ किया। यह भी बड़ी ही प्रसन्नता का विषय है कि सभी ने बड़े हर्षित मन से राम मंदिर निधि समर्पण अभियान के लोगों का सम्मान किया और उन्हें यथासंभव निधि का समर्पण भी किया। इस अभियान में लखनऊ की महापौर संयुक्ता भाटियाजी भी जुड़ीं। सफाईकर्मी उन्हें अपने बीच पाकर अधिक उत्साहित भी हुए।

ऐसा ही एक अन्य अनुभव महाकौशल प्रांत का आता है, जहाँ पूज्य महामंडलेश्वर स्वामी अखिलेशानंद गिरि महाराज, जो निधि समर्पण अभियान के एक कार्यकर्ता की भाँति महाकौशल प्रांत के अनेक जिलों में संपर्क कर रामजी के काज में लगने का समाज से आह्वान करते हैं। ऐसे ही एक अवसर पर पूज्य स्वामी महामंडलेश्वरजी ने स्वयं 90 वर्षीय वयोवृद्ध ताराबाई के चरण पखारकर उन्हें एक शॉल और श्रीफल भेंट कर उनका स्वागत-सत्कार किया। स्वामीजी द्वारा माता ताराबाई का इस प्रकार से सम्मान करने के कारण वहाँ के समाज के लोगों में सामाजिक समर ता का स्वतः ही संचार हुआ तथा सबने स्वामीजी की भूरि-भूरि प्रशंसा करते हुए उनका अभिनंदन किया और अपनी निधि का समर्पण किया।

निधि समर्पण अभियान के इतने अनुभव हैं और उनसे कितने ही जुड़े भाव हैं, ऐसा ही कुछ छत्तीसगढ़ के रायगढ़ का है। जिस वार्ड में कार्यकर्ता निधि समर्पण हेतु जाना चाहते थे, उस वार्ड 33 में बहुसंख्यक आबादी सतनामी थी। इस सतनामी पंथ को भी विगत कई दशकों से राजनीतिक दलों एवं छद्म आंबेडकर के माननेवालों ने हिन्दू समाज के खिलाफ लामबंद कराने का प्रयास किया है, लेकिन रामजी के भव्य मंदिर निर्माण हेतु यह समाज भी खुलकर लगा। जहाँ अभियान से जुड़े कार्यकर्ता जाना नहीं चाहते थे, वहाँ जब गए तो बस्ती के लोगों ने उनका स्वागत किया और मात्र तीन परिवारों को छोड़कर अन्य सभी ने निधि का समर्पण किया। छत्तीसगढ़ एवं मध्य प्रदेश में सतनामी पंथ का काफी प्रभाव है। यह पंथ, जिसे गुरु घासीदासजी ने प्रारंभ किया था, यह उस समय हिन्दू समाज के इस्लामीकरण होने से बचाने में काफी प्रभावी साबित हुआ था। पूरा-का-पूरा भक्तिकाल मध्यकालीन भारत में मुस्लिम मत के प्रचार एवं हिन्दुओं के जबरन मतांतरण की कहानी बताता है, वहीं रामानंद, कबीर, रविदास, घासीदास जैसे संतों द्वारा इस्लाम के सूफीवाद (ये सॉफ्ट मुस्लिमवाद था) से बचाने हेतु विभिन्न पंथों को प्रारंभ किया गया, जो हिन्दू धर्म के खिलाफ नहीं था, बल्कि इस्लामिक कट्टरवादी मत से हिन्दू समाज को बचाने का एक बड़ा प्रयास था।

इसी तरह गुजरात प्रांत का एक प्रसंग बनासकाँठा जिले के डीसा के भड़थ

नामक गाँव का आता है। गाँव की आबादी लगभग 6,500 की है। यह गाँव बनासकाँठा जिले की मुख्य नदी बनास नदी के किनारे बसा हुआ है। पानी की उपलब्धता के कारण यहाँ के लोगों का मुख्य पेशा खेती ही है। अगर गाँव की बहुसंख्यक आबादी की बात करें तो यह हमारे अनुसूचित बंधुओं की ही है। सांस्कृतिक रूप से अधिक समृद्ध इस ग्राम में नकलंग भगवान् का एक मंदिर है, जिन्हें भगवान् कृष्ण का ही एक रूप मानकर उनकी पूजा की जाती है। वहीं यहाँ वर्ष में एक बार बड़ा मेला भी लगता है। इस महोत्सव को ध्यान में रखते हुए उससे 4-5 दिन पूर्व ही श्रीरामजन्मभूमि पर भव्य मंदिर निर्माण हेतु निधि समर्पण संग्रह अभियान के कार्यकर्ताओं ने उस गाँव में आना-जाना प्रारंभ किया तथा उस गाँव के प्रमुख लोगों की सलाह पर उस महोत्सव के निमित्त उद्बोधन का एक कार्यक्रम रखा गया।

इस उद्बोधन कार्यक्रम में मुख्य वक्ता के रूप में संघ परिवार के वहीं के स्थानीय कार्यकर्ताओं को बुलाया गया। सभी वक्ताओं ने बहुत ही भावपूर्ण शैली में क्षत्रिय दरबार के उनके पुरखों से सबका परिचय करवाया। वक्ताओं ने बताया कि अयोध्या में जब भगवान् राम के मंदिर का विध्वंस किया गया, तब उस क्षत्रिय दरबार के कुछ ऐसे वंशज थे, जिन्होंने उसी समय एक प्रण लिया था कि जब तक अयोध्या में भगवान् राम के भव्य मंदिर की पुनः नींव नहीं रखी जाएगी, तब तक वे अपने सिर पर पगड़ी नहीं बाँधेंगे, अपितु अपना सिर खुला ही रखेंगे। उसी क्षत्रिय दरबार की वंशावली के बनासकाँठा जिले के डीसा तहसील के भड़थ गाँव के लोग हैं। वक्ताओं के इस ओजपूर्ण उद्बोधन का वहाँ के समाज पर इतना व्यापक असर हुआ कि मात्र 2-3 घंटे में ही अनुमान से कहीं अधिक लगभग 36 लद्दाख रुपए का निधि का समर्पण उस गाँव के लोगों ने किया तथा उस गाँव के लोगों ने अभियान के कार्यकर्ताओं का धन्यवाद करते हुए उन्हें बताया कि उनके इस स्वर्णिम अतीत के बारे में आज तक किसी ने नहीं बताया था। तत्पश्चात् उस गाँव के लोगों के साथ अभियान के सभी लोगों ने भोजन किया।

इतने अनुभव रामजी के काज में मिले, जो अपने में अविस्मरणीय हैं। ऐसा ही कुछ हरियाणा, भिवानी के कैरू प्रखंड में लेघा ग्राम का आता है। निधि संग्रहण समर्पण अभियान को लेकर गाँव में एक छोटी बैठक चल रही थी। उस बैठक में भाग लेने के लिए वहाँ के समाज के सभी लोग आए थे। उस बैठक में अनुसूचित जाति समाज का मिंटू नामक एक व्यक्ति भी उपस्थित था। वह बड़े ध्यान से बैठक की सारी रचना, योजना को सुन रहा था। अपनी जिज्ञासावश उस बैठक के लोगों से

उसने पूछा कि क्या वे सभी लोग उसके घर भी जाएँगे? मिंटू की बात सुनकर सहसा सबका ध्यान उसकी ओर गया। बैठक में विश्व हिन्दू परिषद् के स्थानीय जिलाध्यक्ष श्रीमान प्रदीप बंसलजी भी उपस्थित थे। मिंटू की बात को वे भाँप गए और उन्होंने मिंटू से कहा कि वे सभी कार्यकर्ता सिर्फ उसके घर ही नहीं जाएँगे, अपितु वे सब उसके घर भोजन भी करेंगे। प्रदीप बंसलजी की बात सुनकर मिंटू बहुत भावुक हो गया।

एक सप्ताह पश्चात् मिंटू के घर से ही सर्वप्रथम उनकी निधि लेकर एवं उनके घर भोजन करके ही निधि समर्पण अभियान का शुभारंभ हुआ। उसके बाद अन्य स्थानों की ओर कार्यकर्ताओं की टोली बढ़ी। इस प्रकार सामाजिक समरसता का यह कार्यक्रम केवल पुस्तकों के सिद्धांतों तक सीमित नहीं रहा, अपितु व्यावहारिक रूप में उसे क्रियान्वित भी किया गया, जिससे वहाँ के समाज में एक सामाजिक चेतना का निर्माण हुआ तथा उनके मन में व्याप्त विभिन्न वर्जनाओं का सदा के लिए विसर्जन भी हुआ।

अयोध्या में भगवान् श्रीराम की जन्मभूमि पर हो रहे भव्य मंदिर-निर्माण हेतु निधि समर्पण अभियान के निमित्त हरियाणा के गोहाना नगर के वाल्मीकि समाज द्वारा आयोजित कार्यक्रम में उनका निधि समर्पण प्राप्त करते हुए गीता मनीषी पूज्य ज्ञानानंद महाराजजी, श्रीमान पवन कुमारजी (पूर्व न्यायाधीश) एवं विहिप के संयुक्त महामंत्री डॉ. सुरेंद्र जैनजी।

हरियाणा प्रांत का एक अन्य प्रसंग भी आता है, जो गोहाना नगर का है। वैसे गोहाना तो संतों की तपोभूमि कही जाती है, यहाँ स्थित एक वाल्मीकि आश्रम में भगवान् श्रीराम की जन्मभूमि पर मंदिर निर्माण हेतु निधि समर्पण संग्रह अभियान का शंखनाद किया गया। कभी यहीं पर सनातन धर्म की परंपराओं, मान्यताओं व धर्म शास्त्रों का तिरस्कार किया जाता था। इस निधि समर्पण अभियान को परम पूजनीय, प्रातः स्मरणीय गीता मनीषी स्वामी ज्ञानानंद महाराजजी के परम पावन सान्निध्य एवं आशीर्वचन के आलोक में आयोजित किया गया था। यह बहुत ही प्रसन्नता व गौरव

का विषय है कि गोहाना के महर्षि प्रभु वाल्मीकि आश्रम की प्रबंधन समिति के मुख्य संरक्षक श्रीमान पवन कुमारजी (पूर्व न्यायाधीश) एवं माननीय उपाध्यक्ष, विश्व हिन्दू परिषद्, हरियाणा ने पूरे उत्साह के साथ इस कार्यक्रम का न केवल आयोजन किया, अपितु भगवान् श्रीराम की जन्मभूमि पर मंदिर निर्माण हेतु 5 लद्दाख रुपए का एक चेक पूजनीय स्वामी ज्ञानानंदजी महाराज के श्रीचरणों में समर्पित कर उसे अभियान के कार्यकर्ताओं को दिया। इस कार्यक्रम का एक सकारात्मक संदेश पूरे भारत में गया।

निधि समर्पण अभियान ने देश के कण-कण को आपस में जोड़ दिया है। ऐसा ही एक अनुभव वीरों की धरती राजस्थान से आता है। राजस्थान भरतपुर के कुम्हेर की तमरेर नामक बस्ती में अधिकांश लोग अनुसूचित समाज से संबंध रखते हैं। वहाँ के लोगों में भगवान् श्रीराम के भव्य मंदिर के निर्माण का उत्साह इतना जबरदस्त था कि अभियान के कार्यकर्ता वहाँ से निकल ही नहीं पा रहे थे।

अभियान के कार्यकर्ताओं को कार्यालय में फोन करके ओर अधिक संख्या में कूपन मँगवाने पड़े। वहाँ के आसपास के आम जनमानस में उस बस्ती के लोगों के प्रति 'चोरी-चकारी करनेवालों' की छवि थी, परंतु अभियान के कार्यकर्ताओं को उस बस्ती के लोगों के हृदय में भी भगवान् श्रीराम के प्रति अपार श्रद्धा देखने को मिली। उस बस्ती के श्री भगवान सिंह ने अभियान के कार्यकर्ताओं को बताया कि उनके आने से उस बस्ती के लोगों का घर पवित्र हो गया है, क्योंकि भगवान् श्रीराम ने उन्हें सबकुछ दिया है, भला वे भगवान् श्रीराम को क्या दे सकते हैं? श्री भगवान् सिंह के इस प्रश्न पर अभियान के कार्यकर्ताओं ने कहा, "जो भी वे श्रद्धापूर्वक देना चाहें, उसका स्वागत है।"

अभियान के कार्यकर्ताओं का यह उत्तर सुनकर उन्होंने कार्यकर्ताओं के अनुमान से अधिक अपनी निधि का समर्पण किया। साथ ही, 14 दिनों के लिए उन्होंने स्वयं को भी अभियान का कार्यकर्ता बनने के लिए प्रस्ताव दे दिया और अभियान के कार्यकर्ताओं को तर्क दिया कि भगवान् श्रीराम ने जब 14 वर्ष का वनवास काटा है तो वे भी अपने जीवन के 14 दिन भगवान् श्रीरामजी की सेवा के लिए समर्पित करना चाहते हैं।

श्री भगवान् सिंहजी के इस प्रस्ताव से अभियान के कार्यकर्ता बहुत प्रसन्न हुए और तत्काल उन्हें निधि समर्पण संग्रह अभियान की रसीद बुक दे दी गई। रसीद बुक पाकर श्री भगवान् सिंह बहुत प्रसन्न हुए तथा जब उनके गाँववालों ने श्री भगवान् सिंह के हाथ में रसीद बुक देखी तो वे सब भी बहुत प्रफुल्लित हुए। उस गाँव के सभी लोगों

ने स्वयं ही निधि समर्पण करना प्रारंभ कर दिया। वहाँ के निवासियों ने निधि समर्पण अभियान को एक उत्सव का रूप दे दिया। महिलाओं, पुरुषों और बच्चों द्वारा प्रतिदिन संगीतमय प्रभातफेरी निकाली जाने लगी, जिसमें सभी आयु वर्ग के लोग स्वत: शामिल होते थे, जिसकी चर्चा वहाँ के आसपास के गाँवों में जब फैली तो वे सब भी इसी तरह की प्रभातफेरी निकालने लगे। यह भगवान् श्रीराम के आशीर्वाद का ही परिणाम था कि आसपास के गाँव के जो लोग उन्हें 'चोरी-चकारी करनेवालों' की बस्ती समझते थे, आज उनका अनुकरण कर भगवान् श्रीराम के कार्य हेतु प्रभातफेरियाँ निकाल रहे थे।

राजस्थान के प्रताप नगर के सेक्टर-28 में निधि संग्रह कर रहे अभियान के कार्यकर्ताओं से एक सज्जन ने कहा कि उन्होंने समाचार से निधि समर्पण के बारे में सुना है और वे भी अपनी श्रद्धा के अनुसार अपनी निधि का समर्पण करना चाहते हैं, परंतु वे अनुसूचित जाति से संबंध रखते हैं। क्या वे (अभियान के कार्यकर्ता) उनसे उनकी निधि का समर्पण स्वीकार करेंगे? उन सज्जन की बात सुनकर अभियान के कार्यकर्ताओं ने उनसे कहा कि जब भगवान् श्रीराम ने समाज के सभी लोगों को अपने साथ रखा, उनके साथ किसी प्रकार का भेदभाव नहीं किया तो भला वे कैसे किसी प्रकार का भेदभाव कर सकते हैं? साथ ही अभियान के कार्यकर्ताओं ने उनके घर जाकर चाय पीने की इच्छा व्यक्त की।

अभियान के कार्यकर्ताओं के द्वारा इस प्रकार का उत्तर सुनकर वे सज्जन बहुत भाव-विह्वल हो उठे और अभियान के कार्यकर्ताओं को अपने घर ले जाकर उन्हें जलपान करवाते हुए कहा, "आज मेरे घर साक्षात् भगवान् आए हैं" तथा यथाशक्ति अपना निधि समर्पण किया। समाज ने रामजी के लिए जब उनके जीवन में राम मंदिर निर्माण हेतु निधि समर्पण करने का अवसर आया तो उन्होंने अपना समर्पण किया। उनके भाव 'रामचरितमानस' की उस चौपाई का स्मरण कराते हैं, जिसमें तुलसीदासजी लिखते हैं—'नाथ सकल संपदा तुम्हारी', हे प्रभु! यह सब आपका ही तो है।

जाति पाँति कुल धर्म बड़ाई। धन बल परिजन गुण चतुराई॥
भागति हीं नर सोहई कैसे। बिनु जल बारिद देखिअ जैसे॥[8]

भावार्थ—जाति-पाँति, कुल, धर्म, बड़ाई, धन, बल, कुटुंब, गुण और चतुरता, इन सबके होने पर भी भक्ति से रहित मनुष्य ऐसा लगता है, जैसे जलहीन बादल दिखाई पड़ता है।

□

8. रामचरितमानस 'अरण्यकांड', चौपाई-3, पृ. 337

अध्याय : 4

शबरी के राम

अघ प्राप्ता तप:सिद्धिसत्व सन्दर्शनन्मया।
अघ में सफलं तप्तं गुरवशच सुपूजिता:॥ [9]

भावार्थ—हे राम! आज आपके दर्शन से मैंने तपश्य की सिद्धि प्राप्त कर ली। आज मेरा तप करना और गुरुजनों की सेवा करना सार्थक हुआ।

शबरी के जूठे बेर खाते हुए भगवान् श्रीराम (इंटरनेट सोर्स, दिनांक 31.7.2021)

माता शबरी की जैसे वर्षों की तपस्या का अंत प्रभु राम के दर्शनों से हुआ, इसे वाल्मीकि 'रामायण' में उद्धृत करते हैं—"शबरी अपने तप की शक्ति एवं रामजी की आज्ञा लेकर इहलोक त्याग ब्रह्मलोक को चली गई।"[10] आज जब दुर्गम

9. वाल्मीकि रामायण, 'अरण्यकांड', श्लोक 10, पृ. 295
10. वाल्मीकि रामायण, 'अरण्यकांड', श्लोक 12, पृ. 295

पहाड़ों में रहनेवाले लोगों ने कितने वर्षों प्रतीक्षा की कि कब अयोध्या में प्रभु राम का मंदिर बनेगा, उनका यह सपना साकार हो सका। सिक्किम के सुदूर गाँव की 95 वर्ष की आयु पूर्ण कर चुकी महिला, जो अपने बेटे के पास गंगटोक आई थी, जैसे ही उनको ज्ञात हुआ कि राम मंदिर निर्माण हेतु निधि समर्पण अभियान की टोली आ रही है तो उसने तुरंत 51,000 रुपए देने की इच्छा जाहिर की और यह राशि देते हुए बोली कि "मेरा संकल्प आज पूरा हुआ।" इनसे आम बातचीत में पता चला कि माताजी के पुत्र की सिक्किम के भारत विलय में महत्त्वपूर्ण भूमिका रही है। ऐसे तमाम अनुभव वास्तव में मन को हर्षित कर देते हैं। माताजी को निधि समर्पण करते हुए माँ शबरी के उस भाव का आभास जरूर हुआ होगा, जब रामजी शबरी के आश्रम पहुँचे थे। तुलसीदासजी ने 'रामचरितमानस' में बड़े ही आत्मीय भाव से इसे दिखाया है—

प्रेम मगन मुख बचन न आवा।
पुनी पुनी पद सरोज सिर नावा॥ [11]

अर्थ—शबरी प्रभु के प्रेम में कुछ इस तरह मगन है कि वह बार-बार उनके चरणों को प्रणाम कर रही है।

माता शबरी प्रतीक हैं, उस वनवासी समाज की, जिसे हम गिरिजन या जनजाति कह देते हैं। यह माँ शबरी का ही प्रताप है कि वर्षों से ईसाई मिशनरियों के घृणित मतांतरण ने भी वनवासी समाज के भीतर रामजी के प्रति श्रद्धा एवं भक्ति को कम नहीं किया है।

अयोध्या में बननेवाले भगवान् श्रीराम के भव्य मंदिर निर्माण हेतु वनवासी परिवारों के लोगों ने अपना-अपना निधि समर्पण तो किया ही, साथ में वे अपने आप को भगवान् राम का पुराना संबंधी भी मानते हैं, क्योंकि वनवास के समय प्रभु राम ने अधिकतर समय उनके साथ उनके बीच में ही व्यतीत किया था। यह संबंध कुछ ऐसा है, जिसे 'रामचरितमानस' की चौपाई में भील वनवासी समाज राम से कहता है—

हम सब भाँति करब सेवकाई। करि केहरि अहि बाघ बराई॥
बन बेहड़ गिरि कंदर खोहा। सब हमार प्रभु पग-पग जोहा॥ [12]

---

11. रामचरितमानस, 'अरग्यकांड', चौपाई-5, पृ. 666
12. रामचरितमानस, 'अयोध्याकांड', चौपाई-3, पृ. 457

अर्थ—हम सब लोग आपकी सभी जानवरों से रक्षा करेंगे, हम इस जंगल, बीहड़, गुफा—सभी से अवगत हैं।

रामजी के प्रति वनवासी समाज का भाव देखते ही बनता है। ऐसा ही भाव आज भी इस समाज के भीतर व्याप्त है। आज भी यह समाज हिंदुत्व के मौलिक चिंतन के साथ खड़ा है, जिसे निधि समर्पण अभियान ने दुनिया के सामने लाने का अद्वितीय कार्य किया है।

वनवासी क्षेत्रों में गए निधि समर्पण अभियान के कार्यकर्ताओं के अनुभव बड़े ही भाव-विभोर कर देनेवाले हैं। ऐसा ही एक अनुभव झारखंड के दुमका जिले का आता है, जब जिले के किरौनी और सीटवारा गाँव में निधि समर्पण संग्रह अभियान के कार्यकर्ताओं की टोली पहुँचती है। यहाँ पर कार्यकर्ताओं को सूचना थी कि यहाँ की अधिकतर जनजातियाँ ईसाई धर्म की उपासक हैं, लेकिन फिर भी सहमे-सहमे ही सही, कार्यकर्ता बंधुओं ने गाँव में प्रवेश किया और लोगों से आम चर्चा करते हुए राम मंदिर निधि समर्पण अभियान के बारे में बताया तो यह सुनकर गाँव के लोगों को बड़ा ही हर्ष हुआ कि उनके पास भी लोग अयोध्या में बन रहे प्रभु राम के मंदिर हेतु निधि समर्पण लेने आए हैं। गाँववालों से बातों-बातों में ही यह भी ज्ञात हुआ कि उस पूरे गाँव में एक ही परिवार ईसाई बना है और उसी की जमीन पर चर्च भी बना है। बाकी सभी हिन्दू धर्म के ही उपासक हैं।

उन ग्रामवासियों ने उन्हें यह भी बताया कि पहले उन लोगों को लगा था कि शायद वे लोग ईसाई धर्म-प्रचारक होंगे, क्योंकि कुछ दिनों पूर्व ही उनके गाँव में ईसाई धर्म-प्रचारकों ने आकर उन लोगों को बताया था कि यदि उनके गाँव में आर.एस.एस. के कुछ लोग चंदा माँगने के लिए आएँ तो चंदा बिल्कुल भी नहीं देना बल्कि उन्हें गाँव से बाहर भगा देना। ग्रामीणों ने बहुत ही श्रद्धापूर्वक यथाशक्ति अपनी-अपनी धनराशि का समर्पण किया तथा उस गाँव में नियमित आने के लिए निधि समर्पण संग्रह अभियान के कार्यकर्ताओं से आग्रह किया, जिसे कार्यकर्ताओं ने सहजतापूर्वक स्वीकार कर लिया।

ऐसा ही एक अन्य अनुभव झारखंड के सुदूर जंगलों में रहनेवाले वनवासी बंधुओं का आता है, जिनके मध्य निधि समर्पण अभियान के कार्यकर्ता, विश्व हिन्दू परिषद् के स्थानीय कार्यकर्ता डॉ. वीरेंद्र साहू के नेतृत्व में गए, जिसमें लातेहार के होसीर गाँव का एक अनुभव बेहद ज्ञानवर्धक एवं भावपूर्ण है। इस गाँव में चेरो जनजाति के लोग बहुतायत में रहते हैं। यहाँ राम मंदिर एवं निधि

समर्पण को लेकर अधिक उत्सुकता दिखी। चेरो जनजाति के ही एक बंधु कहते हैं, "हमारा तो रामजी से पुराना संबंध है।" वे कहते हैं—"हम सभी च्यवन ऋषि की संतान हैं। हमारे आराध्य कोई और नहीं, प्रभु राम ही हैं।"

इसी प्रकार झारखंड के परहिया, खेरवार, बिरहोर, गुड़पानी और गुमला की बिरिजिया जनजाति समाज के लोगों ने कहा, "इस जंगल में आता कौन है? अहो भाग्य हमारे कि हमारे गाँव में प्रभु श्रीराम के लिए पहली बार कोई आया है।" वहीं के एक स्थानीय बंधु कलेशर परहिया कहते हैं, "हम लोग उन जंगलों में निवास करते हैं, जहाँ कभी ऋषि-मुनि तपस्या करते थे और हमारे पूर्वज धर्म की रक्षा के लिए सदैव तत्पर रहते थे।" उन्होंने आगे कहा कि उनके पूर्वज तो पांडवों के साथ भी थे। उन स्थानीय लोगों ने बहुत ही भावुकता से कहा कि देने की इच्छा तो बहुत है, परंतु घर में कुछ है नहीं, लेकिन हम लोगों से जो कुछ भी जितना बन पा रहा है, वह पूर्ण श्रद्धा भाव से प्रभु राम को हम समर्पित कर रहे हैं।

अयोध्या में भगवान् श्रीराम की जन्मभूमि पर हो रहे भव्य मंदिर-निर्माण हेतु निधि समर्पण अभियान के निमित्त झारखंड के दुमका जिले के किरौनी, सीटवारा गाँव लातेहार, गुमला समेत अन्य गाँवों में रहनेवाली परहिया, खेरवार, बिरहोर, गुड़पानी जनजाति समाज के लोगों का निधि समर्पण प्राप्त करते हुए झारखंड के विहिप कार्यकर्ता डॉ. वीरेंद्र साहू के साथ निधि समर्पण अभियान के अन्य पदाधिकारीगण।

भगवान् राम और वनवासी समाज एक-दूसरे के पूरक हैं, कुछ ऐसा एक अनुभव छत्तीसगढ़ के बिलौदा नगर में देवरी नामक वनवासी समाज का आया। इस समाज के लोग मुख्यतः सूअर पालन और गोदने का काम करते हैं। पूर्व निर्धारित कार्यक्रम के आधार पर जब निधि समर्पण संग्रह अभियान के कार्यकर्ता उस बस्ती में पहुँचे तो उन्होंने देखा कि उस बस्ती के लोग पूजा की थाली लेकर उनकी प्रतीक्षा कर रहे हैं। जब ये कार्यकर्ता उनके नजदीक पहुँचे तो उन वनवासी समाज के लोगों द्वारा सर्वप्रथम उनकी आरती उतारी गई, तत्पश्चात् उन कार्यकर्ताओं को श्रद्धापूर्वक घास-फूस की बनी हुई झोंपड़ियों, जो उनके घर थे, के भीतर ले गए। उन झोंपड़ियों के बाहर ही महिलाएँ भोजन पकाती थीं और उनके अधिकांशतः बच्चों के शरीर पर पूरे कपड़े नहीं थे। निधि समर्पण संग्रह अभियान के कार्यकर्ताओं को वहाँ पर यह भी जानकारी प्राप्त हुई कि बरसात के समय उस जगह पर पानी भर जाता है, जिसके कारण वहाँ के लोगों को किसी अन्यत्र स्थान पर जाना पड़ता है।

हालाँकि यह वनवासी समाज पहले घुमंतू समाज था, परंतु अब धीरे-धीरे इस समाज के लोग स्थायी जीवन जीने की तरफ अग्रसर हैं। उनकी इस स्थिति को देखकर निधि समर्पण संग्रह अभियान के कार्यकर्ताओं के मन में उनके प्रति करुणा का भाव उत्पन्न हो गया था। यहाँ रेखांकित करनेवाली बात यह है कि उस बस्ती के प्रत्येक घर से उनकी यथाशक्ति के अनुरूप निधि समर्पण संग्रह अभियान के कार्यकर्ताओं को निधि का समर्पण प्राप्त हुआ। उनकी निधि समर्पण लेकर जब कार्यकर्ता वापस आने लगे तो उन लोगों ने बहुत विनम्रतापूर्वक उनसे कहा, "हमारी बस्ती में पहली बार कोई आया है। जरूर उन्हें भगवान्‌जी ने भेजा होगा।" भले ही उनकी निधि समर्पण की राशि कम है, परंतु उन्होंने अपनी-अपनी यथाशक्ति से समर्पण करने का पूरा प्रयास किया है।

ऐसे ही छत्तीसगढ़ के सुकमा जिला मुख्यालय से 53 किमी. दूर घने वनों से आच्छादित तथा विरली आबादी और नक्सल प्रभावित ग्राम पंचायत कोडरे के एक पेरमा पारा नामक ग्राम के वनवासी समुदाय के 95 वर्षीय वृद्ध हिरमाराम ने निधि समर्पित करते हुए कहा, "हम तुम्हारी ही प्रतीक्षा कर रहे थे" और उन्होंने अपनी 4 माह की वृद्ध पेंशन की राशि उन्हें समर्पित कर उन्हें बताया कि उनके आने से एक घंटे पूर्व ही नक्सली आए थे और उस गाँव की सभा लेकर वापस गए हैं। ये हिरमाराम छत्तीसगढ़ के उस अंतिम छोर के जंगलों में रहते हैं, जहाँ कभी रावण का

पुष्पक विमान उतरा था और माता जानकी का अपहरण हुआ था। ऐसे स्थान, जहाँ प्रभु राम से जुड़े साक्ष्य आज भी मिल जाते हैं। ये दंडक वन, जिसे रामदंडक वन भी कहा जाता है, यहाँ प्रभु राम ने विश्राम भी किया था, जिसे 'रामरामा' स्थान भी कहते हैं। विकास की मुख्यधारा से कटे हुए उस ग्राम के हिरमा रामजी की प्रभु श्रीरामजी के प्रति अटूट श्रद्धा को व्यक्त नहीं किया जा सकता।

ऐसा ही एक अनुभव ओडिशा पश्चिम प्रांत के राउरकेला सांगठनिक जिले में आया। यह जिला एक जनजातीय क्षेत्र है और ईसाई संख्या भी बड़ी मात्रा में यहाँ है, लेकिन जब रामजन्मभूमि निधि समर्पण का अभियान हुआ तो कुछ जगहों पर ईसाइयों ने भी अपना निधि समर्पण किया। 'कूआंरमूंडा प्रखंड' के अंतर्गत कुमझारिया ग्राम पंचायत का ऐसा एक गाँव है—रायछापला। इस गाँव में लगभग सारे ईसाई समुदाय के लोग ही रहते हैं, लेकिन बहुत से बच्चे सरस्वती शिशु विद्या मंदिर में पढ़ते हैं। जब निधि समर्पण की टोली विश्व हिन्दू परिषद् बीरमित्रपुर नगर अध्यक्ष श्री उग्र नारायण झा और शिशु मंदिर प्रधान आचार्य श्री रंजित दास के नेतृत्व में उस गाँव में गई तो पूरे गाँव में लगभग 40 ईसाई परिवारों ने पूरे श्रद्धा भाव से निधि समर्पण किया। ऐसा ही राउरकेला महानगर के सेक्टर-14 में भी देखने को मिला, जिसमें काफी ईसाई परिवारों ने अयोध्या में बन रहे राम मंदिर हेतु निधि का समर्पण किया।

ओडिशा के एक अन्य अनुभव ने भी हम सभी का ध्यान आकर्षित किया। यह अनुभव पश्चिम ओडिशा के मलकाने जिले का है। इस जिले में जनजातियों की बहुतायत है। जिले के एक छोटे से गाँव में कुछ निधि समर्पण संग्रह अभियान के कार्यकर्ताओं का जाना हुआ, जिसमें उस परिवार में भी जाना हुआ, जिसमें एक वर्ष पूर्व ही बुजुर्ग का देहांत किसी दुर्घटना में हुआ था। जब कार्यकर्ता उनके घर पहुँचे तो परिवार के मुखिया ने उनका सत्कार किया और अपने पिता के जीवन बीमा की एक लद्दाख एक हजार रुपए की राशि देने की इच्छा जाहिर की। यह राशि देते हुए उन्होंने कहा, "भगवान् श्रीराम की ही कृपा है कि अभी कुछ दिन पहले ही मेरे पिताजी के जीवन बीमा की राशि मेरे पास आई है और आज ही आप सब यहाँ आ गए हैं। जरूर भगवान् राम ने मुझ पर बहुत कृपा की है और आप सबको यहाँ भेज दिया।"

भगवान् राम के प्रति उस व्यक्ति के इस प्रकार के समर्पण भाव को देखकर निधि समर्पण संग्रह कर रहे वे सभी कार्यकर्ता बहुत ही भाव-विभोर हो गए।

अयोध्या में भगवान् श्रीराम की जन्मभूमि पर हो रहे भव्य मंदिर-निर्माण हेतु निधि समर्पण अभियान के निमित्त रामभक्तों ने ओडिशा के एक गाँव में प्रभातफेरी निकालकर वहाँ के वनवासी समाज को निधि समर्पण अभियान के प्रति जागरूक किया।

ऐसे ही कुछ अनुभव पश्चिम सिक्किम के आते हैं, जहाँ एक बौद्ध लामा ने निधि समर्पण अभियान का प्रमुख बन निधि समर्पण संग्रह हेतु समय देने का प्रस्ताव विश्व हिन्दू परिषद् को दिया, जिसे निधि समर्पण संग्रह अभियान से जुड़े कार्यकर्ताओं ने सहर्ष स्वीकार कर लिया। उन्हें निधि समर्पण अभियान का प्रमुख बना दिया गया। बौद्ध लामा एवं उनकी पूरी टोली के प्रयास से पश्चिम सिक्किम के 48 मंडलों में से 40 मंडलों में संपर्क हुआ, जिसमें एक सम्मानजनक राशि का संग्रह भी हुआ। भारत की आर्थिक नगरी मुंबई महाराष्ट्र प्रांत के भी अनेक अनुभव आए, जिसमें ठाणे में वनवासीपाणा नामक एक स्थान है। वहाँ पर निधि समर्पण संग्रह कर रहे कार्यकर्ताओं को जब एक वनवासी व्यक्ति ने देखा तो उसने उन कार्यकर्ताओं को अपने पास बुलाया और वह उन कार्यकर्ताओं को सम्मानपूर्वक अपने घर ले गया। यथासामर्थ्य स्वागत-सत्कार के उपरांत उस वनवासी व्यक्ति ने कार्यकर्ताओं को बताया कि कारसेवा के समय उसके एक भाई का बलिदान हो गया था। वह अपने भाई की स्मृति में कुछ समर्पण करना चाहता है, लेकिन उसकी आर्थिक स्थिति ठीक नहीं है। इतना कहते हुए उस वनवासी बंधु ने 2,000 रुपए निकालकर निधि समर्पण संग्रह कर रहे कार्यकर्ताओं को दिए।

ऐसा ही कुछ अनुभव राजस्थान के टोंक में कालबेलिया समाज के जगदीशजी का आता है। वे एक झोंपड़ी में निवास करते हैं। अभियान के कार्यकर्ताओं ने जब

उनके गाँव में संपर्क कर उस गाँव के कुछ प्रमुख लोगों को बुलाकर एकत्र कर उनसे बातचीत की तो जगदीशजी ने खड़े होकर सबके सामने कहा कि उनकी तरफ से 21,000 रुपए का निधि समर्पण होगा। उनकी यह बात सुनकर वहाँ उपस्थित सभी लोग आश्चर्यचकित थे, क्योंकि उन गाँववालों के लिए यह बहुत बड़ी राशि थी। जगदीशजी ने बताया कि इस राशि को वे कई वर्षों से एकत्र कर रहे हैं और इसे उनकी अंतिम इच्छा माना जाए। जगदीशजी के श्रद्धा भाव को देखकर सबने 'जय श्रीराम' का उद्घोष किया।

दक्षिण के प्रांतों ने भी खुलकर रामजी के काज में अपना समर्पण किया, ऐसा ही एक प्रसंग आता है आंध्र प्रदेश के प्रकाशम जिले का। यहाँ की घुमंतू जनजातियों के छह लोगों ने अभियान का कार्यकर्ता बनकर सात दिन के लिए अयोध्या में भगवान् श्रीराम की जन्मभूमि पर भव्य मंदिर-निर्माण के लिए अपना समय दिया तथा वहाँ रहनेवाले सभी घुमंतू परिवारों में जाकर उनके निधि समर्पण का संग्रह भी किया।

इस समाज का भगवान् श्रीराम के प्रति अत्यंत श्रद्धा का भाव देखते ही बनता है, लेकिन इसमें शोचनीय विषय यह था कि इनको अयोध्या में भगवान् श्रीराम की जन्मभूमि पर भव्य मंदिर-निर्माण की जानकारी ही नहीं थी, लेकिन जब कर्यकर्ताओं के द्वारा निधि समर्पण अभियान एवं भव्य मंदिर-निर्माण हेतु सारी जानकारी दी गई तो उन सभी लोगों ने श्रद्धा भाव से अयोध्या में बन रहे राम मंदिर के लिए निधि का समर्पण किया। इसी प्रकार से अभियान कार्यकर्ता श्रीकाकुलम जिले आंध्रप्रदेश की एक बस्ती में राम रथ लेकर गए। उस बस्ती में समनतोला नामक जनजाति के लोग रहते हैं। बस्ती के लोगों को अयोध्या में भगवान् श्रीराम की जन्मभूमि पर भव्य मंदिर-निर्माण के संबंध में अभियान के कार्यकर्ताओं ने जागरूक कर उनका भी निधि समर्पण लिया। वनवासी समाज का रामजी के प्रति तब वही भाव था, जिसे तुलसीदास ने 'रामचरितमानस' में उकेरा है, आज भी वही भाव सनातन बना हुआ है।

□

अध्याय : 5

कौशल्या के राम

प्रनवउँ पुर नर नारि बहोरी।
ममता जिन्ह पर प्रभुहि न थोरी॥[13]

अर्थ—उन नर-नारियों को प्रणाम करता हूँ, जिन पर प्रभु की ममता थोड़ी नहीं है।

रामजी के प्रति ममत्व का भाव जिस प्रकार का शबरी का रहा, कुछ उसी तरह का प्रेम भाव रामजी का भी था। माता कैकेयी का राम से अधिक प्रेम है, लेकिन उनके द्वारा ही राम को वनवास भी भेजा जाता है, लेकिन राम का कैकेयी के प्रति प्रेम भाव नहीं बदला। वह वैसा ही रहा, जैसा उससे पूर्व था। नारी शक्ति के प्रति सम्मान का बोध ही तो राम कराते हैं। सीताजी के लिए ही, नारी सम्मान हेतु ही तो युद्ध हुआ, क्या हम इसे नहीं जानते? इसीलिए आज जब अयोध्या में रामजन्मभूमि स्थित मंदिर का निर्माण कार्य प्रारंभ हो रहा है तो ऐसे में महिलाएँ कैसे इस सबसे अपने को अलग कर सकती हैं? उन्होंने भी बढ़-चढ़कर अभियान में हिस्सा लिया। इतना ही नहीं, बच्चों ने भी खुलकर अभियान में सहयोग किया। ऐसा ही एक प्रसंग राजस्थान के जोधपुर महानगर का आता है, जहाँ एक महिला अपने पति एवं बच्चों को बुलाकर कहती है, "मेरी इच्छा है कि मेरे सारे गहने राम मंदिर निर्माण हेतु निधि समर्पण अभियान को दे दिए जाएँ," वृद्ध सोहन ने अपनी पत्नी की एवं उनके बच्चे ने इस बात को सुना और कुछ ही दिनों बाद उनकी पत्नी की मृत्यु हो गई। सोहनजी ने निधि समर्पण अभियान के कार्यकर्ताओं को फोन

13. रामचरितमानस, 'बालकांड', चौपाई-1, पृ. 38

कर बुलाया एवं अपनी पत्नी की अंतिम इच्छा को बताया। कार्यकर्ताओं ने उसे सहज सुना, लेकिन उनका आग्रह था कि पहले वे अपनी पत्नी का दाह-संस्कार कर लें, उसके उपरांत वे घर आकर ये गहने ले जाकर इनका मूल्य प्राप्त कर उनको पर्ची दे देंगे।

अंतिम इनसानी संस्कार के सभी विधानों को पूर्ण करने के पश्चात् सोहन सिंहजी ने निधि समर्पण संग्रह अभियान के कार्यकर्ताओं को अपने घर पर बुलाया। जब कार्यकर्ता उनके घर पर पहुँचे तो देखा कि सोहन सिंहजी एक थाल में सारे आभूषणों को रखकर समर्पण करने हेतु तैयार बैठे हैं। सोहन सिंहजी के उस श्रद्धा भाव को देखकर कार्यकर्ता अभिभूत हुए और उन्होंने उनके समक्ष अपनी तकनीकी विवशता प्रकट करते हुए कहा कि समर्पण निधि हेतु वे केवल राशि ही ले सकते हैं, आभूषण नहीं। कार्यकर्ताओं की बात सुनकर सोहनजी ने पास में ही रहनेवाले एक स्वर्णकार के घर जाकर, उन सभी आभूषणों की कीमत निकाली तो वे आभूषण सा‹ लद्दाख नौ हजार रुपयों के निकले। उस कीमत के आधार पर सोहन सिंहजी ने बैंक के एक चेक के माध्यम से उस राशि का समर्पण किया। कुछ दिनों पश्चात् सोहन सिंहजी ने निधि समर्पण संग्रह अभियान के कार्यकर्ताओं को अपनी गली में जाते हुए देख उन्हें फिर से अपने घर बुलाकर बताया कि वह समर्पण तो उनकी पत्नी की ओर से था, अभी वे अपना समर्पण और करना चाहते हैं। यह कहते हुए उन्होंने निधि समर्पण संग्रह अभियान के कार्यकर्ताओं को समर्पण निधि हेतु 21,000 रुपए का एक चेक और दिया। इस घटना से सभी कार्यकर्ताओं को बहुत प्रेरणा मिली।

राजस्थान के ही भरतपुर की नवाब गली में जब अभियान के कार्यकर्ताओं को अपनी गली में आते हुए एक नन्हे बालक दिव्यांश प्रजापति ने देखा। जैसे ही निधि संग्रह अभियान के कार्यकर्ता बालक के घर पहुँचे तो उस बालक ने बिना देर लगाए अपनी गुल्लक अभियान के कार्यकर्ताओं को समर्पित कर दी। छोटे-से अबोध बालक की यह भक्ति-भावना देखते ही बनती थी। जब यह प्रसंग गली के अन्य बच्चों ने सुना तो उन्हें भी इससे प्रेरणा मिली, जिस कारण से गली के सभी बच्चों ने अपनी-अपनी गुल्लकें अभियान के कार्यकर्ताओं को समर्पित कर दीं।

इस प्रकार उस गली का निधि समर्पण संग्रह अभियान बच्चों के भक्तिभाव पर ही केंद्रित हो गया। अपने बच्चों के इस श्रद्धाभाव को देखकर उस गली के सभी लोग बहुत प्रसन्न हुए।

बच्चों ने भी किया राम मंदिर निर्माण में सहयोग।

राजस्थान के ही बाड़मेर के गुड़ामालानी के सडाधनजी की ढाणी पर अभियान के अन्य कार्यकर्ताओं ने जाने का निश्चय किया, परंतु उस दूरस्थ घर में पहुँचने के लिए कोई व्यवस्थित रास्ता भी नहीं था। कई घंटों की मेहनत के पश्चात् अंततः अभियान के कार्यकर्ता सडाधनजी भी ढाणी पर पहुँच गए। जमीन पर एक दरी बिछाई गई, जिस पर अभियान के कार्यकर्ताओं के साथ-साथ उस घर के पुरुष सदस्य भी बैठे। बलरामजी ने अभियान के कार्यकर्ताओं का परिचय सडाधनजी से करवाया। उसके बाद सबने जलपान किया; हालाँकि बलरामजी ने फोन के द्वारा पहले ही सडाधनजी को उनके घर पर आने का उद्देश्य बता दिया था, लेकिन औपचारिकता के नाते अभियान के कार्यकर्ताओं ने सडाधनजी को अयोध्या में भगवान् श्रीराम की जन्मभूमि पर भव्य मंदिर निर्माण हेतु निधि समर्पण संग्रह अभियान के बारे में बताया। अभियान के कार्यकर्ताओं की बात सुनकर सडाधनजी बहुत प्रसन्न हुए और उन्होंने उनसे कहा कि उनके घर में अभी भी 101 वर्षीय एक रामभक्त जीवित हैं। यह कहकर सडाधनजी ने अपने घर के पुरुषों को घर के अंदर से वयोवृद्ध दादी को लाने के लिए कहा। उन लोगों द्वारा एक चारपाई पर लेटी हुई 101 वर्षीय दादी को घर से बाहर लाया गया। उन दादी के हाथ में एक माला थी, जिसका वे लगातार जाप करते हुए 'राम-राम' बोल रही थीं। अभियान के कार्यकर्ताओं ने दादी का चरण-स्पर्श कर उनका आशीर्वाद लिया। तत्पश्चात् सडाधनजी ने दादी के हाथों से पाँच लद्दाख , पाँच हजार, एक रुपए की धनराशि उन अभियान के कार्यकर्ताओं को समर्पित की

और उन्हें बताया कि दादीजी की प्रभु श्रीरामजी में अटूट श्रद्धा है। उन्होंने अभियान के कार्यकर्ताओं को एक पुराना सा घर दिखाते हुए कहा कि उस घर की दीवार पर बड़े-बड़े अक्षरों में 'राम' लिखा है, उसे दादी ने ही लिखवाया था। प्रभु श्रीराम के प्रति उस दूरस्थ ढाणी के बुजुर्गों के श्रद्धाभाव को देखकर अभियान के कार्यकर्ता बहुत ही आश्चर्यचकित हुए और उन्होंने दादी का पुनः चरण-स्पर्श कर सडाधनजी की ढाणी से विदा ली।

ऐसा ही एक अन्य अनुभव झालावाड़ राजस्थान के अकलेरा में रहनेवाले कँवर लाल मीणाजी के घर का आया, जब उनकी बेटी के आग्रह पर संपूर्ण दहेज की राशि उन्होंने निधि समर्पण अभियान के कार्यकर्ताओं को राम मंदिर निर्माण हेतु दे दी। जब कार्यकर्ता उनके घर निधि समर्पण हेतु गए तो कँवर लालजी ने कार्यकर्ताओं के स्वागत-सत्कार की औपचारिकता के पश्चात् कार्यकर्ताओं को पाँच लद्दाख रुपए का एक चेक देते हुए उनसे कहा कि उनकी बिटियों की शादी है, इसलिए उन्होंने उस धनराशि में कुछ कटौती कर दी है।

अपनी जिस बेटी की शादी की बात कँवर लाल मीणाजी कर रहे थे, उनकी वह बेटी घर के अंदर से सारी बातें सुन रही थी। उसने अपने पिता को घर के अंदर बुलाया और उसने अपने दहेज की कुल राशि अभियान के कार्यकर्ताओं को देने के लिए कहा। कँवर लाल मीणाजी ने अपनी बेटी को बहुत समझाया, परंतु वह नहीं मानी। अंत में कँवर लाल मीणाजी ने अपनी बेटी के दहेज की कुल राशि को अभियान के कार्यकर्ताओं को अपनी उसी बेटी के हाथों से समर्पित करवाई। जब कँवर लाल मीणाजी ने अभियान के कार्यकर्ताओं को सारी बात बताई तो वे सब भी बिटिया के द्वारा प्रभु श्रीराम के प्रति उस भक्तिभाव को देखकर बहुत प्रसन्न हुए। धीरे-धीरे यह बात उनके गाँव-रिश्तेदारों के बीच फैल गई और यह बात उनके होनेवाले समधीजी तक भी पहुँच गई। कालांतर में कँवर लाल मीणाजी ने अभियान के कार्यकर्ताओं को फोन करके बताया कि उनके समधीजी के परिवार के लोग उनकी बेटी के इस भक्तिभाव को देखकर इतने अधिक प्रसन्न हुए कि उन्होंने स्वयं ही दहेज न लेने का निर्णय कर लिया।

एक अन्य अनुभव झालावाड़, राजस्थान के खानपुर के पास स्थित गोलाना गाँव का है, जिसमें एक विधवा महिला ने स्वतः ही अभियान के कार्यकर्ताओं से निधि समर्पण करने की इच्छा जताई और उनसे अगले दिन उनके घर आने के लिए कहा। उस महिला के पति एक स्कूल में अध्यापक थे, परंतु उनकी अचानक मृत्यु

हो गई थी। अभियान के कार्यकर्ता उस महिला के घर अगले दिन पहुँच गए और उन्होंने एक पूर्वानुमान लगा रखा था कि वह संभवत: 10-15 हजार रुपए का निधि समर्पण करेंगी, परंतु अभियान के उन कार्यकर्ताओं के आश्चर्य का ठिकाना नहीं रहा, जब उस महिला ने तीन लद्दाख रुपयों का समर्पण किया और उन्हें बताया कि यह उनके पति की अंतिम इच्छा थी। इतनी बड़ी राशि का समर्पण करना सच में बहुत ही अचरज की बात थी, क्योंकि उस गाँव के संपन्न परिवारों में से भी इतना अधिक निधि समर्पण प्राप्त नहीं हुआ था। धीरे-धीरे यह बात उस गाँव के अन्य लोगों तक पहुँच गई। एक दिन उस गाँव के सभी लोग उस महिला के घर गए और उनके भक्तिभाव की भूरि-भूरि प्रशंसा करते हुए सबने वहाँ 'जय श्रीराम' का उद्घोष किया। इसी प्रकार से महाराष्ट्र के पुणे का एक रोचक संस्मरण ध्यान आता है। पुणे में 'आकार' नामक एक संस्था कार्य करती है। यह संस्था छोटे-छोटे बच्चों को भारत की कला-संस्कृति से परिचित कराकर उन्हें संस्कारित करती है। इसी कड़ी में उस संस्था के बच्चे 'बाल गीत रामायण' का कार्यक्रम करते हैं। उस कार्यक्रम के आयोजन से लेकर उसके गीत-संगीत-वादन इत्यादि का मंचन वे सब स्वयं ही करते हैं। यह संस्था सिर्फ भारत ही नहीं अपितु विदेशों में भी बहुत प्रसिद्ध है। इस संस्था के बच्चों द्वारा श्रीलंका और दुबई जैसे अनेक देशों में 'बाल गीत रामायण' की प्रस्तुति की जा चुकी है। इसकी विशेष बात यह है कि संस्था का यह कार्यक्रम नि:शुल्क नहीं होता अपितु इस कार्यक्रम में आनेवाले लोगों से शुल्क लिया जाता है।

अयोध्या में भगवान् श्रीराम की जन्मभूमि पर हो रहे भव्य मंदिर-निर्माण हेतु निधि समर्पण अभियान के निमित्त महाराष्ट्र के पुणे में स्थित 'आकार' संस्था के बालक-बालिकाओं ने अपने 'बाल गीत रामायण' के कार्यक्रम के शुल्क से एकत्र हुई पूरी धनराशि को निधि समर्पण अभियान के कार्यकर्ताओं को समर्पित किया।

जब अयोध्या में भगवान् श्रीराम की जन्मभूमि पर भव्य मंदिर-निर्माण हेतु निधि समर्पण संग्रह का अभियान देशव्यापी चलाया गया तो इस संस्था के बच्चों ने भी अपने अनूठे ढंग से अपना-अपना निधि समर्पण करने की एक योजना बनाई। परिणामत: संस्था के बच्चों ने पुणे में अपने 'बाल गीत रामायण' का एक कार्यक्रम किया और उस कार्यक्रम से जो भी शुल्क एकत्र हुआ, उसे निधि समर्पण अभियान के कार्यकर्ताओं को बहुत ही श्रद्धापूर्वक समर्पित कर दिया। उन छोटे-छोटे बच्चों के इस समर्पण भाव को देखकर वहाँ आए हुए सभी रामभक्त भाव-विभोर हो उठे और उन बच्चों का हौसला बढ़ाते हुए सबने 'जय श्रीराम' का उद्घोष किया।

प्रभु रामजी के काज में जिस तरह महिलाओं ने अपना योगदान तो दिया ही, वहीं बच्चों ने भी अपनी गुल्लक तक भगवान् राम को समर्पित कर दी। ऐसा ही एक संस्मरण पुणे महाराष्ट्र, विद्यापीठ के बोपोड़ी नगर के भाऊ पाटिल रोड बस्ती के सातवीं कक्षा में पढ़ रहे बजरंग बालकृष्ण शर्मा का आता है, जिसने राम मंदिर निधि समर्पण में स्वयं तो कार्य किया ही, साथ ही, अपने पिता को भी इस अभियान में सक्रिय किया। स्वयं 250 से ज्यादा परिवारों में संपर्क कर रामजी के काज में अपना योगदान दिया। तथा वह महाविद्यालय के स्वयंसेवकों के गुट के साथ मिलकर व उनमें अभियान के प्रति निष्ठा और उमंग का स्रोत बनकर, पूरे नगर में वह अभियान के दौरान एक चर्चा का विषय बना। उसके द्वारा अपने परिसर में रहनेवाली बड़ी हस्तियों को खुद से येन-केन-प्रकारेण उनके नंबर प्राप्त कर उनका समय लेकर उनसे इस निधि संकलन के लिए बात करना उसकी एक बहुत बड़ी उपलब्धि रही। कुल मिलाकर इस बस्ती से अन्य स्वयंसेवकों के लिए प्रेरणा स्रोत बने बजरंग ने उनके साथ मिलकर 4.5 लद्दाख रुपए का निधि समर्पण संग्रह किया। उसके पिता कहते हैं कि मानो प्रभु श्रीराम ने स्वयं बजरंग बलीजी को इस कार्य के लिए हमारे यहाँ भेज दिया है। मात्र बारह वर्षीय इस बालक के प्रभु श्रीराम के प्रति इस अद्भुत भक्तिभाव को देखकर सभी रामभक्त भाव-विह्वल हो गए। ऐसा ही समर्पण लातूर (महाराष्ट्र) स्थित मातोश्री वृद्धाश्रम में पिछले 20 साल से रसोई में एक निश्चित वेतन पर काम कर रही अन्नपूर्णा हनुमंत लादेजी का स्मरण आता है लादेजी को जैसे ही निधि समर्पण अभियान के कार्यकर्ताओं ने मंदिर निर्माण हेतु समर्पण अभियान की जानकारी दी, उन्होंने तत्काल ही 51,000 की राशि उन्हें समर्पित कर दी और उसके बदले में उनके चेहरे पर ऐसा कोई विशेष भाव नहीं आया कि उन्होंने कुछ विशेष कार्य किया है। साथ ही, उन्होंने अभियान के कार्यकर्ताओं से उसे सार्वजनिक

न करने का आग्रह भी किया। बिना कुछ कहे ही अन्नपूर्णा हनुमंत लादेजी ने सबको अपना संदेश दे दिया। आज भी अभियान के कार्यकर्ता उनके उस निर्विकार भाव को नहीं भूले हैं।

महाराष्ट्र राज्य के निवासी श्री विजय धूसरजी एक सफाईकर्मी बस्ती में रहते हैं। अभियान के कार्यकर्ताओं ने विजय धूसरजी से चर्चा करने के उपरांत उनके पास संदेश भेजा कि वे लोग अयोध्या में भगवान् श्रीराम के भव्य मंदिर निर्माण के लिए उनका और उनकी बस्तीवालों का निधि समर्पण लेने के लिए आ रहे हैं। विजयजी को संदेह था कि संभवत: अभी उनकी बस्तीवाले अपना-अपना निधि समर्पण न करें, क्योंकि निगम ने दो महीने से उन सफाई कर्मचारियों के वेतन का भुगतान नहीं किया था। अपनी इस असमंजस की स्थिति को विजयजी ने अभियान के कार्यकर्ताओं को बता दिया। अभियान के कार्यकर्ताओं ने उस बस्ती की स्थिति को भाँप लिया और उस बस्ती में अभियान की केवल पर्ची बाँटने की योजना बनी, ताकि उन्हें जागरूक किया जा सके। योजना के अनुसार, अभियान के कार्यकर्ता उस बस्ती में अभियान की पर्चियाँ लेकर पहुँच गए। विजयजी के साथ अभियान के कार्यकर्ताओं ने उस बस्ती के प्रत्येक घर में पर्ची बाँटते हुए उन्हें जागरूक करना प्रारंभ किया, लेकिन वहाँ की बस्ती के लोगों ने उन्हें बताया कि उन्हें इस संबंध में बहुत पहले से ही जानकारी है तथा वे उनके आने की बहुत बेसब्री से प्रतीक्षा कर रहे थे। बस्तीवालों की जागरूकता और उनकी प्रभु श्रीराम के प्रति श्रद्धा को देखकर अभियान के कार्यकर्ता अभिभूत हुए। उसी बस्ती के लोगों के निधि समर्पण का संग्रह करके जब अभियान के कार्यकर्ता विजयजी के घर पहुँचे तो देखा, विजयजी की बड़ी बेटी भी अपनी निधि लेकर उनके पास समर्पण करने के लिए आई थी।

जब उसने अपनी निधि का समर्पण कर दिया तो अभियान के कार्यकर्ताओं ने उस राशि की रसीद काटकर उसे दी। रसीद को अपने माथे से लगाकर वह घर के अंदर चली गई। अभियान के कार्यकर्ता ने विजयजी से उनकी उस बेटी के स्वास्थ्य के बारे में पूछ लिया। पहले तो विजयजी ने सहजता के साथ अभियान के कार्यकर्ताओं को कहा भी सबकुछ ठीक है कहा, लेकिन अभियान के कार्यकर्ता विजयजी के उत्तर से संतुष्ट नहीं हुए। अभियान के कार्यकर्ताओं के बार-बार पूछने पर उन्होंने भारी मन से बताया कि उसकी दोनों किडनियाँ फेल हो गई हैं। विजयजी की बात सुनकर अभियान के सभी कार्यकर्ता अवाक् रह गए और बार-बार उनके मस्तिष्क में उनकी बेटी के द्वारा रसीद को अपने माथे से लगाने का दृश्य स्मरण होने लगा।

निधि समर्पण संग्रह अभियान के पावन कार्य में लगे स्वयंसेवक बंधुओं के तमाम संस्मरण ध्यान आते हैं, जिसमें एक अनुभव उत्तर प्रदेश के सोनभद्र जिले का है, जहाँ एक महिला के बारे में जानकारी मिली कि वह बचपन से ही रामभक्त है। विवाह के उपरांत वह अपनी ससुराल में रहती थी। निधि समर्पण संग्रह अभियान के कार्यकर्ता जब उसके घर के समीप से निकले तो उसने अपने अनुमान के आधार पर उन कार्यकर्ताओं को रोककर उनके बारे में पूछा। उन कार्यकर्ताओं की बात सुनकर उसने उन्हें वहीं रुकने के लिए कहा और अपने घर के अंदर चली गई। थोड़ी देर बाद वह महिला अपने साथ कई पुरानी गुल्लकें (पैसा रखनेवाला मिट्टी का बरतन) लेकर आई तथा उन्हें कार्यकर्ताओं को बहुत ही समर्पण-भाव से सौंप दिया। कार्यकर्ताओं के पूछने पर उस महिला ने बताया, "वर्ष 1992 में जब बाबरी मस्जिद का ढाँचा गिरा, तब से मैंने प्रतिदिन कुछ-न-कुछ राशि अयोध्या में बननेवाले भव्य मंदिर हेतु संग्रह करने का संकल्प लिया था। तब से लेकर आज तक मैं प्रतिदिन अपने खर्चे से कुछ-न-कुछ राशि बचाकर इन गुल्लकों में डाल देती थी।" जब कार्यकर्ता सभी गुल्लकों के सिक्कों को गिनने लगे तो कम-से-कम दो घंटे का समय लगा। उस महिला के भक्तिभाव को देखकर निधि समर्पण संग्रह अभियान के सभी कार्यकर्ता बहुत प्रेरित हुए। प्रदेश के ही एक अन्य स्थान की यह एक बहुत ही मार्मिक घटना है। 90 वर्ष की वृद्ध महिला रामा देवी ने रामभक्तों की टोली को देखा तो अपनी बहू को आवाज दी और कहा कि मेरे तकिए के नीचे कुछ पैसे रखे हैं, उन्हें ले आओ। झोंपड़ी में रहनेवाली 90 वर्ष की वृद्ध महिला रामा देवी ने 20 रुपए समर्पित करते हुए कहा, "मेरा स्वप्न साकार हो रहा है, मेरे प्रभु राम का मंदिर बन रहा है।"

एक घटना कानपुर, उत्तर प्रदेश में रहनेवाले एक उद्योगपति के घर की है। एक बहन ने भाई के जन्मदिन पर उसे भेंटस्वरूप मोबाइल देने हेतु पैसे जोड़े थे, लेकिन जैसे ही वह निधि समर्पण संग्रह अभियान के कार्यकर्ताओं से मिली, अपनी गुल्लक को समर्पित कर उसने कहा, "भाई को फिर कभी उसके जन्मदिन पर मोबाइल दे दिया जाएगा," जब कार्यकर्ताओं ने गुल्लक को फोड़ राशि गिनी तो उसमें से 53,000 रुपए निकले। रामजी के प्रति इस बहन का भाव तमाम लोगों के लिए प्रेरणादायक है।

पटना, बिहार में भिक्षावृत्ति कर अपना जीवनयापन करनेवाली बुजुर्ग महिला शाम को लोगों से पूछते-पूछते निधि समर्पण संग्रह अभियान के कार्यालय पर पहुँची। कार्यकर्ताओं ने जब उस बुजुर्ग महिला को कार्यालय की तरफ आते देखा तो उन्हें लगा कि वह बुजुर्ग महिला संभवतः भिक्षाटन के लिए आ रही है, लेकिन वहाँ पर

पहुँचने के पश्चात् उस बुजुर्ग महिला ने अपनी स्थानीय भाषा में वहाँ के कार्यकर्ताओं को बहुत ही श्रद्धापूर्वक बताया कि वह अयोध्या में बननेवाले भगवान् राम के भव्य मंदिर निर्माण हेतु अपनी एक दिन की कमाई को समर्पित करने आई है। यह कहते हुए उसने अपने भिक्षा पात्र को उन कार्यकर्ताओं के सम्मुख रख दिया। कार्यकर्ताओं ने उस भिक्षा पात्र की राशि को गिना तो वह मात्र 18 रुपए ही निकली। एक कार्यकर्ता ने अपनी तरफ से 2 रुपए उसमें मिलाकर उस राशि को 20 रुपए कर उस बुजुर्ग महिला को निधि समर्पण के 10–10 रुपए की दो रसीदें दे दीं। निधि समर्पण की उस रसीद को उस बुजुर्ग महिला ने अपने माथे से लगा लिया। उस बुजुर्ग महिला के श्रद्धा भाव को देखकर वहाँ उपस्थित सभी कार्यकर्ता बहुत प्रसन्न हुए। ऐसी तमाम अनुभव विभिन्न प्रांतों के आए, जिसमें ऐसा ही एक अनुभव हरियाणा के भिवानी के कैरू प्रखंड का है, जिसमें लेघा ग्राम की एक विधवा माता को जब पता चला कि अयोध्या में प्रभु श्रीरामजी का भव्य मंदिर बन रहा है तो उन्होंने अपनी एक माह की विधवा पेंशन की पूरी राशि को निधि समर्पण अभियान के कार्यकर्ताओं को समर्पित करने का निर्णय लिया। उसी गाँव के एक परिवार के बच्चों ने अपनी गुल्लक को निधि समर्पण अभियान के कार्यकर्ताओं को समर्पित कर दिया। इसी गाँव में दो महिलाएँ घर–घर से आटा माँग रही थीं। जब उन्होंने बच्चों द्वारा निधि समर्पण अभियान के कार्यकर्ताओं को गुल्लक देते हुए देखा तो उन्होंने उन बच्चों से गुल्लक देने का कारण पूछा। जब उन महिलाओं ने बच्चे के मुख से निधि समर्पण अभियान के बारे में सुना तो उन्होंने अपनी साड़ी के पल्लू की गाँठ खोलकर उसमें से 10–10 रुपए के नोट निकालकर अभियान के कार्यकर्ताओं को अपनी निधि का समर्पण किया। अभियान के कार्यकर्ताओं ने जब उन दोनों महिलाओं को उनकी राशि की रसीद काटकर दी तो उन्होंने उसे अपने माथे से लगा लिया। विधवा माता, बच्चों और उन दोनों महिलाओं के समर्पण भाव को देखकर अभियान के सभी कार्यकर्ता बहुत प्रभावित और उत्साहित हुए, क्योंकि यह सामाजिक समरसता का जीता–जागता एक उदाहरण बन गया था।

ऐसा ही एक वाकया कैथल हरियाणा के ओम नगर का है। अभियान के कार्यकर्ता निधि समर्पण एकत्र करते हुए एक माताजी के घर के सामने पहुँचे और उनसे भी उनकी निधि का समर्पण लेने की अपनी इच्छा व्यक्त की। उन माताजी ने पहले तो उन्हें 50 रुपए निकालकर दे दिए और उनसे 50 रुपए की रसीद काटने के लिए कहा। अभियान के कार्यकर्ताओं ने माताजी को बताया कि उनके पास 10 रुपए और 100 रुपए का ही कूपन है और कार्यकर्ताओं ने माताजी से 10 रुपए की

रसीद कटवाने की बात की। थोड़ा सोचने के बाद माताजी ने कहा, रुको, "मैं घर से 200 रुपए का नोट लाती हूँ और उसमें से 100 रुपए की रसीद काटकर 100 रुपए वापस कर देना।" माताजी की बात सुनकर अभियान के कार्यकर्ताओं ने हामी भर दी, थोड़ी देर में माताजी अपने हाथ में 500 रुपए का नोट लेकर लौटीं और बोलीं, "100-100 रुपए की उनकी पाँच रसीदें काट दो।" उत्सुकतावश अभियान के एक कार्यकर्ता ने माताजी से पूछा कि पहले वे 50 रुपए दे रही थीं, फिर 100 रुपए देने लगीं और अंत में 500 रुपए क्यों दे रही हैं? अभियान के उस कार्यकर्ता के सवाल का जवाब देते हुए माताजी ने कहा, "जब मैं घर के अंदर गई तो मुझे लगा कि यह ऐतिहासिक अवसर है, जो बार-बार तो नहीं आएगा। इसलिए अपनी सामर्थ्यानुसार निधि का समर्पण करना चाहिए।" वे यह भी बताती हैं कि उनकी ही गली के एक लड़के का वर्ष 1992 की कारसेवा में बलिदान हो गया था। हरियाणा के ही गुरुग्राम में, जहाँ से निधि समर्पण अभियान का आगाज हुआ, जिसका शुभारंभ 12वीं कक्षा की छात्रा पूर्णिमा राव ने किया। पूर्णिमा एक संपन्न परिवार से संबंध रखती हैं। पूर्णिमा को अपने पिता से फोन व अन्य खर्चों के लिए कुछ सम्मानजनक धनराशि मिली थी, जिसे उन्होंने खर्च न करके उसे अयोध्या में भगवान् श्रीराम की जन्मभूमि पर बन रहे भव्य मंदिर निर्माण हेतु निधि समर्पण अभियान के कार्यकर्ताओं को समर्पित कर अपनी सोसाइटी के बच्चों के समक्ष एक उदाहरण प्रस्तुत कर दिया। पूर्णिमा से प्रभावित होकर उस सोसाइटी के अन्य बच्चों ने भी अपने-अपने व्यक्तिगत खर्चों में कटौती कर उस राशि को अभियान के कार्यकर्ताओं को समर्पित किया।

हरियाणा के मानेसर में निधि समर्पण अभियान के कार्यकर्ताओं द्वारा उद्‌बोधन का एक कार्यक्रम रखा गया था। उस उद्‌बोधन कार्यक्रम में विश्व हिन्दू परिषद् के केंद्रीय संगठन मंत्री श्री विनायक राव देशपांडे प्रमुख वक्ता थे। उस कार्यक्रम में एक व्हील चेयर पर बैठी 95 वर्ष की वयोवृद्ध माताजी भी उपस्थित थीं। सहसा उन माताजी पर श्री विनायक रावजी का ध्यान गया तो उन्होंने तुरंत मंच से उतरकर माताजी के चरण-स्पर्श किए। विनायक रावजी की इस सहजता को देखकर माताजी बहुत भावुक हो गईं और उनको आशीर्वाद तथा अपनी निधि का समर्पण करते हुए बोलीं, "सबके सामूहिक प्रयासों के कारण अपने जीवन में, अयोध्या में भगवान् श्रीराम के भव्य मंदिर का निर्माण होते हुए देख पा रही हूँ।" माताजी के उन शब्दों को सुनकर वहाँ उपस्थित सभी रामभक्त भाव-विभोर हो उठे और सबने एक साथ 'जय श्रीराम' का उद्‌घोष किया।

निधि समर्पण अभियान के कार्यकर्ताओं का हरियाणा के एक गाँव खानपुर कोलिया में जाना हुआ। गाँव राष्ट्रीय राजमार्ग नंबर 44 के दोनों तरफ बसा हुआ है। गाँव में एक तरफ जहाँ किसान आंदोलन से प्रभावित लोग रहते हैं और वे निधि समर्पण अभियान में सहयोग न करने का निर्णय लिये हुए थे, सविस्तार उनसे कोई विशेष सहयोग मिला भी नहीं। वहीं गाँव के दूसरी तरफ निषादराजों की एक बस्ती है, जो अपने आप को भगवान् श्रीराम के अनन्य भक्त मानते हैं। यह बस्ती मेहनतकश लोगों की है, इस बस्ती से अभियान के कार्यकर्ताओं को अपार स्नेह प्राप्त हुआ। इस बस्ती के लोगों ने दिल खोलकर अपना अंशदान दिया। अभियान के कार्यकर्ता जैसे ही एक दरवाजे से दूसरे दरवाजे पर जाते तो लोग पहले से ही अपना समर्पण लिये बाहर दरवाजे पर खड़े तैयार मिलते और आगे बढ़कर स्वयं अपना अंशदान देते थे। उस बस्ती से थोड़ी दूर पर स्थित घर से एक बूढ़ी माँ ने लाठी के सहारे चलते हुए अभियान के कार्यकर्ताओं के पास पहुँचकर अपनी निधि का समर्पण किया। उन बूढ़ी माँ की भगवान् श्रीराम के प्रति श्रद्धा देखकर अभियान के सभी कार्यकर्ता बहुत अभिभूत हुए।

देश के सभी प्रांतों की भाँति पंजाब में भी निधि समर्पण अभियान का स्वागत किया गया। पंजाब के लुधियाना में स्थित विशाल कॉलोनी में रहनेवाले मोहित के परिवार में उनकी माताजी सहित उनकी बड़ी बहन और एक छोटी बहन, जोकि क्रमशः स्नातक और 10वीं कक्षा में पढ़ती है। मोहित स्वयं 7वीं कक्षा में पढ़ता था। मोहित के पिताजी एक सक्रिय सामाजिक कार्यकर्ता थे तथा वे स्थानीय शिव शक्ति मंदिर के एक सक्रिय सदस्य भी थे। विगत 30 नवंबर, 2018 को अचानक उनके पेट में दर्द हुआ और आँत फटने के कारण उनका असामयिक देहांत हो गया। ऐसी कठिन परिस्थिति में बड़ी बहन, जोकि स्नातक की छात्रा थी तथा अपनी पढ़ाई के साथ-साथ एक प्राइवेट नौकरी करके घर का खर्च भी वहन कर रही थी।

अयोध्या में श्रीरामजी की जन्मभूमि पर भव्य मंदिर के निर्माण हेतु देश भर में धन-संग्रह करने के लिए एक देशव्यापी अभियान चलाया गया। उसी क्रम में पंजाब में भी यह अभियान चला। जब इसकी जानकारी 7वीं कक्षा में पढ़नेवाले मोहित को हुई तो उसके मन में इच्छा पैदा हुई कि वह भी अपना कुछ-न-कुछ सहयोग अवश्य दे। अब मोहित को अपने दिवंगत पिता के द्वारा की जानेवाली विभिन्न कार्यविधियाँ याद आने लगीं और उसने बिना किसी देरी के अभियान के कार्यकर्ताओं से निधि समर्पण की रसीद बुक लेकर अपनी कॉलोनी में रहनेवाले सभी लोगों के घर-घर

जाकर उनकी निधि समर्पण का संग्रह करने लगा। मात्र 12 वर्ष के उस बालक ने अकेले ही अपनी कॉलोनी में रहनेवाले सभी लोगों के घरों से एक सम्मानजनक राशि एकत्र कर उसे अभियान के कार्यकर्ताओं तक पहुँचा दिया। अभियान के कार्यकर्ता उसके समर्पण भाव को देखकर बहुत प्रसन्न हुए और मोहित की प्रशंसा करते हुए सबने कहा कि उसने अपने पिताजी की तरह ही सक्रियता का परिचय दिया है। इसी तरह देवभूमि हिमाचल प्रदेश के बिलासपुर की श्रीमती आशा देवीजी के घर पर जब अभियान के कार्यकर्ता पहुँचे तो तत्काल वे अपने घर के अंदर गईं और अपने पैसों की एक पोटली लाकर उन्हें बहुत ही श्रद्धापूर्वक समर्पित कर दी। उन्होंने बताया कि वे पिछले कई वर्षों से इस निधि का संग्रहण कर रही थीं। हिमाचल प्रदेश के धर्मशाला नगर के स्व. श्री लाला रामकृष्ण अग्रवाल के सुपुत्र श्री राजकुमार अग्रवालजी को वहाँ के स्थानीय लोग 'राजू' के नाम से जानते हैं। आपातकाल के समय उन्होंने सत्याग्रह करके अपनी गिरफ्तारी भी दी थी, परंतु समय और समाज की उपेक्षा के कारण आजकल एक बहुत ही अभावग्रस्त जीवनयापन कर रहे हैं। यह परिवार कागज के लिफाफे आदि बनाकर अपना गुजारा चलाता है, लेकिन भगवान् राम के बाल रूप के प्रति समर्पित इनकी धर्मपत्नी, जिनको सारा नगर सम्मान से 'राघव की मम्मी' कहकर पुकारता है, उनका फोन अभियान के कार्यकर्ताओं के पास गया और उन्होंने अयोध्या में भगवान् श्रीराम की जन्मभूमि पर भव्य मंदिर-निर्माण हेतु अपना समर्पण करने की इच्छा प्रकट की।

अभियान के कार्यकर्ता वहाँ के स्थानीय मा. नगर संघचालक श्री बलदेवजी और कुछ और स्वयंसेवकों के साथ उनके घर गए। जब अभियान के कार्यकर्ता उनके घर पहुँचे तो राजूजी की धर्मपत्नी ने उन्हें एक थैला भेंट किया। अभियान के कार्यकर्ताओं के साथ एक बैंक के अधिकारी भी थे। उन्होंने उस थैले को लिया और उसमें रखी हुई निधि समर्पण की धनराशि को गिनना प्रारंभ किया। वह धनराशि उनकी आर्थिक स्थिति से बिल्कुल अलग बहुत ही सम्मानजनक थी, जिसे देखकर वहाँ उपस्थित सभी लोग हतप्रभ हो गए। उत्सुकतावश अभियान के कार्यकर्ताओं ने 'राघव की मम्मी' से इस सम्मानजनक राशि के बारे में पूछा तो उन्होंने बहुत ही सहजता से उन्हें बताया कि उन्होंने भगवान् राम के बाल रूप के लिए अपने घर में एक स्थान बना रखा है और उसी बालरूपी भगवान् को अपना बेटा मानकर उसका लालन-पालन करती हैं। उन्होंने बताया कि जब से राम मंदिर का आंदोलन चला है, तभी से वह यह धन-संग्रह कर रही हैं और आज वे बहुत प्रसन्न हैं कि उनके बेटे

के भव्य मंदिर का निर्माण हो रहा है। अभियान के कार्यकर्ता उनके यह समर्पण भाव देखकर बहुत ही गर्वित हुए और उन्हें कोटि-कोटि प्रणाम किया।

मध्य प्रदेश के अशोक नगर की दूबे कॉलोनी का एक हृदयस्पर्शी संस्मरण आया, जब एक घर में काम करनेवाली कलावती कहती हैं कि वह भी अपने हिस्से की निधि का समर्पण करना चाहती हैं। प्रसंग यूँ आता है कि निधि समर्पण अभियान के कार्यकर्ता जब उसी कॉलोनी में स्थित जय कुमार दूबेजी के घर पहुँचे तथा जलपान करते हुए जय कुमार दूबेजी और अभियान के कार्यकर्ताओं के मध्य निधि समर्पण अभियान के संबंध में चर्चा हो रही थी, इस चर्चा को उस घर में काम करनेवाली 'कलावती' भी सुन रही थी। कुछ देर बाद कलावती ने मालकिन से जल्दी से अपने घर जाने एवं वापस आने के लिए कहा तो जय कुमार दूबेजी की पत्नी को पहले तो कलावती की बात समझ नहीं आई। फिर कलावती ने उन्हें सारी बात समझाई कि वह भी अपने हिस्से की निधि का समर्पण करना चाहती है। कलावती की बात सुनकर जय कुमारजी की पत्नी ने अपने पति को धीरे से कमरे के अंदर बुलाकर कलावती की बात को साझा किया। जय कुमारजी ने कलावती को समझाया कि उसके हिस्से की राशि का उसके नाम से वे समर्पण कर देंगे। इस पर कलावती ने जय कुमारजी से विनम्रतापूर्वक कहा कि उसने जब से सुना है कि अयोध्या में भगवान् श्रीराम के भव्य मंदिर का निर्माण होगा, उसने अपने सामर्थ्यानुसार कुछ-न-कुछ राशि समर्पण करने का प्रण ले रखा है। इस निमित्त उसने कुछ धनराशि एकत्र भी कर रखी है, जिसे वह घर से लेने के लिए जाना चाहती है। जय कुमार दूबेजी की बात जब कलावती ने नहीं मानी तो उन्होंने उसे घर जाने की अनुमति दी। थोड़ी देर में कलावती अपनी निधि को लेकर आई और उसे अभियान के कार्यकर्ताओं को समर्पित कर दिया। कलावती की वह राशि उसकी आर्थिक स्थिति से कहीं अधिक थी। इस पर जय कुमारजी ने उसे कम राशि देने के लिए बहुत समझाने की कोशिश की, परंतु वह नहीं मानी। अंत में जय कुमार दूबेजी ने अभियान के कार्यकर्ताओं को कलावती की भगवान् श्रीराम के प्रति निष्ठा के बारे में बता दिया, जिसे सुनकर अभियान के कार्यकर्ता कलावती के भक्तिभाव से बहुत प्रभावित हुए। कुछ ऐसा अनुभव ओडिशा में स्थित प्रभु श्रीजगन्नाथ धाम पुरी जिले के कोणार्क के दूरस्थ दो गाँवों का आता है, जिसमें निधि समर्पण अभियान के कार्यकर्ता इन गाँवों में प्रत्यक्ष संपर्क न होते हुए भी गाँव में पहुँचे और एक अनजान महिला ने भी राम के अभियान से जुड़ा जानकर हम अजनबियों का आतिथ्य किया,

अभियान के कार्यकर्ताओं ने बहुत ही सहजता के साथ उस महिला को अपने आने का प्रयोजन बताया। उनकी बात सुनकर महिला अपने घर के अंदर गई और अपनी यथाशक्ति अनुसार अपना निधि समर्पण कर दिया। महिला की छोटी बेटी यह सब देख रही थी। वह भी घर के अंदर गई और अपनी एक गुल्लक लेकर आई, उसे अभियान के कार्यकर्ताओं को समर्पित कर दिया। अभियान के कार्यकर्ताओं ने जब उस गुल्लक को तोड़कर उसकी राशि को गिना तो वह राशि उस महिला के द्वारा दी गई राशि से दोगुनी थी, जिसे देखकर वह महिला और अभियान के कार्यकर्ता बहुत आश्चर्यचकित हुए। फिर पुचकारते हुए उस राशि के बारे में उस बेटी से पूछा तो उसने बताया कि उनके द्वारा नए कपड़े खरीदने के लिए जो धनराशि उसे दी गई थी, उसे उसने सँभालकर रखा था तथा वह रोज कुछ-न-कुछ राशि अपनी उस गुल्लक में जमा करती है। "ये ही वो पैसे हैं जिन्हें मैं राम काज में देना चाहती हूँ।" अपनी बेटी के भक्तिभाव को देखकर वह महिला भावुक हो गई।

अभियान के कार्यकर्ता भी उस बिटिया के श्रद्धा भाव को देखकर बहुत प्रसन्न हुए। वह महिला कोई और नहीं, अपितु वहाँ कार्य कर रहे एस.एस.जी. की नेत्री मीनाक्षी बहन थी। अभियान के कार्यकर्ताओं के कहने पर उन्होंने दूसरे गाँव के लोगों से भी उनका न केवल संपर्क करवाया, अपितु उनके साथ पहले अपने गाँव के लोगों से उनका निधि समर्पण करवाया। तत्पश्चात् दूसरे गाँव में भी वे गईं और उस गाँव के लोगों से भी उनका निधि समर्पण करवाया।

ओडिशा के ही जगसिंहपुर जिले में निधि समर्पण संग्रह अभियान के कार्यकर्ता निधि समर्पण संग्रह कर रहे थे। उसी समय वहीं एक 7-8 साल की छोटी बच्ची उन कार्यकर्ताओं को देख रही थी। उन्हें देखकर वह भागकर अपने घर गई और अपनी दादी से धनराशि समर्पण करने के लिए जिद करने लगी। दादी ने अपनी उस पोती (पुत्र की पुत्री) से कहा कि इस समय उसके घर में कोई ऐसा व्यक्ति नहीं है, जिसके पास पैसा हो। चूँकि उस छोटी बच्ची के माता-पिता मजदूरी करते थे और मजदूरी करने के लिए घर से बाहर गए हुए थे, परंतु वह बच्ची कुछ-न-कुछ राशि समर्पण करने की जिद कर रखी थी, जिससे दादी अपनी बच्ची के साथ अपने घर के अंदर गई और बहुत खोजबीन की, परंतु उन्हें एक भी रुपया नहीं मिला। इस घटना को निधि समर्पण संग्रह अभियान का एक कार्यकर्ता बहुत देर से देख रहा था।

जब उससे नहीं रहा गया तो वह उस दादी के पास आया और उनसे आग्रहपूर्वक कहा कि वे फिर किसी दिन आकर उनसे उनकी समर्पण राशि ले लेंगे। उस कार्यकर्ता

की बात सुनकर दादी की आँखों में आँसू आ गए और उन्हें फिर अगले दिन आने के लिए दादी ने कहा। निधि समर्पण संग्रह अभियान के कार्यकर्ता अभी कुछ दूर गए ही थे कि वह छोटी बच्ची दौड़कर उनके पास पहुँच गई और उन्हें 20 रुपए का एक नोट देते हुए बोली कि उसकी दादी को घर से यह एक नोट मिला है, जिसे वह समर्पण कर रही हैं। चूँकि कार्यकर्ता उस घर की आर्थिक स्थिति को भलीभाँति जानते थे। अत: वे उस छोटी बच्ची के हाथ से 20 रुपए का नोट लेकर 10 रुपए की एक रसीद काटकर उसे 10 रुपए वापस देने लगे, लेकिन वह बच्ची रुपए को पहचानती थी। इसलिए वह भावुक होकर बोली कि चूँकि उनके पास अधिक पैसे नहीं हैं, इसलिए वे उससे 10 रुपए ही ले रहे हैं। वह पूरे 20 रुपए देने की जिद करने लगी। अंतत: निधि समर्पण संग्रह अभियान के कार्यकर्ताओं ने उसे 10 रुपए की एक रसीद और दे दी। 10-10 रुपए की दोनों रसीदें लेकर वह बच्ची खुशी-खुशी दौड़ते हुए अपने घर चली गई। निधि समर्पण संग्रह अभियान के कार्यकर्ताओं ने जब उस छोटी सी बच्ची के उस समर्पण-भाव को देखा तो वे सब बहुत प्रसन्न हुए।

ऐसा ही एक संस्मरण गुजरात के भरूच का है, जो बहुत ही हृदयस्पर्शी एवं मार्मिक है। राष्ट्रीय स्वयंसेवक संघ के वडोदरा विभाग के सह-कार्यवाह श्री नीरव भाई पटेलजी के पास रात्रि लगभग एक बजे उनके एक मित्र नीलेश भाई पटेल की पत्नी श्रीमती भारती बेन पटेलजी का फोन आया। रोते हुए उन्होंने नीरव भाई को बताया कि उनके पति नीलेशजी की अभी थोड़ी देर पहले ही मृत्यु हो गई है। नीलेश भाई पिछले एक वर्ष से बहुत अस्वस्थ थे और वे एक अस्पताल में भर्ती थे। उनकी बात सुनकर तत्काल रूप से श्री नीरव भाई पटेलजी तुरंत अस्पताल के लिए उसी समय अपने घर से निकल पड़े। जब श्रीमती भारती बेनजी ने अस्पताल में नीरव भाई पटेलजी को देखा तो वे फूट-फूटकर रोने लगीं। उन्हें सांत्वना देते हुए नीरव भाई पटेल अस्पताल के उस कमरे में गए, जहाँ उनका शव रखा हुआ था। उसे देखकर नीरव भाई पटेल बहुत ही भावुक हो गए, परंतु स्वयं को सँभालते हुए उन्होंने एक लंबी-गहरी साँस ली। श्रीमती भारती बेनजी ने बहुत हिम्मत करके नीरव भाई पटेलजी को बताया कि उनके पति की अंतिम इच्छा थी कि वे अपने हाथों से अयोध्या में भगवान् श्रीरामजन्मभूमि पर बन रहे भव्य मंदिर निर्माण में अपनी निधि का समर्पण करें। उनकी बात सुनकर नीरव भाई पटेलजी ने उन्हें तत्काल निधि समर्पण करने की अनुमति दी। अपने बैग में रखी चेकबुक को श्रीमती भारती बेन पटेलजी ने निकाला और निधि समर्पण के लिए एक सम्मानजनक राशि उसमें भरकर

उसे अपने स्व. पति के हाथों से उसे नीरव भाई पटेल को समर्पित करवा दिया। उस चेक को नीरव भाई पटेल ने स्वीकार तो कर लिया, परंतु उस दृश्य को देखकर वे स्वयं को रोक न सके और वहीं फूट-फूटकर रोने लगे।

गुजरात के ही कालोल प्रखंड के वेजलपुर की छोटी सी बच्ची अदिति सोनी ने भगवान् श्रीराम के प्रति अपना जो श्रद्धा भाव दिखाया, वह अद्वितीय है। पैसों का मोह आजकल छोटे-छोटे बच्चों को भी होता है, परंतु अदिति ने प्रभु श्रीराम की सेवा करना ही स्वीकार किया और रोज अपने जेब खर्च में से कुछ-न-कुछ राशि बचाकर उसे जमा करने लगी थी। जब श्रीरामजन्मभूमि मंदिर निर्माण हेतु निधि समर्पण अभियान के कार्यकर्ता उसके घर पहुँचे तो उसने चुपचाप अपने कमरे में जाकर अपनी गुल्लक को वहाँ से लाकर उसे अभियान के कार्यकर्ताओं को समर्पित कर दिया। अभियान के कार्यकर्ताओं ने जब वह गुल्लक तोड़ी और राशि गिनने लगे तो वह उस घर की आर्थिक स्थिति से बहुत अधिक थी। अदिति के माता-पिता ने जब उस धनराशि के बारे में अदिति से पूछा तो उसने सारी बात बताई कि उसने किस प्रकार से ये पैसे जमा किए थे। अदिति की बात सुनकर तथा उसके भक्तिभाव को देखकर उसके माता-पिता और अभियान के कार्यकर्ताओं का हृदय बहुत द्रवित हो उठा।

गुजरात के मोरबी की दो सेवानिवृत्त सगी बहनों में से एक बहन शिक्षिका है और दूसरी नर्स। उन दोनों बहनों ने अपने बुढ़ापे के खर्चे के लिए 27 लद्दाख रुपए बचाकर रखे थे। जब उन दोनों बहनों को अयोध्या में भगवान् श्रीराम की जन्मभूमि पर भव्य मंदिर निर्माण हेतु निधि समर्पण अभियान के बारे में पता चला तो उन दोनों ने उसी समय अपनी उस जमापूँजी का पूर्ण समर्पण करने का निर्णय कर लिया। उन्होंने अपने उस निर्णय से वहाँ के निधि समर्पण संग्रह अभियान के एक कार्यकर्ता श्री कांतिभाई ठाकर को बताया। कांतिभाई ने अपने स्तर पर उन्हें समझाने का प्रयास किया कि उस राशि का कुछ भाग अपनी वृद्धावस्था के लिए रखकर शेष भाग का निधि समर्पण कर दें, परंतु उन दोनों बहनों ने अपनी उस जमापूँजी का पूर्ण समर्पण करने का संकल्प कर लिया था। कांतिभाई ने अभियान के अपने वरिष्ठ अधिकारियों को सूचित कर उन्हें उन दोनों बहनों के घर पर बुला लिया।

राष्ट्रीय स्वयंसेवक संघ के पश्चिम क्षेत्र के मा. संघचालक श्री जयंति भाई भाड़ेसिया के साथ कई वरिष्ठ अधिकारियों ने वहाँ पहुँचकर उन दोनों बहनों की सारी जमापूँजी के समर्पण को स्वीकार कर लिया। उन दोनों बहनों के इस निधि

समर्पण का समाचार दूर-दूर तक फैल गया और सबने उनकी प्रभु श्रीराम के प्रति श्रद्धा को नमन किया।

अयोध्या में भगवान् श्रीराम की जन्मभूमि पर हो रहे भव्य मंदिर-निर्माण हेतु निधि समर्पण अभियान के निमित्त गुजरात के मोरबी की दो सेवानिवृत्त सगी बहनों (एक बहन शिक्षिका हैं और दूसरी नर्स हैं) का निधि समर्पण प्राप्त करते हुए निधि समर्पण अभियान के पदाधिकारीगण। इन दोनों बहनों ने अपनी वृद्धावस्था के लिए जमा की गई पूरी धनराशि का समर्पण कर दिया।

उत्तर भारत में ही केवल अभियान उत्साहवर्धन नहीं कर रहा था बल्कि दक्षिण में भी इसका बड़ा प्रभाव था। ऐसा ही एक अनुभव कर्नाटक के एक सामान्य मध्यमवर्गीय परिवार का आता है, जिसमें एक पुत्री के पिता एक कॉलेज के प्राध्यापक थे, लेकिन एक दुर्घटना में उसके पिता की मृत्यु हो गई। अब उसके परिवार में वह स्वयं, उसकी माताजी और उसका एक छोटा भाई बचा था। वह 9वीं कक्षा में पढ़ती थी। पढ़ने में वह बहुत प्रतिभावान थी। उसने स्कूल की एक प्रतियोगिता में भाग लिया और अपनी प्रतिभा के कारण उसे पुरस्कार के रूप में 21 हजार रुपए मिले थे, जो उसने सँभालकर रखे थे। अयोध्या में भगवान् श्रीराम की जन्मभूमि पर बन रहे भव्य मंदिर निर्माण हेतु निधि समर्पण अभियान के बारे में वह पहले से ही अवगत थी। जब अभियान के कार्यकर्ता उस परिवार से निधि समर्पण लेने के लिए पहुँचे तो उसने चुपचाप पुरस्कार की पूरी राशि उन कार्यकर्ताओं को समर्पित कर दिया। चूँकि अभियान के कार्यकर्ता स्थानीय थे और वे उस परिवार

की आर्थिक स्थिति से भलीभाँति परिचित थे, अतः उन्होंने प्रयास किया कि वे कुछ राशि अपने परिवार के दैनिक उपयोग हेतु रख लें, परंतु वह बच्ची नहीं मानी और उसने पूरी विनम्रता तथा आस्था भाव के साथ अपने दोनों हाथ जोड़कर अभियान के कार्यकर्ताओं से वह पूरी राशि लेने का आग्रह किया। अंत में उस बच्ची की आस्था का सम्मान करते हुए उन्होंने उसकी निधि का समर्पण स्वीकार कर लिया और उसे अपना खूब आशीर्वाद देकर आगे चले गए।

ऐसा ही एक अनुभव तेलंगाना के खम्माम नगर का है। अभियान के कार्यकर्ता जब एक मोहल्ले में निधि समर्पण का संग्रह करने के लिए घर-घर में जा रहे थे तो एक घर में उनको एक माताजी मिलीं। उन माताजी ने अभियान के कार्यकर्ताओं से उनके वहाँ आने का प्रयोजन जानना चाहा। कार्यकर्ताओं ने उन्हें अपने आने का प्रयोजन विस्तारपूर्वक समझाया। उनकी बात सुनने के पश्चात् माताजी बहुत प्रसन्न हुईं और उनसे कहा कि इतनी लंबी प्रतीक्षा के बाद आज उनका भाग्य उदित हुआ है। उन्होंने अभियान के कार्यकर्ताओं को बताया कि उन्होंने 6 दिसंबर, 1992 को कारसेवकों द्वारा जब बाबरी ढाँचे को गिरा दिया गया तो उसी दिन उन्होंने संकल्प लिया था कि जब भी वहाँ पर भगवान् श्रीराम के भव्य मंदिर का निर्माण होगा, वे अपनी तरफ से कुछ-न-कुछ राशि का सहयोग अवश्य करेंगी और तब से लेकर आज तक अपने व्यक्तिगत खर्चे में से बचाकर प्रतिदिन 500 रुपए वे एक जगह पर निरंतर जमा करती हैं। ऐसा कहकर वे अपने घर के अंदर गईं और अपनी पोटली लेकर आईं और उसे अभियान के कार्यकर्ताओं को समर्पित कर दिया। कार्यकर्ताओं ने जब उस पोटली को खोला और उसकी राशि को गिना तो सच में उसका मिलान उस दिन तक की राशि से बिल्कुल सटीक हुआ। अभियान के कार्यकर्ता बहुत आश्चर्यचकित हुए तथा उन माताजी को देखकर उन्हें 'रामायण' की माँ शबरी की प्रतीक्षा की याद आ गई। अभियान के कार्यकर्ताओं ने उन माताजी के चरण स्पर्श कर उनके भक्तिभाव को प्रणाम किया।

भारत के दक्षिण के प्रांतों का रामकाज में बड़ा योगदान रहा है। भारत के इसी हिस्से के आंध्र प्रदेश के काकीनाड़ा शहर का एक प्रसंग आता है, जिसमें श्रीरामजन्मभूमि मंदिर-निर्माण निधि समर्पण अभियान के अंतर्गत श्री आंजनेय शास्त्री के नेतृत्व में अभियान के कार्यकर्ता वहाँ के एक अपार्टमेंट में पहुँचे। अपार्टमेंट के एक फ्लैट में अभियान के कार्यकर्ताओं का एक परिचित परिवार रहता था। उस परिवार के लोगों ने अपना निधि समर्पण करते हुए उन्हें बताया कि उनके पड़ोसी

का देर रात में देहांत हो गया है, जिसे सुनकर अभियान के कार्यकर्ताओं ने वहाँ के अन्य घरों में तुरंत जाना उचित नहीं समझा और उस अपार्टमेंट से बाहर निकल गए। वे अभी लिफ्ट से नीचे उतरे ही थे कि अचानक से उस परिचित परिवार के मुखिया का उनके पास फोन आया। उन्होंने सबको अपने घर आने के लिए कहा। उनकी बात सुनकर अभियान के कार्यकर्ता उसी लिफ्ट से पुनः उनके फ्लोर पर पहुँच गए। लिफ्ट का दरवाजा खुला और उन सबने देखा कि उनके परिचित सज्जन कुछ लोगों के साथ वहीं खड़े हुए थे।

अभियान के सभी कार्यकर्ताओं को वे आदरपूर्वक पुनः अपने घर ले गए। थोड़ी देर में वहाँ एक महिला आईं और अपने हाथों से एक चेक अभियान के कार्यकर्ताओं को देते हुए बोलीं, "मेरे पति मुझसे अकसर यह कहते थे कि जब भी अयोध्या में भगवान् श्रीराम की जन्मभूमि पर भव्य मंदिर का निर्माण होगा तो उसके लिए वे भी अपना कुछ-न-कुछ आर्थिक सहयोग देंगे।" उस महिला के भक्तिभाव और उसकी हिम्मत को देखकर वहाँ उपस्थित सभी लोगों की आँखें नम हो गईं।

बेद पुराण संत मत एहू। सकल सुकृत फल राम सनेहु॥ [14]

अर्थ—वेद, पुराण संतों का मत यही है कि समस्त पुण्यों का फल प्रभु रामजी से प्रेम होना है।

□

---

14. रामचरितमानस 'बालकांड', चौपाई-1, पृ. 48

अध्याय : 6

सर्वस्पर्शी राम

बैरिउ राम बड़ाई करहीं।
बोलनि मिलनि बिनय मन हरहीं॥[15]

अर्थ—शत्रु भी श्रीराम की प्रशंसा करते हैं। बोलचाल, मिलने के ढंग और विनय से मन को वे हर लेते हैं।

प्रभु राम का तो सभी से प्रेम है। वे जब 14 वर्ष के वनवास को घर से निकलते हैं, तब क्या उनके मन में मंथरा, कैकेयी माता के लिए या किसी अन्य के लिए मन में कोई दुर्भाव आता है? तो ऐसा नहीं है। रावण से कितना युद्ध होता है, उसके बाद भी राम लक्ष्मण को ज्ञान लेने हेतु रावण के चरणों के पास जाकर उसे ग्रहण करने को कहते हैं। राम जब गंगा के पास पहुँचते हैं तो उन्हें केवट मिलते हैं। उनसे उन्हें बेहद स्नेह है, वहीं जंगल में कबंध जैसे राक्षक से भी राम को करुणा है। माता शबरी का रामजी के प्रति समर्पण और रामजी का भी उनके प्रति प्रेम, जंगल में भील, कौल कितने ही वनवासी समाज के राम प्यारे हो जाते हैं। इसलिए राम सर्वस्पर्शी हैं। रामजी के प्रति भारत के कण-कण में श्रद्धा और प्रेम है। इसलिए हम देखते हैं कि राम मनोहर लोहिया जैसे समाजवादी चिंतक भी राम को देश में एकत्व स्थापित करनेवाला मानते हैं। राम मनोहर लोहिया कहते हैं, "त्रेता के राम हिंदुस्तान की उत्तर-दक्षिण एकता के देव हैं।" वहीं वे आगे कहते हैं, "हे भारत माता, हमें शिव का मस्तिष्क दो, कृष्ण का हृदय दो तथा राम का कर्म और

---

15. रामचरितमानस, 'अयोध्याकांड', चौपाई-4, पृ. 509

वचन दो।"[16] इसका अर्थ प्रेम, करुणा, रौद्र, सत्य, इन सभी तत्त्वों का मर्म हमें केवल अपनी हिन्दू संस्कृति एवं प्रभु राम के जीवन को देखने से मिलता है। देश में आस्तिक हों या नास्तिक, सभी ने राम को माना है और उन्हें भारत की संस्कृति को परिचित करानेवाले प्रतीक के रूप में पहचाना भी है। महात्मा गांधी ने जहाँ राम को एक आदर्श माना है, वहाँ डॉ. अंबेडकर ने भी राम को एक समन्वयक ही माना, जिनका किसी से विरोध नहीं है।[17] इसलिए राम को भजनेवाले संपूर्ण समाज में हमें दिख जाते हैं। इसलिए गुरु गोबिंद सिंहजी रामजी को 'राष्ट्र नायक' कहते हैं। जब अवसर आया रामजी का अयोध्या में बननेवाले मंदिर का, तो यह कैसे जन-जन तक पहुँचे, इस भीमकाय कार्य को सरल रूप देने का कार्य विश्व हिन्दू परिषद् ने किया। वहीं इस अभियान में कोई भी न छूटे, इसका प्रयास भी किया गया। इसलिए जहाँ कार्यकर्ताओं ने देह व्यापार करनेवाली महिलाओं को भी मंदिर निर्माण से जोड़ा तो वहीं मंदिर के आगे भिक्षाटन करनेवाले लोगों को भी इसमें सहभागी बनाया गया। रामजी के काज में किन्नर समाज ने भी बढ़-चढ़कर भाग लिया। निधि समर्पण अभियान ने समाज में किसी भी वर्ग को रामजी के काज में जुड़ने से वंचित नहीं किया। सभी को इस ईश्वरीय कार्य का घटक बनने का सुअवसर मिला। ऐसा निधि समर्पण संग्रह टोली के तमाम कार्यकर्ताओं के मुख से सुने अनुभव से ज्ञात हुआ।

ऐसा ही एक अनुभव किन्नर समाज के मध्य निधि समर्पण अभियान को लेकर आया। किन्नर समाज मानता है कि प्रभु राम से उनका नजदीकी संबंध है। वे कहते हैं, "जब प्रभु राम वनवास गए और जब तक वे अयोध्या नहीं आए, इस पूरे समय तक किन्नर समाज ने अयोध्या के बाहर प्रभु राम की प्रतीक्षा की।" यह कथा किन्नर समाज में बहुत प्रचलित है। अभियान के कार्यकर्ताओं को यही कथा राजस्थान के मेवाड़ की किरणबाई ने भी सुनाई और 3,21,000 रुपए का अपना निधि समर्पण किया। यही कथा जोधपुर किन्नर समाज की अध्यक्षा सरोज मौसी ने भी सुनाई और 5,55,555 रुपए का अपना निधि समर्पण किया। वहाँ की वरिष्ठ किन्नर दाखी बुआ ने अभियान के कार्यकर्ताओं से कहा कि समाज की मुख्यधारा से उन्हें जोड़ने की उनकी पहल बहुत सराहनीय है। इसी प्रकार लक्ष्मणगढ़ के एस.आर. स्कूल के पास रहनेवाली किन्नर अखाड़ा की सारिका से जब अभियान के कार्यकर्ताओं ने संपर्क

---

16. राम मनोहर लोहिया, वॉल्यूम-8, पृ. 80
17. बी.आर. अंबेडकर, वॉल्यूम-4, पृ. 98

नहीं किया तो उन्होंने स्वयं ही अभियान कार्यालय में पहुँचकर अपना निधि समर्पण किया।

बड़े ही मार्मिक प्रसंग इस अभियान के दौरान सामने आए, जिसमें मुंबई घाटकोपर पश्चिम रेलवे स्टेशन के निकट देह व्यापार करनेवाली महिलाओं का प्रकरण सामने आया। मजबूरी में देह-व्यापार करनेवाली महिलाओं को महामारी काल में, लॉकडाउन की अवधि में राष्ट्रीय स्वयंसेवक संघ-परिवार के लोगों ने राशन वितरण किया था, इसलिए उनका उन बहनों से परिचय था। इसलिए जब इन महिलाओं के पास कार्यकर्ता गए तो सभी ने बड़े ही उत्साह के साथ उनका स्वागत किया। इसमें एक अच्छी बात यह थी कि इस पूरे अभियान में पूजनीय संत धरनीधर महाराज का हमें सान्निध्य प्राप्त हुआ। किसी संत का इस बस्ती में जाना अपने में एक अनूठा अनुभव था, जिसके बारे में वहाँ की महिलाओं ने बार-बार कहा भी। वे कहती हैं, बस्ती में किसी पूजनीय संत के पदार्पण से उनका जीवन धन्य हो गया। यह कहते हुए वे सभी बहनें अत्यंत भावुक हो गईं तथा यथायोग्य अपनी-अपनी धनराशि का समर्पण किया। जब पूजनीय संत धरनीधर महाराज वहाँ से चलने लगे तो उन बहनों ने स्वामीजी से आग्रह किया कि जब अयोध्या में भगवान् श्रीरामजी का भव्य मंदिर बन जाएगा तो उन सभी बहनों को स्वामीजी अपने साथ में लेकर भगवान् राम के दर्शन करवाने के लिए अयोध्या ले जाएँगे। उन बहनों के इस निवेदन को स्वामीजी ने सहृदयता से स्वीकार कर लिया।

एक अन्य घटना गोंदिया नागपुर महाराष्ट्र की आती है, जहाँ भीख माँगकर अपना गुजर-बसर करनेवाला भिखारी समाज है। निधि समर्पण अभियान के कार्यकर्ताओं ने इनसे भी संपर्क किया और आग्रह किया कि कम-से-कम एक दिन के भिक्षाटन से प्राप्त धन को राम मंदिर निर्माण हेतु दें तो सभी तुरंत तैयार हो गए। इन भिखारियों के समूह ने यह निर्णय लिया कि वे एक दिन में जितना भी भिक्षाटन में प्राप्त होगा, वह सब राशि राम मंदिर निर्माण हेतु दे देंगे। ऐसा उन सभी ने किया भी। शाम होते ही निधि समर्पण संग्रह कर रहे कार्यकर्ताओं से संपर्क कर अपना समर्पण दे पर्ची प्राप्त की।

इसी प्रकार भारत के दक्षिण प्रांत केरल, जहाँ वामपंथियों का आतंक प्रदेश में वैसे ही रोज पढ़ने और जानने को मिलता है, ऐसे प्रांत में चाय बागान में काम करनेवाले मजदूरों का रामजी के प्रति समर्पण का भाव देखते ही बनता है। केरल के इडुक्की जिले के पर्वतीय क्षेत्र के आसपास के क्षेत्र में सबसे बड़े चाय बागान

हैं। अन्य राज्यों से इस स्थान पर बड़ी संख्या में लोग आकर रहते हैं। वे सभी इन संपदाओं में श्रमिक हैं, जिसमें अधिकांश हिन्दू हैं और जिसमें काफी लोग कुमाली ताल्लुक के 'चक्कुवल्लम' में बस गए हैं। चक्कुवल्लम के पास 'छप्पत' नामक एक स्थान है, जहाँ पिछले वर्ष बाढ़ के दौरान हुए भू-स्खलन में 89 हिन्दुओं की मृत्यु हो गई थी। तब भी उस क्षेत्र के 150 से अधिक हिन्दुओं ने अयोध्या में भगवान् श्रीराम की जन्मभूमि पर भव्य मंदिर-निर्माण हेतु हुए निधि समर्पण के एक कार्यक्रम में भाग लिया और अपना-अपना निधि समर्पण किया, यह अपने में अद्वितीय है।

ऐसे तमाम अनुभव निधि समर्पण अभियान के दौरान आते रहे, जिसमें एक अनुभव जम्मू-कश्मीर का आता है, जिसमें एक सज्जन लेखराजजी हैं, जिनके परिवार ने आतंकवादी गतिविधियों से तंग आकर भद्रबाह जिले से विस्थापित हो, रियासी के छपान गाँव में एक झोंपड़ी बनाकर रहना प्रारंभ किया।

जब अभियान के कार्यकर्ता उनका निधि समर्पण प्राप्त करने के लिए उनके घर पहुँचे तो घर से लेखराजजी की पत्नी अपने घर से बाहर आईं। अभियान के कार्यकर्ताओं ने उन्हें अयोध्या में भगवान् श्रीराम की जन्मभूमि पर भव्य मंदिर निर्माण हेतु निधि समर्पण संग्रह अभियान के बारे में बताया तो वे अपने घर के अंदर गईं और वहाँ से 500 रुपए लाकर अभियान के कार्यकर्ताओं को पूरे भक्तिभाव से समर्पित करते हुए कहा कि उनके पास अभी सिर्फ उतनी ही धनराशि है, हालाँकि उनकी इच्छा और भी धनराशि देने की थी। लेखराजजी की पत्नी का प्रभु श्रीराम के प्रति श्रद्धा भाव देखकर अभियान के कार्यकर्ता बहुत प्रसन्न हुए। उसी अभियान के कार्यकर्ताओं में से किसी एक ने लेखराजजी की पत्नी द्वारा समर्पित की गई धनराशि की रसीद की फोटो खींचकर उसे सोशल मीडिया पर साझा कर दिया। वह मार्मिक प्रसंग बहुत जल्दी ही वायरल हो गया और अनेक सामाजिक संस्थाओं ने लेखराजजी से संपर्क कर उनका पक्का घर बनवा दिया तथा उन्हें जीवनयापन के लिए कुछ जमीन भी दी। इस प्रकार प्रभु श्रीराम की कृपा लेखराजजी के परिवार पर तत्काल हुई और उनकी आर्थिक समस्या का कुछ हद तक समाधान हो गया।

जबलपुर मध्य प्रदेश के 'तेरा तुझको अर्पण' की भावना को चरितार्थ करने वाली दिव्यचक्षु भिक्षुक श्रीमती वासंती प्रजापति, जोकि अकेली रहती हैं और भिक्षाटन ही उनके जीवनयापन का एकमात्र साधन है। अयोध्या में भगवान् श्रीराम की जन्मभूमि पर भव्य मंदिर निर्माण हेतु निधि समर्पण संग्रह अभियान के कार्यकर्ता जब उनका निधि समर्पण लेने के लिए उनके पास पहुँचे तो उन्होंने अपनी पूरी श्रद्धा

के साथ 2,000 की राशि का समर्पण कर दिया। उन दिनों विश्व हिन्दू परिषद् के केंद्रीय संगठन महामंत्री श्री विनायक राव देशपांडेजी अपने प्रवास पर जबलपुर आए हुए थे। अभियान के कार्यकर्ताओं ने जब उन्हें यह प्रसंग बताया तो वे तुरंत ही उन माताश्री का सम्मान करने के लिए उनके निवास पर गए और उन्हें भगवान् श्रीराम के मंदिर का एक चित्र, शॉल, श्रीफल आदि देकर उनको सम्मानित किया।

श्रीरामजन्मभूमि तीर्थ क्षेत्र का निधि संग्रहण अभियान सबको भावुक करने लगा। नीमच नगर के समीपवर्ती गाँव जमुनिया खुर्द में दैनिक श्रम कर अपने परिवार का पालन-पोषण करनेवाले श्रमिक श्री श्यामलालजी बुनकर के सुपुत्र दिलीप बुनकर ने अपनी बस्ती के लोगों के समक्ष एक उदाहरण प्रस्तुत कर दिया। जब बालक दिलीप बुनकर अपने पिता की मोटरसाइकिल पर भगवा बँधा देखता है तो बालक के मन में भाव आता है, जिससे वह अपनी माँ से पूछता है कि पिताजी कहीं जा रहे हैं क्या? माँ ने श्रीरामजन्मभूमि अभियान के जन-जागरण हेतु निकाली गई वाहन रैली एवं मंदिर निर्माण के विषय में जानकारी दी तो बालक ने भी मंदिर निर्माण में अपनी गुल्लक की राशि समर्पित करने की इच्छा जताई। वह बालक अपनी छोटी सी कुटिया में गया और अपनी गुल्लक लाकर अपनी माँ के सम्मुख रख दी। शाम को उस बालक की माताजी ने इस घटना को अपने पति के साथ साझा किया, उसके पिता बहुत प्रसन्न हुए तथा अपने बेटे दिलीप को पुचकारते हुए अपनी गोद में उठा लिया। अगले दिन की प्रातः उन्होंने अभियान के कार्यकर्ताओं के पास फोन करके उन्हें अपने घर बुलाकर अपने बेटे की इच्छा से अवगत करवाया। 7 वर्षीय अबोध बालक के भगवान् श्रीराम के प्रति भक्तिभाव को देखकर वे सब बहुत प्रसन्न हुए। दिलीप ने घर के अंदर से अपनी गुल्लक लाकर अभियान के कार्यकर्ताओं को समर्पित कर दी। अभियान के कार्यकर्ताओं ने उस गुल्लक को तोड़कर उसकी राशि निकालकर गिनी तथा उस राशि की रसीद काटकर उस 7 वर्षीय दिलीप को दे दी। दिलीप ने उस रसीद को लिया और अपने घर के अंदर बने मंदिर में रख आया।

कितने ही अनुभव प्रभु राम के काज में लगे कार्यकर्ताओं के मानस में भीतर तक स्पर्श करते हैं। ऐसा ही एक प्रसंग मध्य भारत के पचौर नामक नगर के 74 वर्षीय मनमोहन शर्माजी का आता है। ये किराने की अपनी एक छोटी सी दुकान चलाते हैं। जब निधि समर्पण संग्रह कर रहे कार्यकर्ताओं की टोली वहाँ पहुँची तो शर्माजी ने अपनी जेब से एक पुरानी सी पन्नी निकाली, जिसमें बहुत पुराने 100 रुपए के 18 नोट थे। उन्होंने कार्यकर्ताओं को वह पन्नी देते हुए बताया कि फरवरी

2004 में जब उनके पिताजी का देहांत हुआ तो उनके तकिए के नीचे से यह राशि निकली थी और इसके साथ एक कागज का टुकड़ा भी था। हालाँकि वह कागज का टुकड़ा तो कहीं पर खो गया है, परंतु उस कागज के टुकड़े पर लिखा था कि 'जब भी अयोध्या में भगवान् श्रीराम का भव्य मंदिर बने तो यह राशि वहाँ पर समर्पित कर देना।'

मनमोहनजी कहते हैं कि यह मेरे पिताजी की राशि है, जिसमें मैं 300 रुपए मिलाते हुए 2,100 रुपए की राशि समर्पित कर रहा हूँ। तत्पश्चात् उन्होंने अपने गल्ले में से 1,100 रुपए और निकाले तथा अपने स्व. पुत्र केदार की पुत्रवधू के नाम से एक दूसरी रसीद कटवाई। अंत में उन्होंने अपनी जेब से 51,000 रुपए की राशि निकाली और अपने घर के सभी सदस्यों की तरफ से उसे समर्पण निधि में समर्पित करते हुए उसकी भी रसीद कटवाई। समर्पण निधि संग्रह कर रहे कार्यकर्ताओं की टोली के सदस्य एक-दूसरे को बहुत आश्चर्यचकित होकर देखने लगे। उन्होंने सोचा कि संपन्न परिवारों के लोग भी 1,000-2,000 रुपए की समर्पण राशि भेंट कर रहे हैं, परंतु मनमोहन शर्माजी जैसे किराने की सामान्य दुकान चलानेवाले व्यक्ति, जिनका घर भी बहुत ही जर्जर अवस्था में है, उन्होंने इतनी बड़ी समर्पण निधि उन्हें दी है। अभी कार्यकर्ता अपने मार्ग पर जाने ही लगे थे कि पीछे से उनकी फिर आवाज आई कि अभी मेरे स्व. पुत्र केदार की समर्पण राशि तो देनी रह ही गई है, यह कहते हुए उन्होंने 2,100 रुपए और निकाले और उसकी भी रसीद कटवाई। रामजी के प्रति समर्पण भाव को देख कार्यकर्ता निःशब्द हो गए।

एक प्रसंग राम कदम का आता है। वह एक दिहाड़ी मजदूर है, लेकिन रामजी के प्रति उसके मन के भाव को व्यक्त करना ही बेहद मुश्किल है। महाकौशल प्रांत के सिहोरा जिले की मझौली तहसील के एक छोटे से गाँव के निवासी राम कदमजी अपनी जीविका हेतु प्रतिदिन जबलपुर आकर दिहाड़ी-मजदूरी करते हैं। जबलपुर के निवासी राम किंकर मिश्राजी अपने एक पुराने प्लॉट की सफाई हेतु एक बार राम कदमजी को वहाँ लेकर गए। इतने में वहाँ पर समर्पण निधि संग्रह करनेवाली रामभक्तों की टोली आई और उनसे राम किंकरजी की चर्चा हो रही थी, जिसे राम कदमजी ने भी सुना। शाम को राम कदमजी ने जब अपना कार्य समाप्त किया तो राम किंकरजी द्वारा उन्हें उनकी मजदूरी दी जाने लगी, तब राम कदमजी ने उनसे आग्रह किया कि कृपया मेरी मजदूरी की यह राशि आप अयोध्या में भगवान् राम के मंदिर के निर्माण हेतु हो रही समर्पण निधि में दे दीजिए। राम कदमजी के श्रद्धा

भाव को देखकर राम किंकरजी ने उन्हें बहुत समझाया कि यदि वे देना ही चाहते हैं तो केवल 100 रुपए ही दे दें, परंतु राम कदमजी ने उनकी बात को विनम्रतापूर्वक अस्वीकार करते हुए अपनी एक दिन की पूरी कमाई समर्पण निधि में दे दी। इस छोटी सी घटना ने राम किंकरजी को रात भर सोने नहीं दिया। अगले दिन की प्रात: वे राम कदमजी को खोजते हुए चौक तक गए, परंतु वहाँ पर उन्हें राम कदमजी नहीं मिले। अगले दिन फिर से वे राम कदमजी को खोजने के लिए गए। इस बार उन्हें राम कदमजी दिखे तो वे तुरंत उनके पास जाकर उनसे मिले और उनके कल नहीं दिखने का कारण पूछा। राम कदमजी ने बताया कि वे कल नहीं आए थे, क्योंकि उनके गाँव से जबलपुर आने-जाने में 40 रुपए किराया लगता है, जो कि कल उनके पास नहीं था। आज वे किसी से 20 रुपए उधार लेकर आए हैं। राम कदमजी की बात सुनकर राम किंकरजी बहुत प्रभावित हुए और अपने अगले 15 दिन उन्होंने समर्पण निधि संग्रह अभियान के लिए राम कदमजी को अपने साथ लगा लिया।

अयोध्या में भगवान् श्रीराम की जन्मभूमि पर भव्य मंदिर-निर्माण हेतु निधि समर्पण संग्रह अभियान के कार्यकर्ताओं के साथ साध्वी ऋतंभरा 'दीदी माँ' स्वयं मुंबई के ठाणे की एक सेवा बस्ती में जाकर वहाँ के लोगों से उनकी यथाशक्ति अनुसार निधि समर्पण माँगने लगीं। दीदी माँ को अपने बीच में पाकर उस सेवा बस्ती के लोग स्वयं को धन्य मानकर उनका वंदन करने लगे। थोड़ी ही देर में उस बस्ती के सभी लोग दीदी माँ के पास आकर अपनी-अपनी निधि समर्पित करने लगे। अभियान के कार्यकर्ताओं ने उस बस्ती के लोगों के इस श्रद्धा भाव को देखा तो सब स्वयं ही भावुक हो गए। नागपुर महाराष्ट्र के लालगंज में अयोध्या में भगवान् श्रीराम की जन्मभूमि पर भव्य मंदिर निर्माण हेतु निधि समर्पण संग्रह अभियान के निमित्त पूजनीय श्री अवधेशानंद गिरिजी महाराज पहुँचे। अभियान के कार्यकर्ता सर्वप्रथम महाराजजी को 400 वर्ष पुराने रामजी महाराज मठ में दर्शन कराने के लिए ले गए। दर्शन के उपरांत श्री अवधेशानंद गिरिजी महाराज ने वहाँ की एक बस्ती में स्वयं भिक्षाटन करने की अपनी इच्छा व्यक्त की। अभियान के कार्यकर्ता महाराजजी को पास की ही एक बस्ती में ले गए।

एक पल के लिए तो महाराजजी को अपनी बस्ती के लोगों के घर-घर जाता हुआ देख उन्हें अपनी आँखों पर भी विश्वास नहीं हुआ, लेकिन जब उन्हें पूरा माजरा समझ आया और महाराजजी को अपनी बस्ती में भिक्षाटन करते हुए देखा तो वे सब स्वत: ही अपना-अपना निधि समर्पण लेकर महाराजजी के पास दौड़कर गए और उन्हें अपनी-अपनी श्रद्धा के अनुसार अपना-अपना निधि समर्पण किया।

अयोध्या में भगवान् श्रीराम की जन्मभूमि पर हो रहे भव्य मंदिर-निर्माण हेतु निधि समर्पण अभियान के निमित्त पूजनीय महामंडलेश्वर श्री अवधेशानंद गिरिजी महाराज नागपुर के लालगंज में भिक्षाटन करते हुए।

महाराजजी और अभियान के कार्यकर्ता उस बस्ती के लोगों के भक्तिभाव को देखकर बहुत प्रसन्न हुए और वे सब इस ऐतिहासिक क्षण का साक्षी बनने के लिए स्वयं को गौरवान्वित महसूस कर रहे थे। ऐसे ही एक प्रसंग श्रीरामजन्मभूमि तीर्थक्षेत्र के कोषाध्यक्ष श्री गोविंददेव गिरिजी महाराज से जुड़ा है। महाराजजी का आह्वान था कि सभी सेवा बस्तियों के सभी घरों से यथाशक्ति निधि समर्पण लिया जाए। फलत: संगमनेर, अहमदनगर जिले की एक सेवा बस्ती में अभियान से जुड़े कार्यकर्ता गए। निधि समर्पण का संग्रहण करते-करते वे सब एक घर के सामने पहुँचे और घर का दरवाजा खटखटाया। उस घर से एक पुरुष निकले। उनका चेहरा मुरझाया हुआ था। वे बिल्कुल हताश-निराश दिखाई पड़ रहे थे। अभियान के कार्यकर्ताओं ने जब उनके परिवार के लोगों का कुशलक्षेम पूछा तो वे स्वयं को नहीं रोक सके और फफककर रो पड़े। अभियान के कार्यकर्ताओं ने उन्हें ढाढ़स बँधाया और उनसे बातचीत करना प्रारंभ किया। बातचीत के दौरान उन्होंने बताया कि उनके 19 वर्षीय बेटे के ऊपर से बस निकल गई है, जिसका उपचार चल रहा है। अब तक उसके उपचार के लिए जो भी उनके पास संपत्ति थी, उसे बेचकर अपने बेटे का उपचार करवा रहे हैं। अभियान के कार्यकर्ताओं की उनसे निधि समर्पण करने की बात कहने की हिम्मत ही नहीं हुई और उन्हें सांत्वना देते हुए आगे चलने लगे।

इतने में उस व्यक्ति ने कहा कि मेरा निधि समर्पण लिये बिना ही क्यों जा रहे हैं? उस व्यक्ति की बात सुनकर अभियान के कार्यकर्ता स्वयं को रोक न सके और भावुक हो गए। इतने में उस व्यक्ति ने अपनी जेब से 30 रुपए निकाले, अपने उसी

बेटे के हाथ से निधि समर्पण करवाया और कहा कि भगवान् श्रीराम की कृपा के कारण ही उसके बेटे का जीवन अभी बचा हुआ है। अभियान के कार्यकर्ताओं ने उसके भक्तिभाव का सम्मान करते हुए वह समर्पण निधि तो ले ली, परंतु जब वहाँ से चलने लगे तो उन सबने व्यक्तिगत रूप से कुछ राशि उन्हें जबरदस्ती दे दी।

ऐसा ही एक अनुभव महाराष्ट्र के जलगाँव जिले के कुंभरखेड़ी के नारायण कोष्टी और भागाबाई कोष्टी का है, जो बहुत ही निर्धन परिवार से संबंधित हैं। उनके पास अपना कोई पक्का घर भी नहीं है, लेकिन जब अभियान के कार्यकर्ता उनका निधि समर्पण लेने के लिए उनके पास पहुँचे तो उन्होंने बिना किसी देरी के अपनी वृद्धावस्था के लिए जमा की हुई सारी राशि को अपनी पूरी श्रद्धा के साथ समर्पित कर दी। अभियान के कार्यकर्ताओं में से किसी ने उस समाचार को कहीं पर साझा कर दिया। धीरे-धीरे वह समाचार बहुत वायरल हो गया और वह समाचार भारत के सुरक्षा सलाहकार श्री अजीत डोभाल तक भी पहुँचा। उस समाचार पर उन्होंने भी अपनी प्रतिक्रिया दी। उन वृद्ध दंपती के भक्तिभाव को देखकर भुसावल के एक रामभक्त व्यवसायी श्री अश्विन कुमार परदेशी ने स्वेच्छा से दो लद्दाख रुपए की लागत से उनके लिए एक पक्का घर बनवा दिया। स्वामी जनार्दन हरिजी महाराज ने स्वयं कोष्टी दंपती के पास जाकर उनसे मुलाकात की और कहा कि वे इस संसार के सबसे अमीर व्यक्ति हैं। वास्तव में कुंभरखेड़ी के नारायण कोष्टी और भागाबाई ने अपने भक्तिभाव से अनेक रामभक्तों को प्रेरित किया।

दक्षिण के तेलंगाना के अनंतागिरि जिले में पेद्धा मंगलारम गाँव में जब रामभक्तों की टोली निधि समर्पण अभियान के अंतर्गत एक किसान के पास गई तो उस किसान ने तुरंत 1,00,000 रुपए का चेक देकर बहुत आनंद का अनुभव किया। जब कार्यकर्ताओं ने पूछा तो उन्होंने कहा, "कहाँ अयोध्या और कहाँ हमारा गाँव? कहाँ रामजी का मंदिर और कहाँ मेरा एक छोटा परिवार? मैं उन महानुभावों के श्रीचरणों पर अपना सिर झुकाना चाहता हूँ, जिनके मन में यह विचार आया और हमारे जैसे करोड़ों लोगों को प्रभु श्रीरामजी के मंदिर के निर्माण में भाग लेने का सौभाग्य दिया।"

कुछ ऐसा ही अनुभव तेलंगाना के नागरकर्नुल का है। अभियान से जुड़े कार्यकर्ता समाज के लोगों से उनका निधि समर्पण लेने के लिए घर-घर जा रहे थे। रास्ते में एक मंदिर के पास उन्हें एक व्यक्ति मिला। वह व्यक्ति अपने पूरे भाव से उस मंदिर में प्रतिदिन सफाई करता था। अभियान के कार्यकर्ताओं ने उनसे भी निधि समर्पण करने के लिए आग्रह किया तो उन्होंने कहा कि वह 11,000 रुपए का

समर्पण करना चाहते हैं। अभियान के कार्यकर्ताओं से थोड़ी देर वहीं रुकने के लिए कहकर वह अपने घर चले गए। जब एक घंटे का समय बीत गया और वह व्यक्ति वापस नहीं आया तो कार्यकर्ताओं को उसकी बातों पर विश्वास नहीं हुआ। फलतः वे सब आगे बढ़ गए। वहाँ समाज के अन्य लोगों से उनका निधि समर्पण लेकर जब अभियान के कार्यकर्ता उसी रास्ते से वापस लौट रहे थे तो उस व्यक्ति ने उन्हें देखा तो वह दौड़कर उनके पास गया और 11,000 रुपए का समर्पण किया। उसने बताया कि उसने अलग-अलग जगहों पर पैसे रखे हुए थे। इसलिए उन्हें खोजने में उसे अधिक समय लग गया। मंदिर में सफाई करनेवाले उस व्यक्ति के भक्तिभाव के आगे अभियान के सभी कार्यकर्ता नतमस्तक हो उठे।

मध्य भारत प्रांत के गंज बासोदा शहर का यह प्रसंग है, जहाँ किन्नर समाज के अध्यक्ष किन्नर मुन्ना नायक ने अभियान के कार्यकर्ताओं को एक नयी बात बताई कि "हमारा तो भगवान् श्रीराम से त्रेता युग से ही नाता है। त्रेता युग में अयोध्या के राजा दशरथ के घर में प्रभु श्रीराम का जन्म हुआ तो सिर्फ अवध ही नहीं, अपितु पूरी सृष्टि में अपने-अपने ढंग से सबने बधाइयाँ गाईं। जब भगवान् श्रीराम अपने पिता दशरथ के वचनों का पालन करने के लिए वनगमन को निकले तो अयोध्या के सभी नर-नारी भी उनके पीछे-पीछे उनके साथ जाने लगे। जब प्रभु श्रीराम ने यह दृश्य देखा तो उनसे नहीं रहा गया और उन्होंने सभी नर-नारियों से वापस अयोध्या जाने की विनती की और सभी नर-नारी प्रभु श्रीराम की आज्ञा मानकर अयोध्या वापस लौट गए, लेकिन किन्नर समाज वहीं खड़ा रहकर प्रभु श्रीराम के वापस आने की प्रतीक्षा करता रहा। जब प्रभु श्रीराम अपने वनवास का समय पूरा कर अयोध्या लौटे तो उन्होंने अयोध्या के बाहर खड़े कुछ लोगों को देखा तो उन्होंने उनके पास जाकर उनसे वहाँ खड़े होने का कारण पूछा। इस पर किन्नर समाज ने प्रभु श्रीराम को उत्तर दिया कि उन्होंने नर और नारियों को अयोध्या वापस जाने के लिए कहा था, पर वे तो न नर हैं और न ही नारी। इसलिए वे अयोध्या वापस नहीं गए और वहीं खड़े रहकर प्रभु श्रीराम के वापस आने की प्रतीक्षा कर रहे हैं। किन्नर समाज का उत्तर सुनकर प्रभु श्रीराम बहुत प्रसन्न हुए और उन्हें अपना आशीर्वाद दिया, तब से लेकर आज तक किन्नर समाज प्रभु श्रीराम के नाम पर ही सबको आशीर्वाद देता है, जो कि फलीभूत होता है।" वास्तव में अभियान के कार्यकर्ताओं के लिए यह बिल्कुल नई जानकारी थी। इस बातचीत के बाद श्री मुन्ना नायकजी ने बहुत भक्तिभाव के साथ 5,11,001 रुपए का अपना समर्पण किया।

राजस्थान के ही किशनगंज जिले के निवासी महेंद्र प्रजापतिजी स्वयं और उनकी पत्नी दोनों ही दिव्यांग हैं। उनकी आर्थिक स्थिति की जानकारी वहाँ के अभियान के कार्यकर्ताओं को थी, लेकिन जब स्वयं महेंद्र प्रजापतिजी ने अभियान के कार्यकर्ताओं से संपर्क कर उन्हें 51,000 रुपए का समर्पण करने की बात कही तो अभियान के कार्यकर्ता तुरंत उन्हें समझाने के लिए उनके घर गए, परंतु महेंद्र प्रजापतिजी नहीं माने और अपने पूरे भक्तिभाव के साथ अपनी पत्नी के साथ अपना निधि समर्पण किया।

राजस्थान के चित्तौड़गढ़ के चुन्नीलालजी एक दिहाड़ी मजदूर हैं। जब अभियान के कार्यकर्ता उनके पास उनकी निधि का समर्पण लेने के लिए पहुँचे तो उन्होंने उनसे दो घंटे का समय माँगा। उसके बाद अभियान के कार्यकर्ता दूसरे गाँव में चले गए और वे संभवतः भूल गए कि वे दो घंटे पूर्व किसी चुन्नीलालजी से मिले थे। जब दो घंटे बाद अभियान के कार्यकर्ता उनके पास नहीं आए तो चुन्नीलालजी स्वयं उन्हें खोजते हुए उस गाँव में जा पहुँचे, जहाँ पर अभियान के कार्यकर्ता निधि समर्पण का संग्रहण कर रहे थे। चुन्नीलालजी को देखकर अभियान के कार्यकर्ताओं को अपनी गलती का बोध हुआ। उन्होंने तुरंत उनसे क्षमा माँगी। चुन्नीलालजी ने अभियान के कार्यकर्ताओं से बहुत ही विनम्रता से कहा कि वे उनकी व्यस्तता को समझ सकते हैं और अपनी जेब से 5,100 रुपए निकालकर अभियान के कार्यकर्ताओं को दिए। चुन्नीलालजी की आर्थिक स्थिति 5,100 रुपए का समर्पण करने की नहीं थी। इसलिए अभियान के कार्यकर्ताओं ने उन्हें समझाया, परंतु वे नहीं माने और अपनी पूरी श्रद्धा के साथ उस राशि का समर्पण किया।

अयोध्या में भगवान् श्रीराम की जन्मभूमि पर हो रहे भव्य मंदिर-निर्माण हेतु निधि समर्पण अभियान के निमित्त हरियाणा के फरीदाबाद के सेक्टर-15 स्थित श्री गीता मंदिर के प्रांगण के बाहर बैठे हुए भिक्षुकों से निधि समर्पण प्राप्त करते हुए हरियाणा प्रांत के विहिप अध्यक्ष श्री रमेश गुप्ताजी, राष्ट्रीय स्वयंसेवक संघ के वरिष्ठ प्रचारक, श्री प्रेम गोयलजी और निधि समर्पण अभियान के अन्य पदाधिकारीगण।

हरियाणा राज्य के विश्व हिन्दू परिषद् के अध्यक्ष श्री रमेश गुप्ताजी और मा. प्रेम गोयलजी के साथ अभियान के कार्यकर्ताओं के साथ फरीदाबाद के सेक्टर-15 स्थित श्री गीता मंदिर के प्रांगण के बाहर बैठे भिक्षावृत्ति करनेवालों से स्वयं उनका निधि समर्पण लिया। भिक्षावृत्ति करनेवाले उन लोगों ने बहुत ही श्रद्धाभाव के साथ अपना निधि समर्पण अभियान के कार्यकर्ताओं को समर्पित किया।

पश्चिमी उत्तर प्रदेश के मेरठ में घुमंतू समाज रहता है। इस समाज के लोग अपना स्थायी आवास नहीं बनाते हैं। सड़क के किनारे ही झोंपड़ी बनाकर रहते हैं और वहीं अपना पशुधन भी रखते हैं। जब अभियान के कार्यकर्ताओं ने उनका निधि समर्पण लेने के लिए उनके पास जाकर उन्हें अयोध्या में भगवान् श्रीराम की जन्मभूमि पर भव्य मंदिर निर्माण हेतु निधि समर्पण संग्रह अभियान के बारे में बताया तो उस घुमंतू समाज के लोग बहुत प्रसन्न हुए तथा अभियान के कार्यकर्ताओं से भोजन करने के लिए आग्रह किया, जिसे अभियान के कार्यकर्ताओं ने सहर्ष मान लिया। इसी बीच वहाँ रहनेवाले उस समाज के सभी लोग एकत्र हो गए और स्वत: ही अपनी-अपनी निधि समर्पित करने लगे।

उस समाज के लोगों के श्रद्धा भाव को देखकर अभियान के कार्यकर्ता बहुत भाव-विह्वल हो गए। निधि समर्पण का संग्रह करके अभियान के सभी कार्यकर्ताओं ने उनके घर में प्रेमपूर्वक भोजन किया। तत्पश्चात् निधि समर्पण के लिए दूसरी जगहों पर गए।

मुंशीगंज रायबरेली स्थित कुष्ठ आश्रम निधि समर्पण अभियान।

रामजी तो सबके आराध्य हैं, ऐसा ही एक अनुभव उत्तर प्रदेश के अवध प्रांत रायबरेली में मुंशीगंज स्थित कुष्ठ रोगियों का आता है, जो भिक्षाटन करते हैं। उन्हें भी लगा कि रामजी के काज में उनका भी समर्पण होना चाहिए। इस हेतु उन्होंने निधि समर्पण अभियान के कार्यकर्ताओं से संपर्क किया कि वे भी अपना कुछ समर्पण करना चाहते हैं। इस कार्य का रायबरेली के संघ के विभाग प्रचारक अवधेशजी ने स्वयं नेतृत्व किया और कुष्ठ आश्रम जाकर निधि एकत्र की। इस प्रकार का रामजी के प्रति भाव देख तमाम कार्यकर्ताओं के मन में और अधिक उत्साह भर गया।

सारद सेस महेस बिधि आगम निगम पुरान। नेति नेति कहि जासु गुन करहिं निरंतर गान॥
सब जानत प्रभु प्रभुता सोई। तदपि कहे बिनु रहा न कोई॥
तहाँ बेद अस कारन रखा। भजन प्रभाउ भाँति बहु भाषा॥

अर्थ—सरस्वती, शेषजी, शिवजी, ब्रह्माजी, शास्त्र, वेद और पुराण ये सब नेति-नेति कहकर सदा जिनका गुणगान करते हैं, ऐसे प्रभु रामजी की प्रभुता को सब ऐसे ही जानते हैं, तथापि कहे बिना कोई नहीं रहा। इसमें वेद ने ऐसा कारण बताया है कि भजन का प्रभाव बहुत तरह से कहा गया है।

□

अध्याय : 7

उत्तर-पूर्व
(राष्ट्रीय एकता के संदर्भ में)

करऊँ सदा तिन्ह कै रखवारी।
जिमि बालक राखई महतारी॥[18]

अर्थ—मैं सदा उनकी वैसे ही रखवाली करती हूँ, जैसे एक माँ बालक की रक्षा करती है।

राम-सीता यात्रा (*इंटरनेट सोर्स- 8/8/2021*)

प्रभु रामजी भारत के कण-कण में, भारत की रज-रज में इस प्रकार से मिले हैं। जैसे जल में शक्कर के मिलने पर शक्कर और पानी को भिन्न नहीं किया जा

18. रामचरितमानस 'अरण्यकांड', चौपाई-3, पृ. 375-376

सकता, बस उसके स्वाद का आनंद ही लिया जा सकता है। इसी तरह राम को केवल एक क्षेत्र से नहीं जुड़ा माना जा सकता। रामजी ने पूरे देश को अखंड किया है। राम जितने उत्तर-दक्षिण में लोकप्रिय हैं, उससे कम उत्तर-पूर्व के हिस्से में नहीं हैं। अरुणाचल प्रदेश, जिसे सूर्य के सबसे पहले उदित होने के अर्थों में लिया जाता है, वहाँ की आका जनजाति आज भी अपने को जामवंत से जुड़ा हुआ मानती है। जामवंत रामजी की सेना में सलाहकार थे। परशुराम कुंड भी इसी अरुणाचल प्रदेश में स्थित है। वहीं असम के खरबीस जाति के लोग अपने को सुग्रीव का वंशज मानते हैं। उनके लोकगीतों में रामजी जीवंत हैं। अगर त्रिपुरा को देखें तो वहाँ के राजा पुरसेन को दशरथ का समकालीन माना जाता है। यह भी कहा जाता है कि वे भी अयोध्या में दशरथ के यज्ञ में शामिल हुए थे। वहीं मेघालय में 1900 में ही सेंग खासी आंदोलन के नायक जेबेन रॉय ने रामकथा को खासी भाषा में अनुवादित किया था। 'रामायण' गारो भाषा में भी 1992 से उपलब्ध है। मणिपुर में आज भी लोककथा एवं कथक में रामजी के जीवन का वर्णन मिलता है। मिजोरम में भी खेमा एंड राम कथा में रामजी के बारे में ही वर्णन मिलता है। नागालैंड एवं सिक्किम की भी कई जनजातियाँ अपने को राम से जुड़ा मानती हैं।

रामजी कभी जम्मू-कश्मीर नहीं गए, लेकिन उनके पूर्वज कश्यप का बसाया ही जम्मू-कश्मीर है। इस कारण राम का नाम उनका आदर्श जीवन वहाँ पहुँच गया और आज भी रघुनाथ मंदिर से करोड़ों हिन्दुओं की आस्था जुड़ी है। इसी तरह से पूरे उत्तर-पूर्व में भी रामजी का नाम है। वहीं कृष्ण, आदिशक्ति के मंदिरों ने भारत के कण-कण को जोड़ा हुआ है। यही कारण है कि पूरे उत्तर-पूर्व की लगभग पाँच करोड़ आबादी में काफी संख्या में लोग ईसाई मत को स्वीकार लेते हैं, लेकिन जब राम मंदिर का विषय आता है तो 8 करोड़ से अधिक राशि उन्ही प्रांतों से एकत्र हो जाती है।

अयोध्या में भगवान् श्रीराम के भव्य मंदिर-निर्माण हेतु समाज से निधि समर्पण संग्रह करने का श्रीरामजन्मभूमि तीर्थ क्षेत्र द्वारा देशव्यापी अभियान चलाया गया। इस देशव्यापी अभियान को मकर संक्रांति (15 जनवरी, 2021) के पवित्र त्योहार से विधिवत् प्रारंभ किया गया और इसका समापन माघ मास की पूर्णिमा (27 फरवरी, 2021) को हुआ। जिस प्रकार से भारत में सूर्य की पहली किरण अरुणाचल प्रदेश के अंजाऊ जिले के काहो नामक गाँव से प्रवेश करती है, उसी प्रकार से इस देशव्यापी अभियान के कार्यक्रम की शुरुआत भी अरुणाचल प्रदेश से ही हुई। यह

अरुणाचल प्रदेश के लिए गौरव करने की बात है। अरुणाचल प्रदेश के मुख्यमंत्री श्री पेमा खांडू ने अपनी पत्नी सहित सर्वप्रथम 'दोनी-पोलो डे' (दोनी-माँ, पोलो-चंद्रमा), यानी 31 दिसंबर, 2020 को श्रीरामजन्मभूमि तीर्थक्षेत्र को अपना निधि समर्पण कर अरुणाचल प्रदेश में निधि समर्पण संग्रह अभियान की अनौपचारिक शुरुआत की, जबकि संपूर्ण भारत में इस अभियान की शुरुआत मकर संक्रांति के दिन से हुई।

तत्पश्चात् अरुणाचल प्रदेश के राज्यपाल श्री बी.डी. मिश्राजी ने भी 'दोनी-पोलो डे' के दिन ही अपना निधि समर्पण किया। उसके बाद कुरुंगकुमे, तवांग, चांगलांग, तिराप, काहो, वेस्ट कामिंग समेत अरुणाचल प्रदेश के अनेक सीमावर्ती गाँवों के लोगों ने भी अपनी निधि का समर्पण किया।

श्रीरामजन्मभूमि तीर्थ क्षेत्र के निधि समर्पण अभियान के दौरान वहाँ के कार्यकर्ताओं को यह अनुभव हुआ कि वहाँ का जनजाति समाज भी भगवान् राम के जीवन से अपरिचित नहीं है, अपितु वहाँ की अनेक जनजातियों के लोग भगवान् राम की पूजा अपने-अपने ढंग से करते हैं और स्वयं को उनसे जोड़ते हैं। यहाँ तक कि उनकी कथा-कहानियों में भगवान् श्रीराम की चर्चा है। यह एक विशेष बात है और जिसका अनुभव पहली बार हुआ। सैकड़ों वर्ष पूर्व सिंगफो जनजाति के लोग थाईलैंड और बर्मा से अरुणाचल प्रदेश में आकर बस गए। चांगलांग जिले के बोर्डुमसा सर्कल के म्याओ के एक पूर्व विधायक ने बताया, उनकी पत्नी का जन्म बर्मा के 'सीतापुर' नामक गाँव में हुआ था। सिंगफो जनजाति की स्थानीय भाषा में भी एक 'रामायण' है। नामसाई जिले में निवास करनेवाली खमटी जनजाति की तो अपनी लिपि भी है और उनकी उस लिपि में एक 'रामायण' लिखी हुई है, जिसकी पांडुलिपि आज भी उनके पास सुरक्षित है।

खमटी जनजाति के राजा का कहना है कि अयोध्या में बननेवाले भगवान् श्रीराम के भव्य मंदिर के अभिलेखागार में रखने के लिए वे अपनी 'खमटी रामायण' की पांडुलिपि का दान करेंगे। मोनपा जनजाति तथा वेस्ट कामेंग की शेरतुकपिन जनजाति के लोगों की भी अपनी 'रामायण' उपलब्ध है, जिसका इन जनजातियों के कलाकारों द्वारा मंचन भी किया जाता है। पापुमपारे जिले में कार्वी जनजाति के लोग निवास करते हैं, जब निधि समर्पण अभियान के कार्यकर्ता वहाँ पहुँचे तो उन लोगों ने उनसे कहा कि वे उन्हें क्या 'रामायण' के बारे में बताएँगे भला, वे तो स्वयं महाराज सुग्रीव के वंशज हैं। उनका मानना हैं कि माता सीता की खोज में सुग्रीव महाराज की सेना के लोग यहाँ

आए थे और वे यहीं बस गए थे, क्योंकि उन्हें सीता माता को खोजने में सफलता नहीं मिली थी। जैसा कि हम सब जानते हैं कि सिर्फ दक्षिण दिशा में जानेवाली सुग्रीव की सेना को ही सीता माता को खोजने में सफलता मिली थी। पर्वतीय क्षेत्र के जनजाति समाज के लोगों द्वारा महाराज सुग्रीव के संबंध में सुनकर बहुत आश्चर्य हुआ। निधि समर्पण संग्रह अभियान के कार्यकर्ताओं को यह एक नई जानकारी प्राप्त हुई, जिसका बहुत महत्त्व है। आर्थिक स्थिति अपेक्षाकृत ठीक न होने के कारण भी उस जनजाति के लोगों ने बहुत ही श्रद्धा भाव से अपनी निधि का समर्पण किया।

वेस्ट कामेंग जिले के दिरांग नामक एक छोटे से कस्बे के लोबसांग अब्ज्जुम नामक गाँव के बूढ़े (गाँव का प्रमुख) ने अपने गाँव के सभी लोगों को बुलाकर सबसे एक भावनात्मक अपील कर अपनी-अपनी शक्ति के अनुरूप निधि समर्पण करने के लिए आग्रह किया तथा गोंपा (बौद्ध मंदिर) के नाम से श्रीरामजन्मभूमि निधि समर्पण हेतु उस गाँव की पहली रसीद कटवाने का निर्णय लिया तथा उस रसीद की एक फोटो को लैमिनेशन करके उस गोंपा में रखा गया, ताकि आगामी पीढ़ी इस बात को जान सके। इस प्रकार वहाँ की जनजातियों ने बहुत ही अनूठे प्रकार से अपने श्रद्धा भाव को प्रकट किया।

अयोध्या में भगवान् श्रीराम की जन्मभूमि पर हो रहे भव्य मंदिर-निर्माण हेतु निधि समर्पण अभियान के निमित्त अरुणाचल प्रदेश के तवांग में स्थित बौद्ध समुदाय की विश्व की दूसरी सबसे बड़ी मॉनेस्ट्री के प्रमुख मठाधीश श्री रिंपोचेजी से उनका निधि समर्पण प्राप्त करते हुए निधि समर्पण अभियान के वरिष्ठ पदाधिकारीगण

तिब्बत, भूटान और बर्मा से लगनेवाले भारत के सीमावर्ती गाँवों समेत विश्व की सबसे बड़ी मॉनेस्ट्री के गुंफा ने सहजतापूर्वक समर्पण निधि संग्रह अभियान के कार्यकर्ताओं को अपनी सहयोग राशि समर्पित की। कुरुंगकुमे जिले में अभी भी

सड़क न के बराबर है, यहाँ अभी सड़कों का निर्माण हो रहा है। यहाँ पहुँचने का रास्ता बहुत ही दुर्गम होने के कारण मुख्यधारा के लोगों से इस जिले के विभिन्न गाँवों का संपर्क अभी भी न के बराबर ही है। फसंग जैसे अंतिम गाँव समेत वहाँ के विभिन्न गाँवों से निधि का समर्पण हुआ।

यहाँ कुल 110 सीमावर्ती गाँवों से निधि का समर्पण प्राप्त हुआ है। वहाँ की विभिन्न चर्चों तथा अधिकाधिक संख्या में ईसाई समुदाय ने भी इस राष्ट्रीय एकता के पवित्र कार्य में अपनी निधि का समर्पण किया, जोकि अरुणाचल प्रदेश के लिए बहुत बड़ी उपलब्धि है।

अरुणाचल प्रदेश में इससे पूर्व इस प्रकार का कोई भी कार्यक्रम नहीं हुआ था। बौद्ध समाज के लिए तवांग मॉनेस्ट्री को संसार की दूसरी सबसे बड़ी मॉनेस्ट्री माना जाता है। बौद्ध धर्म के सबसे पूजनीय तथा इस मॉनेस्ट्री के मुख्य मठाधीश श्री रिंपोचेजी (अपनी आध्यात्मिक शक्ति के कारण पूर्व जन्म के बारे में इस जन्म में बतानेवाला व्यक्तित्व) हैं और उन्होंने भी अपना निधि समर्पण किया।

तवांग जिले के लुमला सर्कल के सभी 50 गाँवों के गाँव-बुढ़ाओं ने मिलकर एक मीटिंग करके अपने पूरे गाँव के लोगों की निधि का समर्पण करवाया। 1959 में परम पावन दलाई लामाजी जिस रास्ते से तवांग पहुँचे थे, भारत-तिब्बत सीमा पर स्थित उस जेमीथांग नामक सीमावर्ती गाँव के लोगों द्वारा भी निधि का समर्पण किया गया।

अयोध्या में भगवान् श्रीराम की जन्मभूमि पर हो रहे भव्य मंदिर-निर्माण हेतु निधि समर्पण अभियान के निमित्त अरुणाचल प्रदेश के प्रसिद्ध श्री परशुराम कुंड के महाराज श्री हरि शरण दासजी से उनका निधि समर्पण प्राप्त करते हुए निधि समर्पण अभियान के वरिष्ठ पदाधिकारीगण

अरुणाचल प्रदेश के लोगों ने बहुत ही श्रद्धापूर्वक भारत के अन्य राज्यों की तुलना में सर्वाधिक धनराशि का समर्पण किया, जो कि न सिर्फ अरुणाचल प्रदेश के लिए अपितु संपूर्ण भारत के लिए एक अनुकरणीय उदाहरण है। भगवान् श्रीराम के भव्य मंदिर निर्माण हेतु निधि समर्पण संग्रह का यह अभियान अरुणाचल प्रदेश के इतिहास में एक स्वर्णिम अध्याय के रूप में अंकित हो गया। अरुणाचल प्रदेश स्थित परशुराम कुंड हिन्दू आस्था का सदैव से प्रतीक रहा है। अभियान के कार्यकर्ताओं ने कुंड के महंत से संपर्क किया। उन्होंने भी कार्यकर्ताओं का उत्साहवर्धन करते हुए अपना समर्पण किया।

अरुणाचल की ही भाँति नागालैंड में भी निधि समर्पण अभियान को काफी सफलता मिली। यहाँ से लगभग 28 लद्दाख की राशि एकत्रित हुई। हम सभी जानते हैं कि यहाँ पर ईसाई मत का कितना प्रभाव है। यहाँ भी अभियान के कार्यकर्ताओं ने प्रदेश के मुख्यमंत्री श्री नेफ्यू रियो से संपर्क किया। वे पहले भी तीन बार नागालैंड के मुख्यमंत्री तथा लोकसभा के सांसद रह चुके हैं।

इसी प्रकार नागा पीपुल्स फ्रंट के एक नेता श्री तादितुई रंगकाउ जेलियांग ने दो बार नागालैंड के मुख्यमंत्री के रूप में कार्य किया।

श्री टी.आर. जेलियांग ने पहले संसद् सदस्य के रूप में कार्य किया। फिर भारतीय संसद् के ऊपरी सदन राज्यसभा में नागालैंड का प्रतिनिधित्व किया तथा वर्तमान में वह एन.पी.एफ. विधायक दल के नेता और नागालैंड विधानसभा में विपक्ष के नेता के रूप में कार्य कर रहे हैं। नागालैंड के इस तरह के कई प्रमुख लोगों तथा ईसाई धर्म के उपासकों ने भी अयोध्या में भगवान् श्रीराम की जन्मभूमि पर भव्य मंदिर निर्माण हेतु निधि समर्पण किया, जोकि नागालैंड के लिए एक अभूतपूर्व घटना है।

अयोध्या में भगवान् श्रीराम की जन्मभूमि पर भव्य मंदिर निर्माण हेतु निधि समर्पण संग्रह अभियान के कार्यकर्ता समर्पण निधि का संग्रह करने हेतु जब दीमापुर के एक गाँव पहुँचे तो एक वृद्ध व्यक्ति ने बताया, "भगवान् राम का मंदिर बनना बहुत आवश्यक है, क्योंकि उसके कारण हम जैसे सीमांत लोगों के अंदर एक आत्म विश्वास जागेगा, जिसकी छत्रच्छाया में हम अपने स्वधर्मी सांस्कृतिक धरोहर को बचा सकेंगे और अपनी भावी पीढ़ी को यह बता सकेंगे कि हिन्दू धर्म के चिह्न को हिन्दू समाज ने एक लंबे संघर्ष के बाद बनाया है, जिसके कारण यहाँ हो रहे धर्मांतरण की संख्या में भी कमी आएगी।" उस बुजुर्ग की बात को सुनकर समिति के कार्यकर्ताओं का हौसला और अधिक बढ़ गया।

भक्तिकालीन महान् संत शंकर देव की धरती असम में दीमा हसाव नामक एक पर्वतीय जिला है। इसी जिले में जेमी जनजाति के लोग निवास करते हैं। इनकी संख्या लगभग 18,000 है। यह जनजाति 'रानी गाइंडिल्यू' उपाख्य 'रानी माँ' को अपना आदर्श मानती है। ध्यान देने योग्य है कि रानी माँ एक स्वतंत्रता सेनानी भी थीं और उनका सांस्कृतिक चेतना तथा राष्ट्रीय जागरण में अविस्मरणीय योगदान रहा है। निधि समर्पण संग्रह अभियान के दौरान जो श्रद्धा भाव इस जनजाति के लोगों ने दिखाया, वह अपने आप में बहुत ही अनूठा है। इस जनजाति के लोगों ने श्रद्धा-जागरण हेतु प्रत्येक गाँव में मंदिरों की स्थापना की है, जिसे जेमी भाषा में 'किलुंकी' (नमस्कार करने का घर) कहा जाता है। जेमी जनजाति समाज के सभी लोग प्रत्येक मास की पूर्णिमा के दिन बिना कुछ खाए-पिए किलुंकी में प्रातःकाल से ही एकत्रित होकर सूर्य भगवान् की उपासना करते हैं तथा अपने सांस्कृतिक गीतों के गायन का अभ्यास करते हैं, साथ ही अपने आराध्य 'तिनवान' भगवान् के सम्मुख भजन का गायन भी करते हैं।

वे तिनवान भगवान् को यथाशक्तिनुसार पुष्प और धन समर्पित कर अपने को भाग्यशाली मानते हैं। विशेष बात यह है कि पूर्णिमा के दिन जेमा जनजाति के लोग बस यही कार्य करते हैं तथा इसके अतिरिक्त अन्य कोई कार्य नहीं करते हैं। जब अयोध्या में भगवान् श्रीराम की जन्मभूमि पर भव्य मंदिर निर्माण हेतु निधि समर्पण संग्रह अभियान का विषय आया तो जेमा जनजाति समाज के सभी लोगों ने यह तय किया कि पूर्णिमा के दिन वे सभी अपने आराध्य तिनवान भगवान् को जो भी धन समर्पित करेंगे, उसे एकत्र करके श्रीराम की जन्मभूमि पर बननेवाले भव्य मंदिर निर्माण हेतु निधि समर्पण संग्रह में दे देंगे। इस प्रकार दीमा हसाव जिले के 52 मंदिरों से भगवान् श्रीराम की जन्मभूमि के भव्य मंदिर-निर्माण हेतु निधि समर्पण किया गया तथा निधि समर्पण का यह अभियान एक सामाजिक चेतना और राष्ट्रीय जागरण का कार्य बन गया था, जोकि असम के लिए अभूतपूर्व था।

असम में श्रीराम की जन्मभूमि पर भव्य मंदिर निर्माण हेतु निधि समर्पण संग्रह अभियान 'नामघर से रामघर' के तहत चलाया गया। गुवाहाटी महानगर की भीरूवारी नामक एक सोसाइटी में कुल 30 परिवार रहते हैं। निधि समर्पण संग्रह अभियान के कार्यकर्ताओं द्वारा निधि समर्पण संग्रह करने के लिए उस सोसाइटी के लोगों को पूर्व सूचित कर दिया गया था। अभियान के कार्यकर्ता उस सोसाइटी में पहुँचे। उस सोसाइटी में लक्ष्मीदास नामक एक महिला वहाँ के घरों में काम करती थी।

श्रीरामजन्मभूमि पर भव्य-मंदिर निर्माण हेतु यथाशक्ति राशि का समर्पण करने की उसने अपनी इच्छा को निधि समर्पण संग्रह अभियान के कार्यकर्ताओं को बताया। कार्यकर्ताओं को उसकी निर्धनता के बारे में पहले से ही मालूम था तथा लॉकडाउन के कारण उसकी आर्थिक स्थिति और भी खराब हो गई थी। अतः कार्यकर्ताओं ने एक उपाय सोचा तथा लक्ष्मीदास से कहा कि उनके पास अभी कम राशिवाले कूपन नहीं हैं, अतः हम बाद में आकर उसकी समर्पण राशि ले लेंगे, परंतु लक्ष्मीदास नहीं मानी और समर्पण राशि देने का वह पहले से ही अपना मन बना चुकी थी। इसलिए वह अपने घर से ही एक थाली को सजाकर तथा उसमें अपने एक माह का वेतन रखकर लाई थी। उसने सबके सामने कहा कि लॉकडाउन के समय इस सोसाइटी में उसे तीन महीने आने की अनुमति नहीं थी, परंतु भगवान् श्रीरामजी की कृपा से वहाँ के परिवारों ने उसे तीनों महीनों का वेतन देकर उसके परिवार का पालन-पोषण किया है। चूँकि अब उसके आराध्य भगवान् श्रीरामजी का मंदिर बन रहा है, अतः इसमें सभी लोगों को अपनी-अपनी सामर्थ्य के अनुसार अधिक-से-अधिक राशि का समर्पण करना ही चाहिए। यह कहते हुए लक्ष्मीदास ने बहुत ही श्रद्धापूर्वक अपनी समर्पण राशि को समर्पित किया।

लक्ष्मीदास के इस श्रद्धाभाव को देखकर उस सोसाइटी के लोगों समेत निधि समर्पण संग्रह अभियान के सभी कार्यकर्ता बहुत ही अभिभूत हुए और लक्ष्मीदास से प्रेरणा पाकर उस सोसाइटी के सभी लोगों ने पूर्व निर्धारित राशि को बढ़ाकर अपना-अपना समर्पण किया।

डिब्रूगढ़ असम के उदयपुर में संपर्क करते हुए समर्पण निधि संग्रह अभियान के कार्यकर्ता एक परिवार में गए। वहाँ पर उनके स्वागत के लिए एक दिव्य संगीतमय वातावरण तैयार किया गया था। दादा साहेब फाल्के पुरस्कार प्राप्त करनेवाली डॉ. रंजू भट्टाचार्य नामक एक वृद्ध महिला, जो कि अब अस्वस्थ रहती हैं, जब उन्हें यह सूचना मिली कि अयोध्या में भगवान् श्रीराम के भव्य मंदिर का निर्माण हो रहा है और निधि समर्पण संग्रह अभियान के कार्यकर्ता उनकी समर्पण राशि लेने के लिए उनके घर आ रहे हैं तो वे बहुत प्रसन्न हुईं। जब समर्पण निधि संग्रह अभियान के कार्यकर्ता उनके घर पहुँचे तो अपने बिस्तर से उठकर उन्होंने स्वयं सभी कार्यकर्ताओं को जलपान करवाया और बहुत ही श्रद्धाभाव से अपनी समर्पण राशि भेंट थी।

सभी कार्यकर्ता मेघालय में पश्चिमी खासी हिल्स के मोकरवाट नामक जिला

केंद्र के एक गाँव में गए। उन्हें पता चला कि वहाँ पर मात्र एक परिवार ही हिन्दू है। जब निधि समर्पण संग्रह अभियान के कार्यकर्ता उस हिन्दू घर में पहुँचे तो उस घर के बुजुर्ग समेत उस परिवार के सभी सदस्यों की आँखें नम हो गईं। उन्होंने बहुत ही भावुक होकर बताया कि हालाँकि उन्हें दूरदर्शन के माध्यम से निधि समर्पण संग्रह अभियान के बारे में तो पता चला था, परंतु उन्हें यह उम्मीद नहीं थी कि कोई उनकी समर्पण निधि लेने के लिए अत्यंत दूरदराज गाँव में आएगा। उस परिवार के सभी सदस्यों ने सभी कार्यकर्ताओं का स्वागत-सत्कार करके बहुत ही श्रद्धा भाव से अपनी राशि का समर्पण किया। पश्चिमी गारो हिल्स के तुरा के बिशप एंड्रयू आर. मारक से अभियान के कार्यकर्ता उनकी निधि समर्पण लेने के लिए जब उनके पास गए तो वे बहुत प्रसन्न हुए। अपनी निधि समर्पित करते हुए उन्होंने अभियान के कार्यकर्ताओं से कहा कि अयोध्या में बननेवाले राम मंदिर के लिए निधि समर्पण संग्रह करने का काम कोई धार्मिक कार्य नहीं है, अपितु यह एक राष्ट्रीय कार्य है। अभियान के कार्यकर्ताओं से किसी बिशप द्वारा यह कहा जाना उनके लिए एक बहुत बड़ी बात थी।

मणिपुर में निधि समर्पण अभियान के कार्यकर्ताओं ने घर-घर जाकर लोगों से संपर्क किया, जिसका परिणाम यह हुआ कि 2 करोड़ रुपए इसी प्रांत से इकट्ठे हुए। पेईपालुंग गोलमई मेजर खोल बस्ती के निवासी इस बस्ती में ज्यादातर कबुई जनजाति के लोग रहते हैं। गोलमई ने पहले कार्यकर्ताओं से परिचय किया, उसके उपरांत सभी कार्यकर्ताओं को अपने घर ले गए। यथाशक्ति आतिथ्य-सत्कार करने के पश्चात् उन्होंने बताया कि बहुत दिनों से दूरदर्शन पर उन्होंने इस अभियान के बारे में देखा तो था, लेकिन अभियान के कार्यकर्ता अयोध्या में बननेवाले भगवान् श्रीराम की जन्मभूमि पर भव्य मंदिर निर्माण हेतु उनका निधि समर्पण लेने के लिए सुदूर स्थित उनके गाँव और उनके घर तक पहुँच जाएँगे, यह उनके लिए अकल्पनीय तथा अविश्वसनीय था। पेईपालुंग गोलमई ने कार्यकर्ताओं को बताया कि उनकी माताजी ने उन्हें कभी अयोध्या के मंदिर के बारे में बताया था और वे उस मंदिर के लिए प्रतिदिन अपने दैनिक खर्चे में से बचाकर कुछ-न-कुछ धनराशि एकत्रित करती थीं, लेकिन उनकी माताजी अब इस दुनिया में नहीं हैं। इतना कहते हुए पेईपालुंग गोलमई घर के अंदर से अपनी माताजी की एक पोटली निकालकर लाए तथा उसमें अपनी तरफ से कुछ धनराशि जोड़कर उसे बहुत ही श्रद्धा भाव के साथ अभियान के कार्यकर्ताओं को समर्पित कर दिया।

ऐसे ही 'डेरीपोक' नामक बस्ती में जब कार्यकर्ता गए तो निधि-संग्रह के दौरान उस बस्ती की एक वृद्ध महिला ने उन्हें टोकते हुए उनसे पूछा कि वे सब उनकी बस्ती में क्यों आए हैं? अभियान के कार्यकर्ताओं ने बताया कि वे सब अयोध्या में भगवान् श्रीराम की जन्मभूमि पर भव्य मंदिर निर्माण हेतु निधि समर्पण का संग्रह कर रहे हैं तो वे अपने घर के अंदर गईं और वहाँ 5-5 रुपए के दो सिक्के लाकर बहुत ही श्रद्धा भाव से उन्हें दिए। अभियान के कार्यकर्ता उन वृद्ध महिला की निर्धनता को भाँप चुके थे, लेकिन उन वृद्ध महिला के भक्तिभाव के आगे सब मौन थे। उन्होंने बूढ़ी दादी माँ को 10 रुपए के कूपन की रसीद दी। उस रसीद को अपने माथे से लगाकर वह दादी माँ बहुत ही भाव-विह्वल हो उठीं।

उरवरूल नामक एक छोटे से शहर से 116 किमी. दूर भारत और म्याँमार की सीमा पर 'जेसामी' नामक एक ईसाई बाहुल्य बस्ती है। पक्की सड़कों का निर्माण अभी भी यहाँ तक नहीं हुआ है। अतः इस बस्ती तक पहुँचने के लिए बहुत ही दुर्गम रास्तों से होकर जाना पड़ता है। 7-8 दिनों के दुर्गम रास्तों से अभियान के कार्यकर्ता जब 'जेसामी' बस्ती में पहुँचे तो वहाँ के लोगों की खुशी का ठिकाना नहीं था। अभियान के कार्यकर्ताओं का उनके द्वारा यथोचित सम्मान किया गया, जोकि सबके लिए एक आश्चर्य की बात थी। अभियान के कार्यकर्ताओं को कुछ दिनों तक अपनी बस्ती में रोककर उस बस्ती के सभी लोगों ने यथाशक्ति धनराशि एकत्रित करके अपना-अपना निधि समर्पण किया।

वर्तमान समय में मणिपुर कांग्रेस के अध्यक्ष तथा पूर्व मुख्यमंत्री समेत कई सम्माननीय लोगों ने निधि समर्पण संग्रह अभियान के कार्यकर्ताओं को अपनी सहयोग राशि का समर्पण किया है, जोकि मणिपुर के लिए एक ऐतिहासिक घटना है।

मिजोरम प्रांत के सीमावर्ती क्षेत्र (भारत-बांग्लादेश की सीमा) स्थित सहिया और मानसूरी नामक अनेक गाँवों में भी अयोध्या में भगवान् श्रीराम की जन्मभूमि पर भव्य मंदिर-निर्माण हेतु निधि समर्पण संग्रह अभियान के कार्यकर्ताओं ने पहुँचकर उनके निधि समर्पण को प्राप्त किया। इस दौरान यह अनुभव हुआ कि वहाँ पर रहनेवाले चकमा समाज के लोग बौद्ध धर्म के अनुयायी हैं तथा वहाँ पर बहुत बड़े-बड़े बौद्ध विहारों का निर्माण किया गया है, जिसे देखकर अभियान के कार्यकर्ता थोड़े असहज हो रहे थे कि पता नहीं वे लोग अयोध्या में भगवान् श्रीराम की जन्मभूमि पर भव्य मंदिर निर्माण हेतु निधि समर्पण संग्रह अभियान के विषय में किस प्रकार अपनी प्रतिक्रिया देंगे।

अंत में बहुत चिंतन-मनन के पश्चात् अभियान के कार्यकर्ता उन बौद्ध विहारों में जाकर वहाँ के 'भंतों' से मिले। वहाँ बौद्ध संन्यासियों को 'भंते' कहा जाता है, उन भंतों के मध्य अयोध्या में भगवान् श्रीराम की जन्मभूमि पर भव्य मंदिर निर्माण हेतु निधि समर्पण संग्रह अभियान के संबंध में जब विषय रखा गया तो उन्होंने अभियान के कार्यकर्ताओं को बताया कि अयोध्या उनका भी एक आध्यात्मिक केंद्र है, क्योंकि बौद्ध धर्म के बड़े-बड़े संत भी वहाँ गए हैं। बौद्ध विहारों के 'भंतों' ने अयोध्या में भगवान् श्रीराम की जन्मभूमि पर भव्य मंदिर-निर्माण हेतु निधि समर्पण संग्रह अभियान के विषय को कथा के माध्यम से बहुत अच्छे ढंग से वहाँ के समाज के मध्य रखा। सबसे आश्चर्य की बात यह रही कि उस बौद्ध समाज के द्वारा अयोध्या में भगवान् श्रीराम की जन्मभूमि पर भव्य मंदिर-निर्माण हेतु निधि समर्पण संग्रह अभियान का विरोध नहीं किया गया, अपितु सबने अपना-अपना समर्थन देते हुए निधि समर्पण किया। ऐसे ही भारत-बांग्लादेश की सीमा पर 'मरा' नामक ईसाई बाहुल्य जनजाति रहती है। उस जनजाति के लोगों के द्वारा भी अयोध्या में भगवान् श्रीराम की जन्मभूमि पर भव्य मंदिर-निर्माण हेतु निधि समर्पण संग्रह अभियान को बहुत अधिक समर्थन मिला। साथ ही, उस जनजाति के लोगों ने भी यथाशक्ति अपना निधि समर्पण किया। भारत-म्याँमार की सीमा पर चंपाई नामक जिले के अंतिम गाँव के लोगों ने भी अयोध्या में भगवान् श्रीराम की जन्मभूमि पर भव्य मंदिर-निर्माण हेतु अपना निधि समर्पण किया। यहाँ की बर्मी सुपारी बहुत प्रसिद्ध है।

मिजोरम में 'साँकवा' नामक एक जनजाति अभी भी अस्तित्व में है। हालाँकि इनकी संख्या बहुत कम है। इस जनजाति के धर्मगुरु के नेतृत्व में लोगों ने भी यथाशक्ति अयोध्या में भगवान् श्रीराम की जन्मभूमि पर भव्य मंदिर निर्माण हेतु अपना निधि समर्पण किया। मिजोरम की सभी जनजातियों तथा अल्पसंख्यकों द्वारा भी अयोध्या में भगवान् श्रीराम की जन्मभूमि पर भव्य मंदिर-निर्माण हेतु अपने निधि समर्पण को स्वीकार किया गया, जोकि मिजोरम के लिए एक ऐतिहासिक घटना है। सबसे आश्चर्य की बात यह है कि मिजोरम के मुस्लिम समुदाय की तरफ से ही सबसे अधिक निधि समर्पण किया गया। इससे पूर्व मिजोरम के इतिहास में ऐसी कोई घटना नहीं हुई थी। इसी प्रकार त्रिपुरा के कई संस्मरण हैं! त्रिपुरा के इतिहास में किसी भी नवीन कार्य के लिए अधिकांशत: विरोध प्रदर्शन होता है, परंतु अयोध्या में भगवान् श्रीराम की जन्मभूमि पर भव्य मंदिर-निर्माण हेतु हुए निधि समर्पण अभियान का कोई विरोध नहीं हुआ, अपितु उग्रवादी संगठन के पुराने नेताओं ने भी हर जगह

पर उसका समर्थन ही किया। यह त्रिपुरा के लिए एक ऐतिहासिक, अविस्मरणीय तथा अकल्पनीय घटना थी। यहाँ पर मठ-मंदिर से सजे हुए पूजनीय संत-समाज के माध्यम से अयोध्या में भगवान् श्रीराम की जन्मभूमि पर भव्य मंदिर निर्माण हेतु अपना निधि समर्पण अभियान प्रारंभ किया। त्रिपुरा के महामहिम राज्यपाल महोदय, माननीय मुख्यमंत्री तथा सभी राजनीतिक दलों के नेताओं ने भी अपने परिवार के सदस्यों के साथ मिलकर अपना निधि समर्पण किया। त्रिपुरा में जनजाति समाज के लोगों ने अपने राजा तथा पुजारी, जिन्हें 'हौदा' कहा जाता है, के नेतृत्व में अपनी निधि का समर्पण किया। राज्य के सभी सीमावर्ती गाँवों में रहनेवाले लोगों ने भी अपनी-अपनी निधि का समर्पण किया। पश्चिम त्रिपुरा के छोटे-छोटे गाँवों की महिलाओं ने अपना एक ग्रुप बनाकर कीर्तन-भजन गाते हुए शत-प्रतिशत सभी घरों से निधि समर्पण का संग्रह किया। त्रिपुरा के इतिहास में महिलाओं द्वारा ऐसा पहली बार कोई अभियान चलाया गया था। यहाँ की सभी जनजातियों के लोग भगवान् राम के जीवन से परिचित हैं तथा रियांग समाज के लोगों द्वारा प्रत्येक वर्ष 'रामनवमी' का भव्य कार्यक्रम करते हैं। अयोध्या में भगवान् श्रीराम की जन्मभूमि पर भव्य मंदिर निर्माण हेतु निधि समर्पण अभियान के दौरान यह अनुभव हुआ कि उत्तर-पूर्व के सभी राज्यों की विभिन्न जनजातियों के मध्य उनकी अपनी भाषा में या तो 'रामायण' लिखी गई है अथवा उनकी मान्यता का वह हिस्सा है।

निष्कर्ष के रूप में हम यह कह सकते हैं, जिस प्रकार भगवान् राम ने अपने लंका-अभियान के दौरान वहाँ के समाज में एक राष्ट्रीय चेतना का विकास किया, उसी प्रकार से अयोध्या में भगवान् श्रीराम की जन्मभूमि पर भव्य मंदिर-निर्माण हेतु निधि समर्पण अभियान ने भी एक राष्ट्रीय एकता की चेतना का विकास किया तथा सबको भगवान् राम की जन्मभूमि अयोध्या से जोड़ दिया—

सत्रु मित्र सुख दुःख जग माहीं।
मायाकृत परमारथ नाहीं॥ [19]

अर्थ—जगत् में जितने भी शत्रु-मित्र, सुख दुःख हैं, सब-के-सब मायारचित हैं, वास्तव में नहीं हैं।

□

---

19. रामचरितमानस 'किष्किंधा कांड', चौपाई-9, पृ. 679

अध्याय : 8

विविध

सुखी मीन सब एकरस अति अगाध जल माहिं।[20]

अर्थ—सरोवर के अत्यंत अथाह जल में सब मछलियाँ सदा एकरस सुखी रहती हैं।

भारत की अस्मिता को प्रदर्शित करनेवाले प्रभु राम तो सबके प्रिय हैं, इसीलिए जब निधि समर्पण अभियान का प्रारंभ हुआ तो समाज के सभी वर्ग इसमें सहभागी हुए। वहीं पूजा पद्धति भिन्न क्यों न हो गई हो, लेकिन अपने को प्रभु राम से भिन्न कैसे कोई मान ले? हिन्दू पूजा पद्धति को माननेवाले लोगों ने तो इस अभियान में

20. रामचरितमानस, 'अरण्यकांड', दोहा 39(ख), पृ. 672

सहभागिता की ही, लेकिन इसमें विशेष बात यह थी कि इसमें मुस्लिम, ईसाई आदि सभी ने बढ़–चढ़कर भाग लिया। इतना ही नहीं, विभिन्न राजनीतिक दलों के लोगों ने भी रामजी के काज में अपने को शामिल किया।

महाराष्ट्र के बांद्रा मुंबई में रहनेवाले नौसेना के एक पूर्व अधिकारी फिरोज खानजी के घर पर अभियान के कार्यकर्ता पहुँचे। आदर–सत्कार की औपचारिकता के पश्चात् फिरोज खानजी ने अभियान के कार्यकर्ताओं को बताया कि वे स्वयं प्रतिदिन उनके घर के पास में स्थित श्रीरामजी के मंदिर में जाते हैं। उन्होंने आगे बताया कि उनके लिए राष्ट्र पहले है, बाकी अन्य उपासना पद्धति उसके बाद हैं। एक सैन्य अधिकारी के नाते उन्होंने अपने सैनिकों को भी यही बात सिखाई है। अभियान के कार्यकर्ता फिरोज खानजी की बात सुनकर वास्तव में बहुत आश्चर्यचकित हुए। बातचीत के पश्चात् फिरोज खानजी ने अपनी श्रद्धा के अनुसार पूरे भक्ति भाव से अपना निधि समर्पण किया।

महाराष्ट्र के देवगिरि प्रांत के अनेक गाँवों में 'एक गाँव एक रसीद' या 'एक गाँव एक पावती' के नाम से एक अभियान चलाया गया, जिसके तहत सम्मानजनक राशि एकत्रित कर उसे अयोध्या में भगवान् श्रीराम की जन्मभूमि पर बन रहे भव्य मंदिर निर्माण हेतु निधि समर्पण संग्रह अभियान के कार्यकर्ताओं को समर्पित किया गया। इस गाँव के लोग स्वेच्छा से प्रतिदिन प्रभातफेरी निकालते थे, जिसमें बड़ी संख्या में सभी आयु वर्ग के महिला–पुरुष बहुत ही उत्साह के साथ भाग लेते थे। यह घटना बताती है कि भगवान् श्रीराम के भव्य मंदिर के निर्माण के लिए समाज कितना उत्सुक है ?

ऐसे ही गौरक्षा प्रांत, उत्तर प्रदेश में तो एक मुस्लिम बंधु स्वयं ही समर्पण निधि संग्रह अभियान के कार्यालय में पहुँच गए। उन्होंने कहा, "भले ही आज हमारी पूजा–पद्धति अलग है, परंतु हमारे पूर्वज भी भगवान् राम ही हैं।" यह कहते हुए उन्होंने बहुत ही श्रद्धापूर्वक पाँच लद्दाख रुपए की धनराशि का समर्पण किया।

कानपुर के गोमतीनगर विवेक खंड के आर्यनगर इंटर कॉलेज से श्रीकांत वाजपेयीजी प्रधानाचार्य के पद से सेवानिवृत्त हुए थे। पूर्व में वे कानपुर विश्वविद्यालय की एकेडमिक काउंसिल के पार्षद भी रहे थे। जब अभियान के कार्यकर्ता उनके घर अयोध्या में भगवान् श्रीराम की जन्मभूमि पर बन रहे भव्य मंदिर के निर्माण के लिए निधि समर्पण लेने गए तो उन्होंने तुरंत ही अपने पुरखों, अपनी पत्नी और अपने नाम से कुल 45 लद्दाख रुपए की निधि का समर्पण यह कहते हुए किया, "उसकी

दी हुई पूँजी उसे ही समर्पित करता हूँ।" श्रीकांत वाजपेयीजी के इस श्रद्धाभाव को देखकर अभियान के सभी कार्यकर्ता नतमस्तक हो गए।

दक्षिण बंग जिले के मुक्तेश्वर गाँव के जिन लोगों ने अपने गाँव में शिलापूजन का कार्यक्रम नहीं करने दिया था और शिलापूजन कार्यक्रम करनेवाले कार्यकर्ताओं को दौड़ा-दौड़ाकर पीटा था। इसे भगवान् राम की असीम कृपा ही कहेंगे कि वर्ष 2021 में उसी मुक्तेश्वर गाँव के उन्हीं लोगों ने समर्पण निधि संग्रह अभियान के कार्यकर्ताओं का स्वागत-सत्कार कर अपनी-अपनी धनराशि का समर्पण किया तथा जिस व्यक्ति ने शिलापूजन नहीं करने देने में महत्त्वपूर्ण भूमिका निभाई थी, सर्वप्रथम उसी व्यक्ति ने वहाँ पर सबसे पहले अपनी राशि का समर्पण किया।

कुछ इसी तरह अंडमान-निकोबार द्वीप समूह में एक सेवानिवृत्त चिकित्सक कांग्रेस की विचारधारा से संबंधित हैं, लेकिन अभियान के कार्यकर्ता जब उनके पास पहुँचे तो उन्होंने तत्काल अयोध्या में भगवान् श्रीराम की जन्मभूमि पर बन रहे भव्य मंदिर-निर्माण हेतु निधि समर्पण संग्रह अभियान के कार्यकर्ताओं को निधि का समर्पण करते हुए कहा, "राजनीतिक मतभेद अपनी जगह हैं, परंतु मेरे हृदय में भी भगवान् श्रीराम के प्रति श्रद्धा है।"

ओडिशा के राउरकेला में कई ईसाई मत को माननेवाले लोगों ने भी अपनी पूरी निष्ठा के साथ अयोध्या में बननेवाले भगवान् श्रीराम के भव्य मंदिर-निर्माण हेतु यथायोग्य निधि का समर्पण किया।

तेलंगाना के वनपर्ति जिले के गड़वाल कस्बे में अभियान के कार्यकर्ता मुस्लिम समुदाय के एक व्यक्ति की दुकान पर गए और उसे विस्तारपूर्वक विषय समझाया तो वह एक सम्मानजनक राशि देने के लिए तैयार हो गए। वे राशि दे ही रहे थे कि इतने में उस दुकान के अगल-बगल में रहनेवाले मुस्लिम समुदाय के कुछ अन्य व्यक्ति उनके पास आए और उनसे पूछा कि वे मंदिर-निर्माण के लिए क्यों पैसे दे रहे हैं? ऐसा कहकर उनको रोकना चाहा तो उस मुसलमान व्यक्ति ने उन्हें जवाब दिया, "भगवान् तो एक ही है और मेरा व्यापार तो सिर्फ हिन्दुओं के कारण ही चलता है, इसलिए मैं मंदिर निर्माण के लिए अपना योगदान जरूर दूँगा।" ऐसा कहकर उन्होंने एक सम्मानजनक राशि का समर्पण कर दिया। उनका यह प्रयास उन तमाम लोगों को सचेत करता है कि राम के नाम पर भारत में विभाजन नहीं हो सकता। ऐसे ही कुछ अनुभव राजस्थान के कार्यकर्ताओं द्वारा बताए गए। राजस्थान के झुंझुनूं के सिहोड़ गाँव में जब अभियान के कार्यकर्ता पहुँचे तो वहाँ पर

हीरामल महाराज का मेला लगा हुआ था। उस गाँव के लोग अपनी-अपनी श्रद्धा के अनुसार मेले के लिए अपनी सहयोग राशि दे रहे थे, जिसे देखकर अभियान के कार्यकर्ता बहुत असमंजस में थे। अंततः उस मेले की प्रबंध समिति के पास जाकर अपने आने के प्रयोजन से उन्हें अवगत करवाया। अभियान के कार्यकर्ताओं की बात सुनकर मेले की प्रबंध समिति ने कहा कि हीरामल महाराजजी का मेला प्रत्येक वर्ष लगता है, लेकिन अयोध्या में भगवान् श्रीराम की जन्मभूमि पर बन रहे भव्य मंदिर के निर्माण के लिए निधि समर्पण करने का अवसर बार-बार नहीं आएगा। इसलिए मेले की प्रबंध समिति ने लाउड स्पीकर से घोषणा कर दी कि इस वर्ष सभी लोग अपनी निधि का समर्पण अयोध्या में भगवान् श्रीराम के भव्य मंदिर निर्माण के लिए करेंगे। मेले की प्रबंध समिति के इस प्रकार के भक्ति भाव को देखकर अभियान के कार्यकर्ता अभिभूत होकर 'जय श्रीराम' का उद्घोष करने लगे।

हिमाचल प्रदेश के मुख्यमंत्री श्री जयराम ठाकुर ने अपने निजी आवास पर अयोध्या में भगवान् श्रीराम की जन्मभूमि पर बननेवाले भव्य मंदिर-निर्माण हेतु देशव्यापी चलाए गए निधि समर्पण संग्रह अभियान के कार्यकर्ताओं को बुलाकर अपनी तथा उनकी पत्नी ने अलग से अपनी निधि का समर्पण किया। जब उनकी बेटी ने अपने माता-पिता के इस श्रद्धा भाव को देखा तो वह घर के अंदर गई और अपनी इंटर्नशिप की पूरी राशि लाकर उसे अभियान के कार्यकर्ताओं को बहुत ही भावपूर्ण ढंग से समर्पित किया। हिमाचल प्रदेश के ही सिरमौर जिले में अयोध्या में श्रीरामजन्मभूमि पर भव्य मंदिर-निर्माण के लिए निधि समर्पण संग्रह अभियान के प्रति वहाँ के स्थानीय लोगों को जागरूक करने के लिए एक 'प्रचार रथ' चलाया गया था। यह रथ श्रीगुरु गोबिंद सिंहजी द्वारा बसाए गए इस ऐतिहासिक नगर पाँवटा साहिब से चला तथा वहाँ के विभिन्न 145 गाँवों से होते हुए, कई दिनों की यात्रा के पश्चात् सिरमौर जिला मुख्यालय नाहन नगर के ऐतिहासिक चौगान मैदान में जाकर रुका। इस रथ में भगवान् श्रीराम के दरबार के दर्शन तथा प्रसाद वितरण की व्यवस्था थी। इस रथ के परिचालन में जो भी खर्च आया, उस खर्च को वहाँ के स्थानीय विहिप कार्यकर्ताओं ने वहन किया। इस रथ का उस क्षेत्र के लोगों पर इतना अधिक प्रभाव पड़ा कि उन 145 गाँवों में रहनेवाले सभी जाति-समाज के लोगों ने बिना किसी भेदभाव के अपनी पूरी निष्ठा और श्रद्धा के साथ, अपेक्षा से कहीं अधिक धनराशि संग्रहीत करके अभियान के कार्यकर्ताओं को समर्पित कर दी।

गाजीपुर के एक पूर्व सांसद ने अपनी राशि का समर्पण करने के लिए वहाँ के जिला संघचालकजी को फोन करके अपने पास बुलाया। जब वहाँ के स्थानीय कार्यकर्ताओं के साथ संघचालकजी उनके घर पहुँचे तो उन्होंने उन सभी कार्यकर्ताओं का स्वागत-सत्कार करने के बाद बहुत ही श्रद्धा भाव से एक सम्मानजनक राशि का समर्पण किया तथा उन्हें बताया कि हालाँकि वे विपक्षी पार्टी के नेता हैं तथा राजनीतिक कारणों से उन्होंने और उनकी पार्टी के बहुत से लोगों ने मंच पर भले ही राम मंदिर निर्माण के संबंध में कई प्रकार की बातें कीं, परंतु उन सबके हृदय की इच्छा यही थी कि अयोध्या में भगवान् राम का भव्य मंदिर यथाशीघ्र बनना चाहिए।

काजु हमार तासु हित होई।
रिपु सन करेहु बतकही सोई॥[21]

अर्थ—शत्रु से वही बातचीत करना, जिससे हमारा काम हो और उसका भी कल्याण हो।

□

21. रामचरितमानस, 'लंकाकांड', चौपाई-4, पृ. 788

अध्याय : 9

राम मंदिर निर्माण से रामराज्य की ओर

स्रोत : इंटरनेट दिनांक 10/9/21, समय 6:22 सायं

आसान प्रजा धर्मरता रामे शासति नानरता:।
सर्वे लक्षणसम्पन्ना: सर्वे धर्मपरायणा:॥[22]

अर्थ—श्रीराम के राज्य में सारी प्रजा सत्यपरायण थी, झूठ से सदा दूर रहती थी। सब लोग शुभ लक्षणों से युक्त थे और सब लोग धर्मपरायण होते थे।

---

22. वाल्मीकि रामायण, दोहा 31, पृ. 575

भारत की अस्मिता और राम एक ही हैं। प्रभु राम का नाम लेने मात्र से ही हमें भारत भाव का स्पर्श हो जाता है। प्रभु राम तो राष्ट्र के नायक हैं। रामजी के जीवन का दर्शन मात्र कर लेने से हमें भारतीय संस्कृति का स्मरण हो जाता है यानी कि भारत की हिन्दू संस्कृति ही राममयी है। रामजी का अर्थ संगठित राष्ट्रशक्ति भी है। एक राष्ट्र का निर्माण रामत्व को समझने-जानने के आधार पर किया जा सकता है। रामजी समाज के लिए एक आदर्श को प्रस्तुत करते हैं। राम एक पुत्र, पति, भाई, मित्र और शत्रु के प्रति क्या भाव हो, के बारे में भी बताते हैं। शत्रु को लेकर भी 'मानस' की एक चौपाई आती है, जिसमें राम कहते हैं—

काजु हमार तासु हित होई। रिपु सन करेहु बतकही सोई॥

अर्थ—शत्रु से उतनी बात करना, जिससे हमारा हित हो जाए और उसका भी कल्याण हो, शत्रु पर भी करुणा करनेवाले हैं श्रीराम।

प्रभु राम भारत के उस गौरवशाली इतिहास की जीती-जागती मूर्ति हैं, जिन्होंने इस धरा पर धर्म के रक्षण हेतु समाज के सबसे निचले माने जानेवाले वर्गों को संगठित कर रावण जैसे अधर्मी को समूल नष्ट किया। वहीं सामाजिक जीवन में कई आदर्शों का निर्माण भी किया। रामजी चाहते तो राजा बन सकते थे, पूरी अयोध्या में जनता का उनको समर्थन था। उनके पिता ने स्वयं यह मानस निर्मित किया था, परंतु पिता के दिए वचन को पूर्ण करने हेतु प्रभु राम त्यागी राम बन गए। सब राजपाट छोड़ जंगलों में 14 वर्ष काटने चले गए। वे चाहते तो सीता पक्ष से कोई राज्य माँग राजा हो जाते, परंतु ऐसा वनवास नहीं किया। समाज भी अपने वचन का पालन करे, इसका भारी संदेश राम ने दिया।

प्रभु राम एक संगठित समाज की रचना की बात करते हैं। राष्ट्र एवं समाज एक ही है, जिसका आधार व्यक्ति-व्यक्ति के बीच परस्पर बंधुत्व का भाव है। वहीं भारत के दर्शन के मूल विचार 'समरसता' को राम ने अपने पूरे जीवन में प्रदर्शित किया। समाज समरस भाव से चले, इस विचार को राम ने सदैव अपने आचरण में रखा। राम वनवासी हो गए। माता सीता को रावण उठा ले जाता है, सीताजी को जबरन ले जाना स्त्री अस्मिता, सम्मान के साथ जुड़ा है। रामजी ने समाज में यह आदर्श स्थापित किया कि स्त्री का सम्मान समाज में सर्वोच्च स्थान रखता है।

देवी अहल्या अकारण ही तमाम कष्टों को भोग रही है। जो अपराध किया नहीं, उसका दंड नियति सम्मत नहीं है। प्रभु रामजी ने उनका भी उद्धार किया। वहीं

माता शबरी के जूठे बेर खाकर उन्हें माता के समान ही सम्मान दिया। इतना ही नहीं, अपने बाल्यकाल में उनकी देखभाल करनेवाली देवी अरुंधति को राजमाता का सम्मान प्रभु राम ने ही दिया। जो आज लिंग आधारित अधिकारों की बात करते हैं, आप देखें कि श्रीराम किस प्रकार सीताजी के सम्मान के लिए इतना बड़ा युद्ध करते हैं। ताड़का वध करके भी उसका स्त्री होना, उन्हें उसके प्रति करुणा करने को विवश करता है। शूर्पणखा का रामजी के साथ बार-बार चर्चारत कटाक्ष करना, इतने पर भी राम उसके साथ संवाद करते हैं, उसके अपराधों की अनदेखी करते हैं। इसलिए रामजी नारी शक्ति के भी आदर्श हैं।

अपने वनगमन में गिरिजन, जो जंगलों में रहते हैं, उनको भी संगठित एवं प्रशिक्षित कर रावण जैसे शक्तिशाली शासक को पराजित करते हैं। जिन गिरिजनों, दमितों को आज निम्न माना जाता है, राम ने उन्हीं को संगठित किया, उनको ही साथ लिया। प्रभु राम ने इसमें भी संदेश दिया कि संपूर्ण समाज के साथ चलने से ही किसी ध्येय को प्राप्त किया जा सकता है। ये सभी विशेषताएँ ही तो रामराज्य को परिभाषित करती हैं। 'रामचरितमानस' में तुलसीदासजी लिखते हैं—

दैहिक दैविक भौतिक तापा। राम राज नहिं काहुहि ब्यापा॥
सब नर करहिं परस्पर प्रीती। चलहिं स्वधर्म निरत श्रुति नीती॥

अर्थ—रामराज्य में दैहिक, दैविक और भौतिक ताप किसी को नहीं व्यापते। सब मनुष्य परस्पर प्रेम करते हैं, सभी मर्यादित हो अपने-अपने धर्म का पालन करते हैं।

ये ही तो उस रामराज्य की संकल्पना थी, जिसमें राष्ट्रीय एकत्व भाव के निर्माण का विचार निहित था। रामराज्य क्या है ? क्या कोई भिन्न व्यवस्था है, तो ऐसा नहीं है। भारत की वैदिक चिंतन परंपरा में इसी रामराज्य की संकल्पना को उद्धृत किया गया है। ऋषि ने अपने एक ही मंत्र में अपने अभीष्ट को बहुत ही आसानी से व्यक्त कर दिया, जब वह कहता है—

सर्वे भवन्तु सुखिनः। सर्वे सन्तु निरामया।
सर्वे भद्राणि पशयन्तु मा कश्चित् दुःखभाग भवेत॥ [23]

ऋषि के ये शब्द भारत के उस भाव को व्यक्त कर देते हैं, जो भाव 'सबके कल्याण' में निहित है। यही तो रामराज्य का हेतु है। रामराज्य के विचार का चिंतन-

---

23. रामचरितमानस, उत्तरकांड, चौपाई 1, पृष्ठ 930

मनन करना ही हमारी वर्षों की ऋषि-परंपरा का अभीष्ट रहा है। इसी रामराज्य के अभीष्ट को कबीर साहब ने अपने 'प्रेम नगर' में व्यक्त किया है, जहाँ कबीर समाज को प्रेम के आधार पर संगठित करना चाहते हैं। यह प्रेम ही तो रामराज्य का आधार है। इसी प्रेम का ही तो संदेश प्रभु राम ने दिया। कबीर कहते हैं, "प्रेम नगर में किसी का किसी से कोई बैर नहीं है और न ही कोई ऊँचा-नीचा है, सभी सम्यक् बोध के आधार पर समाज में रहते हैं।"

वहीं रविदासजी भी इसी रामराज्य को अपने 'बेगमपुरा' में व्यक्त करते हैं। ये बेगमपुरा भला है क्या? क्या बताना चाहते हैं रविदास? क्या वह रामराज्य से भिन्न है? तो ऐसा नहीं है। रविदासजी का बेगमपुरा समाज के उस वास्तविक आदर्श को स्थापित करना चाहता है, जिसमें समता के आधार पर समाज का संगठन हो अथवा भेदरहित समाज निर्माण ही जिसका हेतु हो।

रविदासजी जानते हैं कि समता की माँग के कारण ही समाज में अधिकाधिक संघर्ष हुए हैं, ये संघर्ष ही तो गमों-दुःखों का कारण हैं। इसीलिए वे ऐसे राज्य का निर्माण करना चाहते हैं, जिसमें किसी भी प्रकार का न भेद हो और न ही कोई किसी से द्वेष। इसी को हम रामराज्य में देखते हैं, जहाँ प्रभु राम से उनके मंत्री सुमंत प्रश्न करते हैं कि प्रभु उस स्वाभाविक मार्ग को बताएँ, जिसके द्वारा मनुष्य सामुदायिक जीवन और सामुदायिक चरित्र को विकसित कर सके। इस पर रामजी के उत्तर देने से पहले ही गुरु वशिष्ठ बोल पड़ते हैं कि समाज की आवश्यकता नहीं है, व्यक्ति तो दंड के भय से डरता है, इस नाते वह सत्यवादी एवं ईमानदार होना प्रदर्शित करता है, दंड समाज को नैतिक बनाता है। तभी रामजी कहते हैं, "समाज मनुष्य के लिए उतना ही जरूरी है, जितना कि जीवन के लिए वायु, जल और अग्नि। मानव समाज को समाज में रहकर ही हम पूर्ण साकार कर सकते हैं, इसलिए समाज जरूरी है, जिससे मनुष्य-मनुष्य बन सके, वहीं समाज का आधार परस्पर प्रेम एवं बंधुत्व का भाव होगा।[24] आचार्य देवव्रत ने अपनी पुस्तक 'श्रीराम संवाद' (2014) में समाज को 'वाल्मीकि रामायण' की मीमांसा के आधार पर बताने का प्रयास किया है।

विश्वासेष्वपि साम्यं च समाजः सृष्ट एव सः।
चिन्ता स्वभावेशवैक्यं च कर्मणयेव था भवेत।।[25]

---

24. आचार्य देवव्रत, 2014, पृ. 75
25. आचार्य देवव्रत, 2014, पृ. 79

अर्थ—सर्वोत्तम समाज वह है, जहाँ पर समान विश्वास, समान सोच, समान अनुभव एवं समान कर्म है।

इसी समतामूलक समाज का अभीष्ट ही तो राष्ट्रीय स्वयंसेवक संघ के संस्थापक डॉ. हेडगेवार का है। यही तो डॉ. अंबेडकर एवं विनायक सावरकर के जीवन का ध्येय रहा है। बाबा साहब डॉ. अंबेडकर, डॉ. हेडगेवार जिस समाज रचना की बात कर रहे थे, क्या उससे इतर भी कुछ था रामराज्य में, तो ऐसा नहीं। रामराज्य में जहाँ राम के द्वारा निषादराज को दिया गया सम्मान, माता शबरी के जूठे बेर खाना, वहीं वनवासी समाज का संगठन उस शक्तिशाली रावण के विरुद्ध, जिसका लोहा देवता भी मानते थे। रामजी इस समय समाज के एक संदेशवाहक हैं, जो बता रहे हैं कि निर्बल से निर्बल व्यक्ति के उसके स्वत्व का परिचय करा कर बड़े-से-बड़े काज को पूर्ण किया जा सकता है। रामराज्य की संकल्पना ही स्वत्व पर आधारित है, इसी एकत्व पर आधारित है, जिसमें सभी एकरस होकर समाज के घटक बनते हैं। इसी समाज को, जो आज दुनिया के विद्वान् समझा रहे हैं, आज से हजारों वर्ष पहले रामराज्य में ऐसा ही समाज था।

प्रभु राम जिस आदर्श समाज की बात करते हैं, इस समाज में समता, ममता, गरिमा एवं परस्पर बंधुभाव निहित है। सभी जन धर्म के अनुसार ही अपना व्यवहार करते हैं। वही राम समाज एवं धर्म के संबंध को व्यक्त करते हुए कहते हैं, "मनुष्य-मनुष्य के साथ धर्म के बंधन से जुड़ा हुआ है और धर्म की मजबूत कंकरीट से समाज की रचना हुई है। धर्म समाज की सहायता करता है, समाज का निर्माण करता है और मनुष्य से मनुष्य को जोड़ता है।"[26] इसीलिए महात्मा गांधीजी ने रामधुनि को व्यक्ति के आचरण को निर्मल, विकारमुक्त करने का कारगर उपाय माना, वहीं रामराज्य को एक आदर्श समाज की व्यवस्था।

महात्मा गांधी 20 मार्च, 1930 को हिंदी पत्रिका 'नवजीवन' में 'स्वराज्य और रामराज्य' शीर्षक नामक एक लेख में लिखते हैं—"स्वराज्य के कितने ही अर्थ क्यों न किए जाएँ तो भी मेरे नजदीक तो उसका त्रिकाल सत्य एक ही अर्थ है और वह है 'रामराज्य'। यदि किसी को 'रामराज्य' शब्द बुरा लगे तो मैं उसे 'धर्मराज्य' कहूँगा। 'रामराज्य' शब्द का भावार्थ यह है कि जिसमें गरीबों की संपूर्ण रक्षा होगी, सब कार्य धर्मपूर्वक किए जाएँगे और लोकमत का हमेशा आदर किया जाएगा।"[27]

---

26. आचार्य देवव्रत, 2014, पृ. 78
27. सत्यग्रह 18/9/21 इंटरनेट माध्यम 12.46 pm

वहीं आचार्य विनोबा भावे कहते हैं—"स्वराज्य के माने, सारे देश का राज्य। जब दूसरे देश की सत्ता अपने देश पर नहीं रहती तो स्वराज्य हो जाता है, लेकिन जब हर गाँव में स्वराज्य हो जाता है तो उसे 'रामराज्य' कहा जाता है। गाँव के सभी लोग बुद्धिमान बनें, किसी पर शासन की आवश्यकता ही नहीं पड़ती, तब है रामराज्य। जब गाँव के झगड़े शहर न जाकर गाँव में ही निपटा लिए जाएँ, कोई झगड़े हो ही नहीं तो होता है रामराज्य।"[28] जिस आदर्श समाज की रचना रामराज्य का हेतु है, उसे ही महात्मा गांधी, आचार्य विनोबा की भाँति ही डॉ. अंबेडकर भी बताते हैं। वे कहते हैं—"समाज कोई भीड़ का नाम नहीं है, किसी भय या किसी असामान्य परिस्थिति में संगठित समूह को हम समाज कह दे, तो ऐसा नहीं है। समाज इस सबसे भिन्न है। समाज का निर्माण ही बंधुभाव के आधार पर होता है। जब व्यक्तियों के सुख-दुःख एक हों, वह अपने पड़ोसी के सुख में आनंद करे, वही उसके दुःख में खुद भी पीड़ा का अहसास करे, ऐसे भाव के आधार पर ही समाज का निर्माण होता है।"[29] इसी प्रकार रामराज्य में भी समाज को बंधुभाव से निर्मित ही माना है। रामराज्य में राजा भले ही जनता के मत से नहीं चुना गया, लेकिन लोकमत के बिना कोई भी निर्णय वो नहीं लेता।

मॉरिशस के रामायण केंद्र के कार्यकारी अध्यक्ष राजेंद्र अरुणजी रामराज्य को परिभाषित करते हैं—*"राजा के रूप में राम का चरित्र सद से प्रेरक है, जन कल्याण की दृष्टि से रामराज्य एक आदर्श और संपूर्ण व्यवस्था के रूप में प्रसिद्ध है। महात्मा गांधी ने भी आधुनिक भारत के लिए ऐसी ही शासन व्यवस्था की कामना की थी, जिसे उन्होंने 'रामराज्य' कहा था, रामराज्य रामजी के चरित्र में राजशाही और लोकतंत्र का अनोखा संगम है।"*

रामराज्य की संकल्पना में राजा पालक पिता है, जिसके लिए समाज में किसी के भी दुःखी होने पर उसका निराकरण करना ही उसका धर्म है। तुलसीदासजी ने कितनी ही बार इस भाव को दिखाने का अनुपम कार्य 'रामचरितमानस' में किया है, चाहे वह ऋषियों के द्वारा राजा दशरथ से राम को माँगना, वहीं राम का सहज ही ऋषियों के साथ वन की ओर निकल पड़ना। वहीं राजा और प्रजा के बीच के संबंध पिता-पालक के रूप में है, इसे प्रभु राम एवं शूर्पणखा के मध्य दंडकारयण में हुए संवाद में देखा जा सकता है, जहाँ प्रभु राम कहते हैं—*"राजा का कल्याण राज्य का कल्याण नहीं होता, अपितु राज्य के कल्याण में ही राजा का कल्याण छिपा होता है।*

28. भावे, विनोबा, 2004, पृ. 28
29. कुमार, प्रवेश, 2018, पृ. 47

किसी भी राज्य के वैभव का आकलन उसकी धनशक्ति से नहीं, उसकी जनशक्ति और नागरिकों की संकल्पशक्ति से किया जाता है। प्रजा को विपन्न कर स्वयं को संपन्न करना नीति नहीं, अनीति है।"[30] 'रामायण' का पूरा मर्म ही समाज को समता के सूत्र में गूँथ देता है। प्रभु राम के सम्यक् भाव से ही राष्ट्र सशक्त हो सकता और किसी भी असामान्य सी परिस्थिति का सामना भी कर सकता है। इसी भाव को जगाने का कार्य प्रभु राम ने किया। इसलिए जब प्रभु रामजी के मंदिर निर्माण का काम शुरू हुआ तो इसमें भी सभी को जोड़ा गया।

भारत के 6 लद्‌दाख गाँवों में से 5,23,395 गाँव में मंदिर निर्माण हेतु निधि का समर्पण हुआ, जिसमें 65 करोड़ लोग जुड़े। जिस तरह से रामराज्य में समाज एकत्व भाव पर खड़ा है, उसी प्रकार राम मंदिर का निर्माण भी संपूर्ण समाज के सहयोग एवं समर्पण भाव से ही निर्मित हो, इस मंतव्य को लेकर महीने भर राममंदिर निधि समर्पण अभियान चला, जिसने समाज में व्याप्त तमाम मानव निर्मित भेदों को समाप्त कर दिया। वहीं जिस प्रकार से प्रभु राम ने अपनी वनगमन की यात्रा की शुरुआत निर्बल माने जानेवाले निषाद के गंगा पार कराने से ही प्रारंभ की, वहीं राम मंदिर निर्माण अभियान की शुरुआत भी नई दिल्ली स्थित भगवान् वाल्मीकि मंदिर से प्रारंभ की गई। इतना ही नहीं, अभियान के अंतिम कार्यक्रम का समापन रविदास मंदिर विश्राम स्थल, दिल्ली में ही हुआ। इसलिए अयोध्या का राम मंदिर निर्माण मात्र मंदिर निर्माण नहीं, अपितु भारत के उस विस्मृत ज्ञान परंपरा, त्याग, सत्य, करुणा, समता, सामाजिक समरसता, इन सभी तत्त्वों को समाज से परिचित कराना है, जो कि हमें रामराज्य स्थापित करने से ही प्राप्त हो सकते हैं।

वर्षों के विदेशी अक्रांताओं ने जहाँ एक ओर हमारे धर्म-संस्कृति को नष्ट किया, वहीं उनके द्वारा हम पर की गई शासनिक अधीनता ने हमसे हमारा बहुत कुछ छीनने का प्रयास किया, लेकिन ये राम-कृष्ण ही थे, यह हमारी अध्यात्म शक्ति, हिंदुत्व चिंतनधारा ही थी, जिसने हमें आपस में जोड़े रखा।

वीर सावरकर ने कहा, "'रामायण' ने स्वधर्म और स्वदेश की रक्षा की पराधीनता के कालखंड में रामकथा ने जनमानस को गुलामी के विरुद्ध संघर्ष की न केवल प्रेरणा दी, बल्कि कभी भी निराशा को राष्ट्र-जीवन में प्रवेश नहीं करने दिया।"[31] वही प्रखर समाजवादी नेता राम मनोहर लोहिया कहते हैं, "त्रेता के राम हिंदुस्तान की उत्तर-

30. राना, 2020, पृ. 119
31. सहगल, नरेंद्र, 2019, पृ. 35

दक्षिण एकता के देव हैं, वहीं द्वापर के कृष्ण देश के पूर्व–पश्चिम एकता के देव हैं।" इसी अध्यात्म एकत्व भाव के आधार पर आंबेडकर ने 'भारत को आध्यात्मिक रूप से एक राष्ट्र' माना है। कोई भी राष्ट्र अपने पुरातन इतिहास से जुड़कर प्रेरणा लेता है और इसी इतिहास में संस्कृति के तत्त्व भी निहित होते हैं। ये सांस्कृतिक तत्त्व ही राष्ट्र की पहचान बनते हैं। हमारी संस्कृति ही राम–कृष्ण एवं शिवशक्ति की संस्कृति है।

विदेशी अक्रांताओं ने जहाँ इस देश की धन–संपदा को लूटा, वहीं हमारी आस्था के केंद्रों को भी नष्ट किया है। यह आस्था के केंद्र, ये मंदिर, ये राम, ये कृष्ण, ये शिव की मूर्तियाँ हैं। ये किसी के लिए मात्र माटी, पत्थर की बनी कुछ आकृतियाँ हो सकती हैं, लेकिन कंकड़ में भी शंकर को देखने की वृत्ति हमारी संस्कृति की ही रही है। अगर हम दुनिया के इतिहास पर थोड़ी भी नजर दौड़ा लें तो हमें स्पष्ट दिख जाएगा कि जहाँ भी आक्रांता गए, वह पर उन्होंने प्रशासनिक अधीनता ही नहीं की, बल्कि उन राष्ट्रों की संस्कृति पर भी सबसे पहले आक्रमण किया।

भारत में भी वही कुछ हुआ। अयोध्या में प्रभु राम के जन्मस्थान पर बने मंदिर को नष्ट कर वहाँ एक मस्जिद को जबरन बना दिया गया, लेकिन क्या हिन्दू समाज ने इस जबरन संस्कृतिक अपहरण को स्वीकार किया तो ऐसा नहीं, बल्कि इस सांस्कृतिक अतिक्रमण के विरुद्ध वर्षों तक संघर्ष और बलिदान हुआ। जिस हिन्दू समाज ने केरल में खुद इस्लामिक व्यापारियों को उनके पूजा करने हेतु जमीन दान कर दी, मस्जिद का निर्माण करा दिया, उसी हिन्दू समाज को एक मंदिर के टूटने पर इतना कैसे आंदोलित होना पड़ा कि इस मंदिर के निर्माण हेतु 4 लद्दाख से ज्यादा हिन्दू समाज के लोगों के बलिदान की आवश्यकता पड़ी, वहीं 500 वर्षों से अनवरत संघर्ष भी करना पड़ा।

हम सबको यह समझ लेना होगा की यह संघर्ष केवल मंदिर निर्माण का प्रश्न नहीं है, बल्कि भारत की अस्मिता के साथ जुड़ा हुआ है। यह मंदिर हमारे प्रभु राम के जन्मस्थान से जुड़ा हुआ है। यह उस आदर्श रामराज्य की संकल्पना के साथ जुड़ा है, जहाँ राजा पालक है और प्रजा सदैव धर्मपरायण व्यवहार ही करती है। समाज में प्रेम और सभी समरस भाव से रहते हैं। महात्मा गांधी स्वयं रामजी एवं उनके रामराज्य को इंगित करते हैं। वे हिंदी 'नवजीवन' के 17 फरवरी, 1946 में लिखते हैं—"रामनाम से मनुष्य में अनासक्ति और समता आती है, रामनाम आपातकाल में भी उसे कभी धर्मच्युत नहीं होने देता।"[32]

---

32. गांधी, 2004, पृ. 9

प्रभु राम के मंदिर का विध्वंस करना इतिहास की बड़ी घटना है। भारत के लिए तो यह उसकी पूरी विरासत को ही नष्ट करने वाली है। आज पश्चिम के देश जिस ज्ञान-विज्ञान, शासन व्यवस्था की बात करते हैं और हमेशा यह दम भरते हैं कि सब हमने ही दिया है, भारत का कोई योगदान नहीं। राम मंदिर एवं तमाम मठों, मंदिरों को तोड़ना, उन्हें नष्ट करना हमारी ज्ञान परंपरा को दुनिया से छिपाना है। रामराज्य से श्रेष्ठ क्या कोई शासन व्यवस्था हो सकती है ? जिस व्यवस्था में निर्बल से निर्बल व्यक्ति राजा से सीधे बात कर सकता था। रामजी अपने राज्य में किसी से भी फालतू 'कर' नहीं लेने की बात कहते हैं। राज्य के सुख में राजा के सुख की संकल्पना को राम जी देते हैं। वहीं उनके दरबार में कर व्यवस्था पर जब राम जी से पूछा जाता है तो वे कहते हैं, "राजा को कर उस बादल की तरह ही लेना चाहिए, जिसमें बादल एक स्थान से पानी लेकर वह बरसता है, जहाँ उसकी आवश्यकता होती है।" अगर इसी को साधारण शब्दों में कहा जाए तो राज्य में कर ऐसे लगाना चाहिए कि राज्य की जनता को उसका अहसास ही न हो और उनसे कर वसूल कर समाज में उस स्थान पर लगा देना, जहाँ उसकी अधिक आवश्यकता है। अगर लोकतांत्रिक शासन की बात की जाए तो दुनिया में कहा जाता है कि यह तो फ्रांस की क्रांति के बाद आया, यानी कि भारत में कभी लोकतंत्र था ही नहीं, हम रामराज्य का अध्ययन करें तो हमें सारे-के-सारे लोकतांत्रिक तत्त्व रामराज्य में दिख जाते हैं।

रामजी के राज्य अभिषेक में गाँवों, तीर्थ स्थानों के जल का प्रयोग किया गया। तमाम जनता इस की प्रत्यक्षदर्शी बने, क्या ऐसा पश्चिम के देशों में हुआ ? वही जो पश्चिम के राष्ट्र आज महिला अधिकारों की वकालत करते हैं। प्रभु राम के राज्य में नारी सम्मान सर्वत्र विद्यमान था। रामजी ने अपने जीवन में नारी सम्मान के लिए ही तो संघर्ष किया। प्रभु रामजी के मंदिर निर्माण से हम रामराज्य की संकल्पना का पुनः स्मरण कर लेंगे, इसीलिए हम अगर देखें तो राम मंदिर निर्माण हेतु, 90 के दशक में जब शिला-पूजन का कार्यक्रम हुआ तो उसमें भी अयोध्या में शिलापूजन सर्वप्रथम कामेश्वर चौपाल जी ने किया, जो अनुसूचित जाति वर्ग से आते हैं। वही 2020 में कोर्ट के निर्णय के बाद बने ट्रस्ट में भी समाज के सभी वर्गों को सहभागी बनाया गया। राम मंदिर निर्माण में संपूर्ण देश लगा। यह उनके प्रति भारत के जनमानस में श्रद्धा एवं भक्ति को प्रदर्शित करता है। जब प्रभु राम अयोध्या से वनगमन के लिए निकलते हैं तो पूरा नगर ही रोने लगता है, उनके साथ नगर के बाहर तक आता है। जंगल में वनवासी समाज के द्वारा रामजी के प्रति समर्पण भाव देखने लायक है,

आज जब निधि समर्पण का अभियान चला तो कश्मीर से लेकर कन्याकुमारी एवं गुजरात से कामरूप तक रामजी के भव्य मंदिर निर्माण हेतु संपूर्ण समाज जुट गया।

इस रामकाज ने भारत को एक सूत्र में बाँध दिया, भारत की अखंड संस्कृति के प्रतीक राम हैं। कई बार मन में यह प्रश्न आता है कि राम तो संपूर्ण भारत में नहीं गए तो भारत के अखंड स्वरूप के प्रतीक कैसे हुए? यह प्रश्न तो आना भी चाहिए। संपूर्ण भारत की एक झलक लेते ही ज्ञात हुआ कि प्रभु रामजी तो भारत के कण-कण में भारत की रज-रज में इस प्रकार से मिले हैं। जैसे जल में शक्कर मिली हो, वैसे ही रामजी भी भारत के किसी भी हिस्से से अछूते नहीं हैं, जैसे पानी में घुली शक्कर को पानी से अलग नहीं किया जा सकता, सिर्फ उसका स्वाद ही लिया जा सकता है, ऐसे ही राम हैं।

इसलिए राम केवल एक क्षेत्र विशेष मात्र से न जोड़कर पूरे राष्ट्र के हैं, इसीलिए गुरु गोविंद सिंहजी रामजी को 'राष्ट्र नायक' माना है। अरुणाचल प्रदेश की आका जनजाति आज भी अपने को जामवंत से जुड़ा हुआ मानती है तो वही असम के खरबीस जाति के लोग अपने को सुग्रीव का वंशज मानते हैं। उनके लोकगीतों में रामजी आज भी जीवंत हैं। धान की रोपाई में आज भी रामजी के नाम पर गीत होता है। अगर त्रिपुरा को देखें तो वहाँ के राजा पुरसेन को दशरथ का समकालीन माना जाता है। यह भी कहा जाता है कि वे भी अयोध्या में दशरथ के यज्ञ में शामिल हुए थे। वहीं मेघालय में 1900 में ही 'सेंग खासी आंदोलन' के नायक जेबेन रॉय ने रामकथा को खासी भाषा में अनुवादित किया था, जो खासी जनजाति की 'रामायण' है। इसी तरह। रामायण, को गारो भाषा में भी अनुवादित किया गया। मणिपुर में आज भी लोककथा एवं कथक में रामजी के जीवन का वर्णन मिलता है, मिजोरम में भी खेमा एंड रामकथा में रामजी के बारे में ही वर्णन मिलता है। नागालैंड के नागा, सिक्किम की भी कई जनजातियाँ अपने को राम से जुड़ा मानती हैं।

ये तमाम बातें करने का कारण सिर्फ एक है, क्योंकि देश के मुस्लिम आक्रांताओं ने रामजी के मंदिर को तोड़ा। वही अंग्रेजों के द्वारा भी राम मंदिर को लेकर कोई प्रयास नहीं किया गया था, क्योंकि रामजी इस देश के मानस में एकत्व के भाव का जागरण करते हैं।

'हम एक ही है', के भाव के रहते क्या अंग्रेज लंबे समय तक भारत के शासक बन सकते थे। इसलिए आज ही सही, अयोध्या में प्रभु राम का जहाँ जन्म हुआ, उसी स्थान पर भव्य रामजी के मंदिर का निर्माण भारत के जनमानस का स्वत्व जागरण

है। जिस रामराज्य के बारे में हम अपने बुजुर्गों से सुनते थे, मंदिर निर्माण से हम उसे पुनर्जीवित होते हुए भी देखेंगे। समग्रता में यदि रामराज्य को जाना और समझा जाए तो रामराज्य समाज की वो आदर्श स्थिति है, जिसमें समाज में व्यक्ति का व्यक्ति के साथ, व्यक्ति का इस विश्व के साथ एवं विश्व का परमआत्मा के साथ एकात्म होना है। ऐसी स्थिति के निर्माण में ही विनोबा भावे की वह सद् इच्छा सम्मिलित है, जिसमें समाज में संघर्ष नहीं है और महात्मा गांधी जिसे अपने स्वराज में नैतिक समाज की संकल्पना कहते हैं, जिसे स्वामी विवेकानंद वेदांग चिंतन मानते हैं, वहीं वीर सावरकर, डॉ. हेडगेवार एवं डॉ. अंबेडकर सामाजिक समता एवं समरसता में देखते हैं। प्रभु राम के दिव्य एवं भव्य मंदिर के निर्माण से समाज देश-दुनिया आज फिर उस रामराज्य के आदर्श को अपने जीवन, आचरण में आत्मसात् करेगी।

हर्षित रहीं नगर के लोगा। कराहीं सकल सुर दुर्लभ भोगा॥

अर्थ—रामराज्य में नगर के लोग सदैव हर्षित रहते हैं। उन्हें वे दुर्लभ साधन भी मिलते हैं, जो देवताओं को भी कठिनाई से मिलते।

□

अध्याय : 10

निधि समर्पण अभियान हेतु निर्मित एप 'धनुष इन्फोटेक'

—डी.एस.एन. मूर्ति
चेयरमैन एवं प्रबंध निदेशक, धनुष इन्फोटेक

'धनुष' इन्फोटेक परिवार के लिए श्रीरामजन्मभूमि तीर्थ क्षेत्र बहुत ही श्रद्धा का विषय है। श्रीरामजन्मभूमि तीर्थ क्षेत्र न्यास द्वारा मार्च 2020 में राम मंदिर के भव्य निर्माण के पहले चरण की प्रक्रिया प्रारंभ की तथा 05 अगस्त, 2020 को भारत के माननीय प्रधानमंत्री श्री नरेंद्र मोदीजी ने कार्यारंभ हेतु भूमि पूजन करके अयोध्या में भगवान् श्रीराम के भव्य मंदिर निर्माण की आधारशिला रखी। 26 जून, 2020 को श्री चंपत रायजी की अध्यक्षता में एक बैठक हुई। इस बैठक में श्री चंपत रायजी का कहना था कि वैसे तो प्रभु श्रीराम के मंदिर निर्माण के लिए धन की कोई कमी नहीं है, लेकिन हम राम मंदिर के निर्माण में सभी हिन्दुओं की भागीदारी सुनिश्चित करना चाहते हैं। अतः समाज के सभी वर्गों के प्रत्येक व्यक्ति से कम-से-कम 10 रुपए की राशि का समर्पण करने का आग्रह करेंगे। इस प्रकार समर्पण निधि हेतु 10 रुपए, 100 रुपए और 1,000 रुपए के तीन मूल्य वर्गों को लेने का निश्चय किया गया तथा उस धनराशि को श्रीरामजन्मभूमि तीर्थ क्षेत्र न्यास के पैनलबद्ध तीन बैंकों (भारतीय स्टेट बैंक, पंजाब नेशनल बैंक और बैंक ऑफ बड़ौदा) में से किसी एक बैंक में जमा करवाने की योजना बनाई गई। समर्पण निधि संग्रह का यह अभियान मकर संक्रांति (15 जनवरी, 2021) से माघ पूर्णिमा (27 फरवरी, 2021) तक चलाने का निर्णय लिया गया।

इसी बैठक में बहुत गंभीर चिंतन-मनन के पश्चात् आधुनिक तकनीक की सहायता से श्रीरामजन्मभूमि तीर्थ क्षेत्र न्यास ने 60 करोड़ से अधिक लोगों तक पहुँचने के उद्देश्य से एक राष्ट्रव्यापी जनसंपर्क अभियान शुरू करने का फैसला किया। श्री चंपत रायजी से निर्देश प्राप्त करने के बाद तकनीकि विशेषज्ञों द्वारा देश में पहली बार इतने बड़े अभियान का सुचारु संचालन सुनिश्चित करने के लिए बैंक, जमाकर्ताओं, लेखा परीक्षकों, प्रांत उपयोगकर्ताओं, जिला उपयोगकर्ताओं और अन्य हितधारकों के मध्य समन्वय स्थापित करने हेतु 'धनुष' नामक एक 'ब्रिज एप्लिकेशन' विकसित की गई। इस प्रकार 'धनुष एप' के उपयोग पर दो महीने के विचार-विमर्श के पश्चात् बड़ी संख्या में बहुभाषी स्वयंसेवकों को प्रशिक्षित करने हेतु न्यास द्वारा एक सैद्धांतिक अनुमोदन नवंबर 2020 में दिया गया। ध्यातव्य है कि नवीनतम तकनीकि से परिचित न होने के कारण प्रारंभ में श्रीरामजन्मभूमि तीर्थ क्षेत्र न्यास ने इस तरह की किसी भी तकनीक का उपयोग करने की योजना नहीं बनाई थी।

प्रशिक्षण कार्यक्रम

'धनुष' ने दिसंबर 2020 से अपना प्रयास शुरू किया। सबसे पहले उन्होंने राष्ट्रीय, प्रांत और जिले से अभियान प्रमुख, क्षेत्र स्तर के पदाधिकारियों को प्रशिक्षण देना शुरू किया। इस अभियान में कुल 48 प्रांत और 1,156 जिलों में सिस्टम स्थापित किए गए और 38,000 से अधिक जमाकर्ता और 1.5 लद्दाख से अधिक कलेक्टर (संग्रहकर्ताओं) आवेदन के पंजीकृत किए गए। 'धनुष' टीम हर दिन सुबह से शुरू होकर देर रात तक 20 से अधिक ऑनलाइन प्रशिक्षण सत्र आयोजित करती थी। उनसे प्राप्त इनपुट के आधार पर यह अपने आई.टी. समाधानों में बदलाव लाता था। इन प्रशिक्षणों के माध्यम से 'धनुष' उन लोगों के लिए सरलीकृत तकनीक समाधान प्रदान करने में सफल रहा, जो आई.टी. सिस्टम से परिचित नहीं हैं। यहाँ पर ध्यान देने योग्य बात यह है कि 'धनुष इन्फोटेक' के 30 पेशेवर सॉफ्टवेयर इंजीनियरों ने स्वैच्छिक सेवा के रूप में श्रद्धापूर्वक नियोजित गतिविधियों को पूरा करने के लिए पूर्णकालिक के रूप में लगभग छह महीने कार्य किया।

लगभग 9 लद्दाख कार्यकर्ताओं की (1.75 लद्दाख टीमों) घर-घर जाकर लोगों से संपर्क किया। 38,125 कार्यकर्ताओं द्वारा जमाकर्ताओं के रूप में समर्पण राशि को तीनों बैंकों में जमा करवाया। धनुष इन्फोटेक द्वारा बनाए गए एप ने कार्यकर्ताओं, बैंकों और ट्रस्ट के बीच एक आभासी समन्वय (डिजिटल ब्रिज) की तरह काम किया।

अभियान हेतु स्थापित राष्ट्रीय संरचना का पदानुक्रम

राष्ट्रीय स्तर, प्रांत स्तर और जिला स्तर के अभियान में 4 प्रमुख भूमिकाओं को स्थापित किया गया था—

- अभियान प्रमुख
- सह-अभियान प्रमुख
- हिसाब प्रमुख
- सिस्टम एडमिन

धनराशि संग्रह करनेवाली टोली के कार्यकर्ता अपनी-अपनी धनराशि अपने-अपने जिले के जमाकर्ता तक पहुँचाते थे और जिले का जमाकर्ता दैनिक आधार पर बैंकों में राशि जमा करता था।

सभी संग्रहीत धनराशि का प्रबंधन करने हेतु धनुष इन्फोटेक ने सभी एंड्रॉयड (Android) मोबाइल के लिए एक मूल मोबाइल एप्लिकेशन (Native Mobile Application) और आई.ओ.एस. (IOS) तैयार किया था। सभी उपयोगकर्ताओं (Users) और लेखा परीक्षणार्थियों (Auditors) के प्रबंधन हेतु एक भूमिका आधारित वेब (Role based Application) विकसित किया गया था।

भूमिका आधारित वेब (Role based Application) निम्नलिखित प्रकार से कार्य करता था—

- **राष्ट्रीय व्यवस्थापक (Admin)/उपयोगकर्ता (Users) :** राष्ट्रीय व्यवस्थापक/उपयोगकर्ता दिन-प्रतिदिन के संग्रह पर नजर रखता था और सभी उपयोगकर्ताओं का प्रबंधन करता था।
- **प्रांत व्यवस्थापक (Admin)/उपयोगकर्ता (Users) :** 'प्रांत' एक ऐतिहासिक शब्द है, जिसे भारत में 'राज्य' कहा जाता है तथा ब्रिटिश राज में इसे 'औपनिवेशिक राज्य' कहा जाता था। इस प्रकार अवधि के आधार पर एक ही नाम के अलग-अलग अर्थ हो सकते हैं।
- विहिप के अनुसार, भारतीय भूगोल को 48 प्रांतों में विभाजित किया गया है। समर्पण निधि-संग्रह के दौरान एक प्रांत के तहत एक एडमिन बनाया गया था और व्यवस्थापक ही सभी इन्वेंट्री वितरण, उपयोगकर्ता अनुमोदन और ऑडिटिंग के लिए जिम्मेदार था। प्रांत व्यवस्थापक की सहायता करने के लिए कई प्रांत उपयोगकर्ता बनाए गए थे।
- **जिला व्यवस्थापक (Admin)/उपयोगकर्ता (Users) :** अंग्रेजी के 'डिस्ट्रिक' शब्द का अर्थ होता है—जिला। भारत में 'जिला' शब्द का उपयोग कई वर्षों से चला आ रहा है। विहिप के अंतर्गत आनेवाले

सभी 48 प्रांतों के भौगोलिक क्षेत्रफल को 1,000 से अधिक जिलों में विभाजित किया गया। समर्पण निधि-संग्रह के दौरान एक जिले के तहत एक एडमिन बनाया गया था। उसकी सहायता करने के लिए कई जिला उपयोगकर्ता बनाए गए थे।

- **जमाकर्ता :** जमाकर्ता वह व्यक्ति था, जो मोबाइल एप का उपयोग कर रहा था और संग्रहीत राशि को बैंक में जमा कर रहा था। एक जमाकर्ता के अंतर्गत कम-से-कम 5 संग्राहकों को जोड़ा गया था, जिनकी जिम्मेदारी घर-घर जाकर समर्पण निधि संग्रह करने की थी।

प्रमुख कार्य

विहिप-संघ के वरिष्ठ अधिकारियों तथा श्रीरामजन्मभूमि तीर्थ क्षेत्र न्यास के हितधारकों (Stake Holders) से हुई चर्चा-शृंखला के पश्चात् यह परिकल्पना की गई कि इसके आवश्यक उद्‍देश्यों की पूर्ति हेतु निम्नलिखित प्रक्रियाओं की जरूरत है—

- कूपन/रसीदों के भौतिक संचलन, धन-संग्रह, सूचना-प्रवाह और ऊपर से नीचे तथा नीचे से ऊपर की ओर निर्देशित होनेवाले विभिन्न निर्देशों को चिन्हित करने का पदानुक्रम।
- प्रत्येक प्रांत, जिला और प्रखंडों को वितरित किए जानेवाले कुल कूपन और रसीदों के मुद्रणों की संख्या।
- समर्पण निधि संग्रह अभियान का समर्थन करनेवाले बैंकों, दूरसंचार कंपनियों, सांविधिक निकायों और अन्य संगठनों जैसे हितधारकों के साथ बातचीत।
- यह सुनिश्चित करना कि केवल अधिकृत लोग ही अभियान का प्रतिनिधित्व करें।
- धन-संग्रह और जमा पर आवश्यक नियंत्रण रखना।
- दैनिक निगरानी, ट्रैकिंग और रिपोर्टिंग करना।
- टोली के सभी सदस्यों को सूचना का प्रकाशन और सभी नियुक्त प्रतिनिधियों को सभी आवश्यक उपकरणों के साथ प्रशिक्षित करना।
- सभी शाखाओं और सभी बैंकिंग प्रणालियों में एक समान प्रक्रियाओं का पालन करने के लिए बैंकिंग प्रणालियों का संचालन तथा बैंक की सभी शाखाओं को सूचित करना।

- सिस्टम के सुरक्षा पहलू और अभियान के दौरान संभावित धोखाधड़ी का पता लगाने और उसकी तत्काल सुरक्षा सुनिश्चित करना।
- 1800 203 5130 के टॉल फ्री नंबर के साथ एक हेल्प डेस्क टीम की स्थापना करना, जो जमाकर्ताओं, प्रांत प्रशासकों और अन्य कार्यकर्ताओं को चौबीसों घंटे सहायता प्रदान करे।

बैंकों के साथ एकीकरण की चुनौती

धन-संग्रह में शामिल तीनों राष्ट्रीय बैंकों के साथ आई.टी. समाधानों का एकीकरण 'धनुष' के लिए बहुत ही चुनौतीपूर्ण कार्य था, जिसके परिणामस्वरूप भारतीय स्टेट बैंक (SBI), पंजाब नेशनल बैंक (PNB) तथा बैंक ऑफ बड़ौदा (BoB) के शीर्षस्थ पदाधिकारियों के साथ 'धनुष' के तकनीकी विशेषज्ञों की लगातार बैठकों की कई श्रृंखलाएँ चलीं। परिणामस्वरूप, तीनों बैंकों ने सभी जमाकर्ताओं को उनके सभी लेन-देन विवरण हेतु एक जमाकर्ता कोड (Depositor Code), अर्थात् Customized MIS प्रदान किया गया। इस जमाकर्ता कोड के माध्यम से ही जमाकर्ता समर्पण राशि जमा कर सकते थे।

यहाँ ध्यान देने योग्य विशेष बात यह है कि सभी उपयोगकर्ता स्वैच्छिक रूप से अपनी दिन-प्रतिदिन की गतिविधियों को पूरा करते हुए अभियान का भी सहयोग कर रहे थे। देश के सभी स्वैच्छिक उपयोगकर्ताओं के साथ समन्वय स्थापित करना बहुत मुश्किल कार्य था। अतः समाधान के रूप में सभी उपयोगकर्ताओं के साथ समन्वय स्थापित करने के लिए रोस्टर (Roster) व्यवस्था की योजना बनाई गई।

प्रांत और राज्य के बीच कोई स्पष्ट मानचित्रण (Mapping) न होने के कारण विभिन्न जमाकर्ताओं के साथ बैंक शाखा के आँकड़ों का मानचित्रण भी बहुत कठिन था, क्योंकि सभी बैंक शाखाओं को कस्टमाइज्ड बैंक एम.आई.एस. (Customized Bank MIS) के बारे में जानकारी न होने के कारण संग्रहीत धनराशि को गलत बैंक डेटा के साथ मैप करना बेहद जटिल था।

'धनुष' के द्वारा प्रत्येक जमाकर्ता स्तर पर कूपन/रसीद संख्या की ट्रैकिंग और निधि संग्रह/परिवारों के प्रदर्शन की रैंकिंग तथा प्राप्त भुगतान बनाम बैंक में जमा का मिलान जैसी समस्याओं का भी समाधान किया गया।

ऐसी सभी चुनौतियों को दूर करने और अभियान की जवाबदेही, सटीकता, कार्यान्वयन पहुँच तथा सफलता को सुनिश्चित करने एवं मापने के लिए एक डिजिटल एप की अवधारणा की गई थी। इस प्रकार सिस्टम में विभिन्न उपयोगकर्ता

भूमिकाओं के लिए ऑफलाइन उपयोगिता के साथ वेब एप्लिकेशन और मोबाइल एप्लिकेशन के साथ एक ऑनलाइन निगरानी प्रणाली शामिल थी।

फिनटेक तकनीकी समाधान (Fintech Technological Solution) की सहायता से दो महीने के भीतर प्रत्येक गाँव के लगभग 10 करोड़ से अधिक परिवारों तक पहुँचकर उनकी समर्पण राशि को सभी बैंकों के साथ एकीकृत कर उसकी सुरक्षा सुनिश्चित की गई। इससे सभी स्तरों पर और बैंकों के साथ वास्तविक समय में लेखांकन में मदद मिली।

इस प्रकार यह 'धनुष' की तकनीकी ने अपनी उपयोगिता से प्रबंधन, शासन-नियंत्रण और सभी स्तरों पर रिपोर्टिंग तंत्र निर्बाध रूप से प्रबंधन सिद्धांतों के उपयोग का एक उत्कृष्ट उदाहरण बना।

इस पूरी प्रक्रिया को तीन चरणों में क्रियान्वित किया गया था—

पहले चरण में तीन अलग-अलग मूल्यवर्ग के तहत कूपन की तीन श्रेणियाँ बनाई गई थीं तथा तीन अलग-अलग मूल्य वर्ग की धनराशि, अर्थात् 10 रुपए, 100 रुपए और 1,000 रुपए के कूपन जारी किए गए थे, जबकि 2,000 रुपए या उससे अधिक जमा करनेवालों का स्थायी खाता संख्या (पैन) लिया जाता था तथा उनकी दैनिक आधार पर निगरानी की जाती थी। साथ ही, जमाकर्ताओं को एक विशिष्ट आई.डी. भी दी गई थी, जिसके माध्यम से बैंक उनकी पहचान करते थे और केवल अधिकृत आई.डी. प्राप्त किए हुए जमाकर्ताओं से ही बैंक धनराशि स्वीकार करते थे। समर्पण निधि संग्रह करनेवाली प्रत्येक टीम की निगरानी एक कलेक्टर (संग्रहकर्ता) द्वारा की जाती थी, जो इस बात पर नजर रखता था कि प्रतिदिन कितनी समर्पण निधि का संग्रह किया जा रहा है और वह जमाकर्ता को नकद और चेक की जानकारी देकर उसकी एक रसीद प्राप्त करता था।

दूसरे चरण में धनराशि की लेन-देन संबंधी सभी जानकारी एक डिजिटल एप पर सहेजी जाती है और फिर राशि को श्रीरामजन्मभूमि तीर्थ क्षेत्र न्यास से संबंधित तीन बैंकों (भारतीय स्टेट बैंक, पंजाब नेशनल बैंक और बैंक ऑफ बड़ौदा) में से किसी एक बैंक में जमा किया जाता था। यहाँ ध्यान देने योग्य बात है कि एप पर उपस्थित खाता जमाकर्ताओं को भी इस संबंध में नहीं बताया जाता था। इस प्रकार समर्पण निधि की सभी धनराशि सीधे श्रीरामजन्मभूमि तीर्थ क्षेत्र न्यास के खाते में जमा हो जाती थी।

अंतिम चरण में एकत्रित की गई राशि का संपूर्ण सारांश विवरण एक फॉर्म में भर दिया जाता था, जिसे अंतिम रसीद के साथ जोड़ दिया जाता था।

इस प्रकार आधुनिक तकनीकी ने बिना किसी गलती के समर्पण निधि की संग्रहित धनराशि के एक फूलप्रूफ ऑडिट में सहायता की। साथ ही, इस आधुनिक तकनीकि प्रणाली का उपयोग श्री गौरव प्रधान के नेतृत्व में चार्टर्ड एकाउंटेंट (सी.ए.) की हाई-प्रोफाइल टीम द्वारा किया गया था, जो पूरे सिस्टम की निगरानी कर रहे थे। इस सिस्टम के माध्यम से उचित सत्यापन के बाद सी.ए. द्वारा पूर्ण ऑडिट करने के बाद उसकी पूरी जानकारी श्रीरामजन्मभूमि तीर्थ क्षेत्र न्यास के वरिष्ठ पदाधिकारियों को भेजी जाती थी।

श्री डी.एस.एन. मूर्ति का सम्मान

हालाँकि संघ परिवार की परंपरा में किसी स्वयंसेवक को सम्मानित करना एक असामान्य सी बात है, लेकिन श्रीरामजन्मभूमि तीर्थ क्षेत्र न्यास को अपना स्वैच्छिक योगदान प्रदान करने के उपलक्ष्य में नई दिल्ली स्थित विश्व हिन्दू परिषद् के केंद्रीय कार्यालय में 4 अप्रैल, 2021 को श्रीरामजन्मभूमि तीर्थ क्षेत्र न्यास की ओर से धनुष इन्फोटेक, के चेयरमैन एवं प्रबंध निदेशक श्री डी.एस.एन. मूर्ति को सम्मानित किया गया। इस अवसर पर श्रीरामजन्मभूमि तीर्थ क्षेत्र न्यास के महासचिव तथा विहिप के उपाध्यक्ष श्री चंपत रायजी समेत संघ-परिवार के सभी वरिष्ठ अधिकारियों ने श्री मूर्तिजी की प्रशंसा करते हुए उन्हें श्रीरामजन्मभूमि मंदिर की प्रतिकृति भेंट की। इस कार्यक्रम में राष्ट्रीय स्वयंसेवक संघ के पूर्व सरकार्यवाह श्री भय्याजी जोशी, सह-सरकार्यवाह श्रीकृष्ण गोपालजी, विहिप के अंतरराष्ट्रीय कार्याध्यक्ष श्री आलोक कुमारजी, विहिप के केंद्रीय संगठन मंत्री श्री विनायक रावजी समेत संघ-परिवार के अनेक वरिष्ठ कार्यकर्ता उपस्थित थे। अपने एक साक्षात्कार में श्री चंपत रायजी ने कहा, "'धनुष इन्फोटेक' का योगदान समर्पण निधि संग्रह अभियान में निर्बाध लेखा और पारदर्शिता लाने के लिए सराहनीय योगदान है तथा 'धनुष' ने हमारे अभियान के लिए डिजिटल ब्रिज को सक्षम करके हमें बहुमूल्य सेवाएँ प्रदान की हैं, जो दुनिया में अब तक का सबसे बड़ा अभ्यास है।" इसी पृष्ठभूमि के कारण श्रीरामजन्मभूमि तीर्थ क्षेत्र न्यास द्वारा आयोजित देशव्यापी समर्पण निधि संग्रह अभियान को तकनीकी समाधान प्रदान करने के लिए हैदराबाद स्थित इस आई.टी. फर्म 'धनुष इन्फोटेक' को मोबाइल और वेब एप्लिकेशन प्लेटफॉर्म के माध्यम से फंड संग्रह, जमा और सुलह के लिए एक तकनीकी प्रणाली को लागू करने की जिम्मेदारी सौंपी गई थी। □

अध्याय : 11

श्रीरामजन्मभूमि मुक्ति की संघर्ष गाथा

—मिलिंद परांडे
महामंत्री, विश्व हिन्दू परिषद्

जोधपुर में राष्ट्रीय स्वयंसेवक संघ की अखिल भारतीय बैठक चल रही थी। प्रांतों के प्रमुख प्रचारकगण तथा अखिल भारतीय अधिकारी संघ के तत्कालीन सरसंघचालक श्री बालासाहब देवरसजी के साथ बैठे थे। रामजन्मभूमि को मुक्त कराने हेतु अभियान संबंधी चर्चा चल रही थी। सबने अपने-अपने विचार रखे। बताया जाता है कि श्री बालासाहब देवरसजी ने कहा, "अच्छी तरह से सोच लो, अगर इस अभियान को हाथ में लिया तो वापस लौटने के रास्ते नहीं हैं। फिर सफलता प्राप्त होनी ही चाहिए, हिन्दू समाज का सम्मान ऊँचा उठना ही चाहिए।" सोच-विचारकर बैठक में उपस्थित संघ के कार्यकर्ताओं ने सामूहिक सहमति व्यक्त की। श्री अशोक सिंहलजी भी उस बैठक में उपस्थित थे।

इतिहासकार बताते हैं कि भारत की आजादी से पूर्व अयोध्या में श्रीरामजन्मभूमि पर बने मंदिर एवं जन्मभूमि के लिए 76 युद्ध लड़े गए, जिनमें 3 लद्दाख 50 हजार हिन्दू बलिदान हो गए। देश की आजादी के बाद भी श्रीरामजन्मभूमि के लिए संघर्ष जारी रहा। रामजन्मभूमि पर मंदिर तुड़वाकर बनाए गए तीन गुंबदोंवाले ढाँचे के मध्य गुंबद में 22 दिसंबर, 1949 की रात रामलला प्रकट हुए, तब से गुंबद के अंदर भजन-कीर्तन चलता रहा। पुजारी को रामलला की पूजा की अनुमति थी, परंतु बाहर प्रशासन ने ताले लगा दिए थे। श्रीरामजन्मभूमि पुन: हिन्दुओं को सौंप दी जाए, ताकि वहाँ पर श्रीराम का एक भव्य-दिव्य मंदिर बनाया जा सके, इसके लिए देश की आजादी के

बाद हुए संघर्ष व आंदोलनों की गाथा का प्रारंभ होता है। 23 मार्च, 1983 में उत्तर प्रदेश के शहर मुजफ्फरनगर में आयोजित हिन्दू सम्मेलन में कांग्रेस के नेता तथा उत्तर प्रदेश के पूर्व मंत्री दाऊदयाल खन्नाजी ने रामजन्मभूमि, अयोध्या, कृष्णजन्मभूमि, मथुरा तथा वाराणसी के काशी विश्वनाथ की मुक्ति का आह्वान किया। भारत के कार्यकारी प्रधानमंत्री रह चुके गुलजारी लाल नंदाजी भी मंच पर विराजमान थे। तीनों स्थान हिन्दुओं को दिए जाएँ, ऐसा प्रस्ताव वहाँ पारित किया गया।

1984 की धर्मसंसद्

7–8 अप्रैल, 1984 को विश्व हिन्दू परिषद् द्वारा नई दिल्ली के विज्ञान भवन में पहली धर्मसंसद् आयोजित की गई थी। वहाँ प्रस्ताव पारित किया गया कि रामजन्मभूमि के द्वार में लगा ताला खुलवाने के लिए जन–जागरण यात्राएँ निकाली जाएँ।

राम-जानकी रथयात्रा

1984 की धर्मसंसद् के प्रस्ताव की अनुपालना में विश्व हिन्दू परिषद् ने अक्तूबर 1984 में जन–जागरण के लिए बिहार के सीतामढ़ी से दिल्ली तक 'राम–जानकी रथ यात्रा' शुरू की। इंदिरा गांधीजी की हत्या के चलते यह यात्रा एक वर्ष तक के लिए रोकनी पड़ी। अक्तूबर 1985 में रथ यात्राएँ पुनः प्रारंभ हुईं।

अक्तूबर 1985 में उडुपी (कर्नाटक) में हुई धर्मसंसद् में ताला खुलवाने के लिए संतों ने चेतावनी दी। राम–जानकी रथ यात्राओं से हिन्दू समाज में उत्साह का संचार होने लगा था। 1 फरवरी, 1986 को फैजाबाद के जिला–दंडाधिकारी ने श्रीरामजन्मभूमि मंदिर (ढाँचे) के द्वार पर लगे ताले को खोलने के आदेश दे दिए।

'श्रीरामजन्मभूमि न्यास' का गठन

जगद्गुरु रामानंदाचार्य स्वामी शिवरामाचार्य की अध्यक्षता में 'श्रीरामजन्मभूमि न्यास' का गठन किया गया। इसके पश्चात् रामजन्मभूमि प्राप्ति के लिए आंदोलन तेज होता गया। मुसलमानों ने इसके विरोध में 'बाबरी मस्जिद एक्शन कमेटी' बना ली।

रामशिला पूजन

1 फरवरी, 1989 को प्रयागराज में त्रिवेणी के तट पर हो रहे कुंभ मेले में विश्व हिन्दू परिषद् द्वारा धर्मसंसद् का आयोजन किया गया। पूज्य देवरहा बाबा की

उपस्थिति में निर्णय हुआ कि देश के हर गाँव में रामशिला पूजन कार्यक्रम आयोजित किए जाएँ। पहली रामशिला का पूजन बदरीनाथ धाम में किया गया। 2 लद्दाख 75 हजार स्थानों पर रामशिला पूजन हुआ। इस अभियान में लगभग 6 करोड़ लोगों की सहभागिता रही। देवोत्थान एकादशी 9 नवंबर, 1989 को राममंदिर के लिए अनुसूचित जाति के एक बंधु कामेश्वर चौपालजी द्वारा हजारों रामभक्तों एवं संतों की उपस्थिति में शिलान्यास किया गया। वेदमंत्रों एवं शंख ध्वनि के मध्य कार्यक्रम संपन्न हुआ।

देवोत्थान एकादशी (9 नवंबर, 1989) को अयोध्या में भव्य शिलापूजन कार्यक्रम हुआ। अनुसूचित जाति के श्री कामेश्वर चौपालजी के द्वारा शिलान्यास किया गया। इस अवसर पर पूजनीय परमहंस रामंचद्र दासजी महाराज, स्वामी अवेद्यनाथजी, विश्व हिन्दू परिषद् के संरक्षक मा. श्री अशोक सिंहलजी समेत अन्य पूजनीय संत उपस्थित थे।

कारसेवा का आह्वान

23-24 जून, 1990 को हरिद्वार के भारत माता मंदिर में मार्गदर्शक मंडल की बैठक में संतों द्वारा देवोत्थान एकादशी 30 अक्तूबर, 1990 से मंदिर निर्माण के लिए कारसेवा की घोषणा की गई। कारसेवा रोकने के लिए उत्तर प्रदेश की मुलायम सिंह सरकार ने कड़ी सुरक्षा व्यवस्था की।

अयोध्या की ओर जानेवाली सभी बस-ट्रेनें रद्द कर दी गईं। बड़ी संख्या में पैरामिलेट्री फोर्स व पुलिस तैनात थी। ढाँचे की ओर जानेवाले रास्तों में खाइयाँ खोदी गईं, कँटीले तार लगाए गए, पुल बंद कर दिए। मुख्यमंत्री मुलायम सिंह ने कहा कि परिंदा भी पर नहीं मार सकता। 30 अक्तूबर, 1990 को स्वामी वामदेव, श्री अशोक सिंहल एवं श्रीशचंद दीक्षित के नेतृत्व में कारसेवक सारी बाधाएँ पार कर वहाँ पहुँच

गए। कारसेवा प्रारंभ हो गई। कुछ उत्साही कारसेवकों ने ढाँचे पर चढ़कर भगवा ध्वज फहरा दिया। पुलिस द्वारा गोलियाँ चलाई गईं। कई कारसेवक घायल हो गए थे। 2 नवंबर, 1990 को पुलिस ने घरों से निकालकर कारसेवकों को गोली मारी। कलकत्ता के दो सगे भाई, राम कुमार कोठारी व शरद कुमार कोठारी सहित अनेक रामभक्तों का बलिदान हो गया।

अयोध्या में स्थित हनुमानगढ़ी की किसी गली में 30 अक्तूबर, 1990 को विश्व हिन्दू परिषद् के संरक्षक मा. श्री अशोक सिंहलजी के सिर पर ईंट लगी थी।

ऐतिहासिक रैली

4 अप्रैल, 1991 को दिल्ली के बोट क्लब पर अभूतपूर्व ऐतिहासिक रैली हुई, जिसमें लगभग 25 लद्दाख से अधिक रामभक्त उपस्थित हुए थे।

आडवाणीजी की रथयात्रा

25 सितंबर, 1990 को भारतीय जनता पार्टी के वरिष्ठ नेता श्री लालकृष्ण आडवाणी के द्वारा गुजरात के सोमनाथ से अयोध्या तक एक रथयात्रा निकाली गई थी। रथ पर विराजमान श्री लालकृष्ण आडवाणी एवं भारतीय जनता पार्टी के अन्य तत्कालीन वरिष्ठ नेता।

25 सितंबर, 1990 को भारतीय जनता पार्टी के वरिष्ठ नेता श्री लालकृष्ण आडवाणी द्वारा सोमनाथ से अयोध्या तक राम रथयात्रा प्रारंभ की गई। लाखों लोगों ने उनकी सभाओं में भाग लिया। यद्यपि बिहार के समस्तीपुर में वहाँ के मुख्यमंत्री लालू प्रसाद द्वारा रथ रोककर आडवाणीजी को गिरफ्तार कर लिया गया, इस रथयात्रा से भी अभूतपूर्व जन-जागरण हुआ। रथयात्रा के दौरान 'जय श्रीराम' का घोष देश भर में गूँजता रहा।

दूसरी कारसेवा एवं बाबरी ढाँचा ध्वस्त

30-31 अक्तूबर, 1992 को दिल्ली में आयोजित पंचम धर्म संसद् में 6 दिसंबर, 1992 से पुन: कारसेवा करने की घोषणा की गई, जिसमें लगभग 4 लद्दाख रामभक्त 6 दिसंबर, 1992 को अयोध्या पहुँचे। कारसेवकों को निर्देश था कि सरयू नदी की रेत मुट्ठियों में भरकर निर्माण स्थल पर ले जाएँगे। इस बीच बलपूर्वक कारसेवा स्थल खाली कराने का प्रयास हुआ। कारसेवक ढाँचे पर चढ़ गए। देखते-ही-देखते तीनों गुंबद धराशायी हो चुके थे, अपमान का प्रतीक ढाँचा ध्वस्त हो गया था, देश में खुशी की लहर दौड़ गई।

श्रीरामजन्मभूमि के लिए न्यायालयों में भी एक संघर्ष चला। सारे सबूत जुटाना और लगातार मामले की निगरानी करना था। इस बीच समाज में भी जन-जागरण कार्य जारी रखना था। यह सब किया गया। सर्वोच्च न्यायालय ने 9 नवंबर, 2019 को सर्वसम्मत निर्णय से श्रीरामजन्मभूमि पर रामलला का अधिकार मानते हुए विवादित भूमि पर मंदिर निर्माण की अनुमति दे दी। मुसलमानों को भी 5 एकड़ जमीन मस्जिद के लिए देने का निर्देश दिया गया।

देश भर में इस निर्णय का स्वागत हुआ। घरों में दीपक जलाकर खुशी मनाई गई। कहीं रामधुन, कहीं 'हनुमान चालीसा' या 'सुंदरकांड' का पाठ जैसे आयोजन हुए, मिठाइयाँ बाँटी गईं। इस प्रकार 500 वर्षों के श्रीरामजन्मभूमि मुक्ति संघर्ष ने भारत की सांस्कृतिक आत्मा के पुनर्जागरण तथा हिन्दू समाज को जोड़ने का कार्य किया। संघर्ष और आंदोलन को नेतृत्व देने तथा करनेवाले संत-महात्माओं, राष्ट्रीय स्वयंसेवक संघ व विश्व हिन्दू परिषद् सहित समविचारी सामाजिक-सांस्कृतिक संगठनों के कार्यकर्ताओं सहित करोड़ों रामभक्तों के प्रयत्न सफल हुए और भव्य-दिव्य मंदिर निर्माण की राह प्रशस्त हुई।

सामाजिक समरसता का अनुपम केंद्र बनेगा श्रीरामजन्मभूमि मंदिर

5 अगस्त, 2020 को मंदिर निर्माण के शुभारंभ के निमित्त अयोध्या में भूमि पूजन का कार्यक्रम संपन्न हुआ। राष्ट्रीय स्वयंसेवक संघ के प.पू. सरसंघचालक डॉ. मोहनराव भागवतजी, आदरणीय प्रधानमंत्री श्री नरेंद्र मोदीजी, उत्तर प्रदेश के मुख्यमंत्री आदरणीय योगी आदित्यनाथजी, पू. महंत श्री नृत्यगोपालदासजी महाराज तथा अनेक प्रमुख पूजनीय संतों की पावन उपस्थिति में यह ऐतिहासिक कार्यक्रम संपन्न हुआ। मर्यादा पुरुषोत्तम भगवान् श्रीराम ने सामाजिक समरसता और सशक्तीकरण का संदेश स्वयं के जीवन से दिया। उनके मंदिर के पूजन में प्रयुक्त हुए देश भर की हजारों पवित्र नदियों का जल व पावन तीर्थों की रज ने संपूर्ण भारत को एकाकार कर राष्ट्रीय एकात्मता का दर्शन कराया। भगवान् श्रीराम द्वारा अहल्या उद्धार, शबरी, निषादराज से स्नेह और मित्रता करना, सामाजिक समरसता के अनुपम उदाहरण हैं। ध्यातव्य है कि श्रीरामजन्मभूमि का शिलान्यास 1989 में अनेक पूज्य संतों की उपस्थिति में अनुसूचित जाति के श्री कामेश्वरजी चौपाल के कर-कमलों से संपन्न हुआ था, जो आज श्रीरामजन्मभूमि तीर्थक्षेत्र न्यास के न्यासी भी हैं। हजारों पवित्र तीर्थ क्षेत्रों की पावन माटी और पवित्र नदियों का जल, आनंद व हर्षोल्लास के वातावरण में, श्रीरामजन्मभूमि पूजन हेतु देश भर से भेजा गया। बात चाहे राष्ट्रीय स्वयंसेवक संघ के उद्गम स्थल नागपुर की हो या संत रविदासजी के काशी स्थित जन्मस्थली की, सीतामढ़ी (बिहार), उत्तर प्रदेश से महर्षि वाल्मीकि आश्रम की हो या विदर्भ (महाराष्ट्र) के गोंदिया जिला अंतर्गत कचारगढ़ की, झारखंड के रामरेखाधाम की हो या मध्य प्रदेश के स्वतंत्रता सेनानी टांट्या भील की पुण्य भूमि की, श्री हरमंदिर साहिब अमृतसर पंजाब की हो या डॉ. बाबासाहेब आंबेडकर के जन्मस्थान महू की, दिल्ली के जैन लाल मंदिर की हो या उसी दिल्ली के महर्षि वाल्मीकि मंदिर की, जहाँ महात्मा गांधी 72 दिन रहे थे, ये सब मात्र कतिपय उदाहरण ही हैं, जो श्रीराम मंदिर निर्माण में आनंद से हुई व्यापक सहभागिता तथा समाज की स्वाभाविक समरसता को प्रकट करते हैं।

भाद्रपद मास की द्वितीया तिथि (5 अगस्त, 2020) को देश भर में सभी रामभक्तों ने अपने-अपने घरों, प्रतिष्ठानों, मठ-मंदिरों, आश्रमों इत्यादि स्थानों पर प्रातः 10.30 बजे से अपने-अपने आराध्य देव का भजन-पूजन, कीर्तन-स्मरण करते हुए, पुष्प समर्पित कर आरती की तथा प्रसाद वितरित किया। अयोध्या के कार्यक्रम को समाज को लाइव दिखाने की यथासंभव व्यवस्था अनेक जगह हुई। घरों, मोहल्लों, ग्रामों, बाजारों, मठ-मंदिरों, गुरुद्वारों, आश्रमों इत्यादि में साज-सज्जा कर सायंकाल में दीप जलाए गए।

□

अध्याय : 12

श्रीरामजन्मभूमि तीर्थ क्षेत्र की संकल्पना और भावी योजना

—चंपत राय

महासचिव, श्रीरामजन्मभूमि तीर्थ क्षेत्र

रामो विग्रहवान् धर्मः। राम धर्म के मूर्तिमंत प्रतीक हैं। श्रीराम मंदिर समाजमन की शाश्वत् प्रेरणा हैं। श्रीरामजन्मभूमि पर मंदिर निर्माण के लिए 492 वर्षों तक अनवरत और लगभग 37 वर्षों के सुसूत्र अभियान में शृंखलाबद्ध कार्यकर्मों के फलस्वरूप संपूर्ण भारतवर्ष लिंग, जाति, पंथ-संप्रदाय, भाषा, क्षेत्र आदि भेदों से ऊपर उठकर एकात्म भाव से जाग्रत् हो गया और 9 नवंबर, 1989 को ऐतिहासिक शिलान्यास समारोह का आयोजन कर पूज्य संतों की उपस्थिति में 'प्रथम शिला' बिहार के श्री कामेश्वर चौपाल ने रखी। पौराणिक साक्ष्यों, पुरातात्त्विक उत्खनन, राडार तरंगों की फोटो प्रणाली तथा ऐतिहासिक तथ्यों के आधार पर उच्चतम न्यायालय की 5 सदस्यीय पीठ ने 9 नवंबर, 2019 को सर्वसम्मत निर्णय देते हुए कहा, "यह 14,000 वर्ग फीट भूमि रामलला की है।" तथ्य और प्रमाण के साथ आस्था और विश्वास की विजय हुई। तदुपरांत भारत सरकार ने 5 फरवरी, 2020 को श्रीरामजन्मभूमि तीर्थ क्षेत्र नाम से न्यास का गठन कर अधिग्रहीत 70 एकड़ भूमि न्यास को सौंप दी। चैत्र शुक्ल प्रतिपदा, संवत् 2077 (25 मार्च, 2020) को रामलला अस्थायी नवीन मंदिर में मुख्यमंत्री योगी आदित्यनाथजी के कर-कमलों से विराजमान हुए।

तत्पश्चात् भाद्रपद कृष्ण द्वितीया, संवत् 2077 (5 अगस्त, 2020) को सदियों की स्वप्न-संकल्प पूर्ति का वह अलौकिक क्षण आ गया, जिस दिन पूज्य महंत श्री नृत्यगोपाल दासजी सहित पूरे देश के विभिन्न आध्यात्मिक धाराओं के प्रतिनिधि, पूज्य संतों एवं राष्ट्रीय स्वयंसेवक संघ के सरसंघचालक डॉ. मोहनराव भागवतजी के पावन सान्निध्य में भारत के जनप्रिय प्रधानमंत्री श्री नरेंद्र मोदीजी ने भूमि पूजन एवं शिला पूजन कर मंदिर निर्माण का सूत्रपात कर दिया। इसमें देश की पवित्र नदियों के जल तथा समस्त तीर्थों, विभिन्न जातीय-जनजातीय श्रद्धा केंद्रों तथा बलिदानी कारसेवकों के घरों से लाई गई रज (मिट्टी) ने मानो संपूर्ण भारतवर्ष को 'भूमि पूजन' में उपस्थित कर दिया।

हिन्दुओं द्वारा सदियों की संघर्ष-साधना के परिणामस्वरूप अयोध्या में श्रीरामजन्मभूमि मंदिर का निर्माण कार्य भाद्रपद कृष्ण द्वितीया, संवत् 2077 (5 अगस्त, 2020) को हुए भूमि पूजन के उपरांत उत्तरोत्तर पूर्णता की ओर उन्मुख है। भगवान् श्रीराम संपूर्ण राष्ट्र के आदर्श एवं प्रेरणापुंज हैं। अत: श्रीरामजन्मभूमि तीर्थ क्षेत्र ट्रस्ट ने मंदिर की वास्तु-रचना से लेकर उसकी स्थापत्य-संकल्पना तक विभिन्न पहलुओं को यथार्थ रूप देते हुए इस बात का विशेष ध्यान रखा कि यह मंदिर पूर्णत: भारतीय जनमानस की आस्था, श्रद्धा व समर्पण के अनुरूप भव्य और अद्वितीय हो, जो युगों-युगों तक संपूर्ण विश्व को हिन्दू संस्कृति की महानता का परिचय देता हुआ भगवान् राम के मार्ग पर चलने के लिए प्रेरित करे।

श्रीरामजन्मभूमि तीर्थ क्षेत्र को निर्माण की दृष्टि से दो भागों में विभक्त किया गया है—मुख्य मंदिर तथा मंदिर परिक्षेत्र।

मुख्य मंदिर

भगवान् श्रीराम की पावन जन्मभूमि पर यह मंदिर स्थापित होगा। इसकी स्थापत्य संरचना से संबद्ध कुछ महत्त्वपूर्ण बातें निम्नानुसार हैं—

कुल क्षेत्रफल	2.7 एकड़
कुल निर्मित क्षेत्र	57,400 वर्ग फीट
मंदिर की कुल लंबाई	360 फीट
मंदिर की कुल चौड़ाई	235 फीट
शिखर सहित मंदिर की कुल ऊँचाई	161 फीट

कुल तलों की संख्या	3
प्रत्येक तल की ऊँचाई	20 फीट
मंदिर के भूतल पर स्तंभों की संख्या	160
मंदिर के प्रथम तल पर स्तंभों की संख्या	132
मंदिर के द्वितीय तल पर स्तंभों की संख्या	74
मंदिर में शिखर और मंडपों की संख्या	5
मंदिर में द्वारों की संख्या	12

ध्यातव्य है कि मंदिर के भूमिपूजन के लिए देश भर से श्रद्धालुओं द्वारा तीन हजार से अधिक पवित्र सरोवरों और नदियों का जल तथा ऐतिहासिक एवं धार्मिक महत्त्व के अनेक स्थानों, विभिन्न मंदिरों और तीर्थों की पवित्र मिट्टी भेजी गई थी। राम मंदिर नागर शैली का होगा। यह भारत की प्राचीन मंदिर शैली है। कोणार्क का सूर्य मंदिर, पुरी का जगन्नाथ मंदिर सहित देश के अनेक मंदिर नागर शैली के ही हैं। इसके साथ ही मंदिर के निर्माण से जुड़ी अन्य प्रक्रियाओं में भी परंपरागत स्थापत्य कला का उपयोग किया जाएगा, जैसे इस मंदिर के निर्माण में लोहे का उपयोग नहीं किया जाएगा। वस्तुतः लोहे के उपयोग से इमारत की आयु घटती है और मंदिरों में लोहे का प्रयोग उस क्षेत्र की सकारात्मक ऊर्जा को निष्क्रिय करता है। इसीलिए पुरातनकाल से ही हमारे देश में मंदिरों की संरचना को सशक्तता प्रदान करने के लिए ताँबे का उपयोग होता रहा है। इसी विधि का प्रयोग करके राम मंदिर के ढाँचे को सुदृढ़ बनाया जाएगा।

मंदिर निर्माण में राजस्थान के बंशी पहाड़पुर का पत्थर उपयोग में लाया जाएगा। भरतपुर जिले के बंशी पहाड़पुर की खदानों से प्राप्त होनेवाला यह पत्थर हल्के गुलाबी रंग का होता है। देखने में आकर्षक होने के साथ-साथ यह अपनी सुदृढ़ता के लिए भी उतना ही जाना जाता है। इस पत्थर पर जितना पानी गिरता है, यह उतना ही आकर्षक तथा मजबूत होता चला जाता है। पच्चीकारी की दृष्टि से उपयुक्त होने के साथ ही इस पत्थर से लंबे-लंबे बीम बनाना भी संभव होता है। अन्य पत्थरों की तुलना में इसकी भार सहने की क्षमता भी अधिक होती है। इसकी आयु दो हजार वर्ष से भी अधिक मानी जाती है। मंदिर में लगनेवाली सफेद मार्बल की चौखट मकराना के संगमरमर की होगी। मंदिर के परकोटे के लिए जोधपुर का पत्थर लगाने का सुझाव विचाराधीन है।

मंदिर परिक्षेत्र

मुख्य मंदिर के अनुरूप ही मंदिर परिक्षेत्र की भी भव्य संकल्पना की गई है। इस भाग में एक ओर मंदिर की दैनिक पूजा-अनुष्ठान से जुड़े केंद्र स्थापित किए जाएँगे, वहीं दूसरी ओर दर्शनार्थियों को भगवान् श्रीराम एवं भारतीय संस्कृति के महत्त्व का परिचय करवाने हेतु आधुनिक साधनों के साथ-साथ यात्री सुविधाओं का विकास किया जाएगा। इसका वर्तमान स्वरूप 70 एकड़ भूमि का है। रामभक्तों और साधु-संतों की भावना के अनुरूप मंदिर परिसर को 108 एकड़ का स्वरूप देने की प्रक्रिया चल रही है। इसके लिए मंदिर परिसर से लगी भूमि को ट्रस्ट द्वारा क्रय किया जा रहा है।

मंदिर परिक्षेत्र भाग की संकल्पना के प्रमुख आयाम इस प्रकार हैं—'श्रीराम कुंड : यज्ञशाला', 'कर्म क्षेत्र : अनुष्ठान मंडप', 'हनुमान गढ़ी : वीर मारुति की विशाल प्रतिमा', 'श्रीरामकला पुराकालिक दर्शनमंडल : जन्मभूमि संग्रहालय (उत्खनन में प्राप्त शिलालेखों एवं पुरावशेषों की प्रदर्शनी हेतु)', 'श्रीरामकीर्ति : सत्संग भवन सभागार', 'गुरु वसिष्ठ पीठिका : वेद, पुराण, रामायण एवं संस्कृत अध्ययन-अनुसंधान अनुक्षेत्र', 'भक्ति टीला : विशेष शांति क्षेत्र में ध्यान और मनन निकुंज', 'तुलसी : रामलीला केंद्र, 360 अक्षांश थिएटर/मुक्ताकाशी मंच', 'रामदरबार : प्रोजेक्शन थिएटर' आदि।

श्रीरामजन्मस्थान तीर्थ क्षेत्र परिसर में प्रवेश के लिए 4 भव्य द्वार होंगे। इस स्थान के महत्त्व से जुड़े 6 अन्य मंदिर भी बनाए जाएँगे। साथ ही, समय-समय पर श्रीरामजन्मभूमि मंदिर के लिए अपना जीवन समर्पित करनेवाले बलिदानी हुतात्माओं की स्मृति में भव्य स्मारक का निर्माण भी प्रस्तावित है। तीर्थयात्रियों की सुविधाओं का विकास भी प्रत्येक आयु-वर्ग को दृष्टिगत रखते हुए किया जा रहा है। सभी दिशाओं में 15 मिनट के पैदल मार्ग पर प्रसाधन-सुविधा केंद्र होंगे। स्थान-स्थान पर स्वचालित सीढ़ियों एवं लिफ्टों जैसी बुनियादी सुविधाओं के साथ-साथ यहाँ 'माता सीता रसोई' नाम का अन्नक्षेत्र भी होगा। इस कारण यहाँ आनेवाले भक्तगण और श्रद्धालु बिना किसी असुविधा के इस तीर्थ धाम की पावनता का गहराई से अनुभव करते हुए मर्यादा पुरुषोत्तम प्रभु श्रीराम के दर्शन कर सकेंगे।

वर्तमान में प्रतिवर्ष एक करोड़ भक्तगण अयोध्या आते हैं। इस भव्य मंदिर का निर्माण हो जाने के उपरांत इन श्रद्धालुओं की संख्या में अभिवृद्धि होना निश्चित है। भविष्य में अयोध्या आनेवाले सभी तीर्थयात्री श्रीरामजन्मभूमि मंदिर का दर्शन-लाभ

सरलता और सहजता से प्राप्त कर सकें, इस भावना को मूर्त रूप देते हुए आगामी पचास वर्ष की आवश्यकताओं के अनुरूप इन योजनाओं के प्रारूप का निर्धारण किया गया है।

हिंदुत्व की एकता का प्रतीक

श्रीरामजन्मभूमि मंदिर संपूर्ण हिन्दू समाज की एकता के प्रतीक रूप में स्थापित होगा। इस मंदिर के लिए चले पाँच सौ वर्षों के संघर्ष से लेकर इसकी निर्माण प्रक्रिया के प्रत्येक चरण में संपूर्ण हिन्दू समाज एकजुट होकर उपस्थित हुआ है। वर्तमान पीढ़ी के सम्मुख यह पहला अवसर है, जब प्रत्येक परिवार प्रत्यक्ष रूप से ऐसे तीर्थ मंदिर के निर्माण के पुण्य-कार्य में सहभागी बना है।

पर्यावरण का रखा जा रहा है ध्यान

मंदिर, परकोटे एवं बाहर के विस्तृत क्षेत्र के विकास में पर्यावरण का पूरा ध्यान रखा जा रहा है। बाहरी 70 एकड़ जमीन पर लगभग 500 विशाल वृक्ष हैं, जिन्हें काटे बिना ही स्थानांतरित किया जाएगा। परिसर के गंदे पानी का ट्रीटमेंट कर फिर से उपयोगी बनाया जाएगा।

मंदिर परिक्षेत्र निर्माण संकल्पना

70 एकड़

श्रीराम कुंड

यज्ञशाला

कर्मक्षेत्र

अनुष्ठान मंडप

हनुमानगढ़ी

वीर मारुति-विशाल प्रतिमा

श्रीरामलला पुराकालिक दर्शनमंडल

जन्मभूमि संग्रहालय

(उत्खनन में प्राप्त शिलालेखों एवं पुरावशेषों की प्रदर्शनी हेतु)

श्री रामकीर्ति

सत्संग भवन सभागार

गुरु वसिष्ठ पीठिका

वेद, पुराण, रामायण एवं संस्कृत अध्ययन-अनुसंधान अनुक्षेत्र

भक्ति टीला

विशेष शांति क्षेत्र में ध्यान एवं मनन निकुंज

तुलसी

रामलीला केंद्र, 360 डिग्री थिएटर/मुक्ताकाशी मंच

रामदरबार

प्रोजेक्शन थिएटर

माता कौशल्या वात्सल्य मंडप

प्रदर्शनी कक्ष, झाँकियों का परिसर

रामांगण

बहुआयामी चलचित्रशाला

रामायण

पुस्तकालय (अत्याधुनिक सुविधासंपन्न), ग्रंथागार एवं वाचनालय

महर्षि वाल्मीकि

अभिलेखागार और अनुसंधान केंद्र

रामाश्रयम्

बहुतलीय धर्मशाला, प्रतीक्षालय एवं विश्रामालय

श्री दशरथ

आदर्श गोशाला

लक्ष्मण वाटिका

कमल पुष्करिणी (जलाशय) एवं संगीत फव्वारे

लव-कुश निकुंज

युवा एवं बाल क्रिया-कलाप क्षेत्र

मर्यादा खंड

विशिष्ट अतिथि निवास अनुक्षेत्र

(कुटी संकुल एवं बहुतलीय क्षेत्र)

भरत प्रसाद-मंडप

(भगवान् का भोग-प्रबंधन लघुक्षेत्र)

प्रसाद पाकशाला, भंडारण-गृह, वितरण कक्ष आदि

माता सीता रसोई अन्नक्षेत्र

तीर्थयात्री बृहत् अन्नक्षेत्र

(अन्न भंडारण, पाकशाला, वितरण, भोजन पात्र एवं हस्त प्रक्षालन स्थल)

सिंहद्वार के सम्मुख दीपस्तंभ

मंदिर परिक्षेत्र प्रबंधन संकल्पना

तीर्थयात्री/आगंतुक प्रबंधन प्रणाली

बहुतलीय पार्किंग सुविधा

प्रशासनिक कार्यालय

कर्मचारी आवासीय परिसर

तीर्थयात्रियों के सामान के लिए सुरक्षित अमानती कक्ष

सौर ऊर्जा पटल/जनरेटर/ऊर्जा उत्पादन केंद्र

मंदिर तल पर पहुँचने हेतु अधिक आयु के भक्तों के लिए
स्वचालित सीढ़ियाँ/लिफ्ट

आपातकालीन चिकित्सा सहायता केंद्र

आवश्यक जनसुविधाएँ

सभी दिशाओं में प्रत्येक 15 मिनट के पैदल मार्ग पर प्रसाधन सुविधा

बैंक/ए.टी.एम.

बहुपयोगी वितरण एवं परिसंचालन केंद्र

मंदिर परिक्षेत्र विकास संकल्पना

प्रस्तावित परिक्षेत्र में छह मंदिरों का प्रावधान

आगामी पचास वर्ष की आवश्यकताओं को ध्यान में रखते हुए योजनाओं के प्रारूप का निर्धारण

आँधी-तूफान एवं धूल से परिसर और मंदिर के बचाव हेतु त्रि-स्तरीय वृक्षारोपण

पुष्पवाटिका और नक्षत्रवाटिका की योजना

परिसर की निगरानी के लिए प्रत्येक कोण पर
ऊँचा निरीक्षण स्तंभ

सुरक्षा प्रबंधन संकुल

बलिदानी हुतात्माओं की स्मृति में भव्य स्मारक

निर्माण के विशिष्ट मानक

लौहरहित मंदिर निर्माण

प्राकृतिक प्रौद्योगिकी का उपयोग

जल निकायों का निर्माण और संरक्षण

प्राकृतिक सामग्री का अधिकतम उपयोग

अपशिष्ट पदार्थ का समुचित प्रबंधन

समुचित प्रकाश व्यवस्था

भूमिगत जल प्रबंधन

निर्माणकालीन अनुशासन

वृत्तचित्र निर्माण हेतु दृश्यांकन

पर्यावरण मानकों के अनुसार भवन निर्माण

कलाकृतियों का संग्रह और संरक्षण

धरोहर का संरक्षण

अनुमानित तीर्थयात्री

तीर्थयात्रियों की वर्तमान संख्या (दैनिक)

10 हजार

तीर्थयात्रियों की अपेक्षित संख्या (दैनिक)

50 हजार

तीर्थयात्रियों की वर्तमान संख्या (विशेष अवसर)

20 लद्दाख

तीर्थयात्रियों की अपेक्षित संख्या (विशेष अवसर)

50 लद्दाख

परिक्रमा (चौदह कोसी और पंच कोसी)

20–25 लद्दाख

□

अध्याय : 13

संख्यात्मक विवरण

अखिल भारतीय वृत्त-दिल्ली-03 व 04 अप्रैल, 2021

क्र.	प्रांत का नाम	प्रांत में कुल गाँव	संपर्कित गाँव	कुल परिवार	संपर्कित परिवार	सहभागी कार्यकर्ता संख्या	
						महिला	पुरुष
1	उ. तमिलनाडु	29877	14675	2701748	1519819	3098	14912
2	द. तमिलनाडु	35247	18170	5626596	1122219	1985	14769
3	केरल	12274	11451	4500000	1761257	4208	81461
4	उ. कर्नाटक	10055	10055	4229882	3013155	7655	112617
5	द. कर्नाटक	19669	19669	8753000	6350000	19416	116819
6	उ. आंध्र प्रदेश	7051	5968	6992519	4280846	20954	49156
7	द. आंध्र प्रदेश	6123	5618	4887802	3193458	19372	29104
8	तेलंगाना	13037	12719	8000000	6859076	11226	183171
9	प. महाराष्ट्र	10130	9958	6600000	3882166	5503	52265
10	कोंकण	5922	4751	6500000	4072000	3954	34844
11	विदर्भ	12477	12310	4975766	2767991	1103	6067
12	देवगिरि	11432	11322	4315000	3397677	8880	170267
13	मध्य भारत	16272	15846	3771235	3327603	2193	28348
14	मालवा	12273	11841	3842689	3317252	3367	69000
15	महाकौशल	24054	23044	5402533	3436376	341	5780
16	छत्तीसगढ़	19720	16487	5000000	3375000	5025	55475
17	उ. गुजरात	5770	5575	3713317	2853305	3707	40012

18	द. गुजरात	7228	6580	4000000	3150000	1650	18360
19	सौराष्ट्र	6355	6004	3292395	2239810	2021	37091
20	जयपुर	12662	12470	4979365	3361769	1560	40558
21	जोधपुर	8333	8253	3964029	3094185	3348	32120
22	चित्तौड़	15302	15302	3800000	3138815	2850	95685
	कुल	301263	258068	109847876	73513779	125336	12,87,881

क्र.	प्रांत का नाम	प्रांत में कुल गाँव	संपर्कित गाँव	कुल परिवार	संपर्कित परिवार	सहभागी कार्यकर्ता संख्या	
						महिला	पुरुष
23	उ. बंगाल	10693	8299	3000000	1258563	1332	19530
24	द. बंगाल	32000	19482	8886335	3331065	1510	33020
25	असम	18974	16277	4495000	1582869	4680	39203
26	मेघालय	6861	1100	80700	46000	174	400
27	मणिपुर	2620	922	50000	39954	246	650
28	नागालैंड	1428	400	40000	18000	40	480
29	त्रिपुरा	1073	873	600000	238901	2470	5200
30	मिजोरम	853	90	7000	1300	15	85
31	अरुणाचल प्रदेश	4000	1800	150000	40000	300	900
32	पू. ओडिशा	34024	26722	5321150	3394316	5009	28208
33	प. ओडिशा	20686	15441	2421549	1765075	4449	21326
34	उ. बिहार	23800	18885	11500000	3327750	1540	37484
35	द. बिहार	21442	15481	6000000	2390093	300	17610
36	झारखंड	28389	23467	6848397	3408784	3218	25868
37	मेरठ	12130	10221	4285824	3660005	7749	66174
38	ब्रज	12858	12858	6529365	4215173	5000	66000
39	अवध	19019	17950	7617790	2300292	2329	44884
40	काशी	15922	14650	6274250	4318404	2689	40157
41	कानपुर	11471	9300	3000000	2374222	1660	23140
42	उत्तराखंड	14607	13453	1857196	1412848	5882	27158
43	गोरक्ष	19978	15904	5051000	3294999	2350	35706

44	जम्मू-कश्मीर	6053	4693	800000	637098	1335	19996
45	पंजाब	12716	6660	7000000	2005318	1129	12212
46	हिमाचल प्रदेश	17312	15841	1342954	1108096	1087	13602
47	हरियाणा	6726	6288	5516634	4208071	3481	31751
48	इंद्रप्रस्थ	1894	1894	4214764	3413160	2773	24083
	कुल	357529	278951	102889908	53790356	24,715	6,34,827
	महायोग	658792	537019	212737784	127304135	1,50,051	19,22,708

□

अध्याय : 14

न्यायालय में संघर्ष

—आलोक कुमार
वरिष्ठ अधिवक्ता एवं केंद्रीय कार्याध्यक्ष, विश्व हिन्दू परिषद्

अयोध्या में भगवान् श्रीराम के पवित्र जन्मस्थान पर एक भव्य मंदिर था। माना जाता था कि वह मंदिर सम्राट् विक्रमादित्य ने बनवाया था। इस मंदिर में संपूर्ण भारत से लोग पूजा-अर्चना करने आते थे।

भारत पर मुगलों के आक्रमण हुए। असंगठित हिन्दू समाज कई जगह पर उनका मुकाबला नहीं कर सका। सन् 1528 में अयोध्या भी हमलावर बाबर के अधिकार में आ गई। उसके आदेश पर जन्मस्थान का वह भव्य मंदिर तोड़ दिया गया। मंदिर के स्थान पर तीन गुंबदोंवाला एक ढाँचा खड़ा कर दिया गया, जिसे 'बाबरी मस्जिद' का नाम दिया गया। आक्रांता मुसलमानों ने देशभर में हिन्दू धर्म स्थलों को इसलिए तोड़ा कि हिन्दू समाज का मनोबल गिर जाए और वह हतप्राण हो जाएँ। विश्व भर में हमलावर ताकतों ने स्थानीय समाज को दबाने के लिए ऐसा ही किया है।

1885 : पहला मुकदमा

हिन्दुओं ने इस अन्याय को कभी स्वीकार नहीं किया। श्रीरामजन्मभूमि को वापस पाने के लिए हिन्दू विजय प्राप्त करने तक संघर्षरत रहे। यह संघर्ष न्यायालयों में पहली बार 15 जनवरी, 1885 को पहुँचा। उस समय भी बाबरी ढाँचे के बाहर राम चबूतरे पर हिन्दू पूजा-अर्चना करते थे। अपने मुकदमे में महंत रघुबर दास ने राम चबूतरे पर एक मंडप बनाने की माँग की। यह मुकदमा खारिज हो गया। इसकी अपील हुई और उसके बाद दूसरी अपील हुई। इसके निर्णय में ज्युडिशियल

कमिश्नर कर्नल एफ.ई.ए. कैमियर ने कहा कि यह दुर्भाग्यपूर्ण है कि जिस स्थान को हिन्दू भगवान् राम का जन्मस्थान मानते हैं, वहाँ मस्जिद बनाई गई है, पर उन्होंने यह कहकर अपील खारिज कर दी कि इतने वर्षों के बाद यथास्थिति को भंग करना ठीक नहीं होगा और इससे शांति भंग होने की आशंका है।

भए प्रकट कृपाला

22–23 दिसंबर, 1949 की रात्रि में बाबरी ढाँचे के बीचवाले गुंबद में रामलला प्रकट हुए। यह सूचना आग की तरह सब तरफ फैल गई। लोग वहाँ जुटने लगे। भगवान् की पूजा और भजन–कीर्तन शुरू हो गए। भारत के पूर्व प्रधानमंत्री श्रीनरसिंह राव ने अपनी पुस्तक में लिखा है कि कुछ मुसलमानों ने प्रधानमंत्री नेहरूजी से इसकी शिकायत की। प्रधानमंत्रीजी ने उत्तर प्रदेश सरकार को 'मस्जिद से तुरंत मूर्तियाँ हटवाने का आदेश दिया'। श्री नेहरू ने एक तार के द्वारा भी इस स्थिति पर अपनी चिंता व्यक्त की। उत्तर प्रदेश के तत्कालीन मुख्य सचिव श्री भगवान सहाय ने अयोध्या के डिप्टी कमिश्नर को आदेश दिया कि मूर्तियाँ हटा दी जाएँ और इसके लिए आवश्यक हो तो बल प्रयोग भी करें।

अयोध्या के तत्कालीन डिप्टी कमिश्नर श्री के.के. नायर ने अपने पत्र में मुख्य सचिव को कहा कि वहाँ से मूर्तियाँ हटाना सुरक्षाकर्मियों द्वारा गोली चलवाने के बगैर संभव नहीं होगा। उन्होंने सुझाव दिया कि इस परिसर को दंड प्रक्रिया संहिता की धारा 145 के अंतर्गत सील कर दिया जाए और इस भूमि के स्वामित्व का विषय दीवानी अदालत तय करें, जिससे कि फिलहाल यथास्थिति बनी रह सके। श्री नायर ने यह भी कहा कि अगर सरकार किसी भी कीमत पर मूर्तियाँ हटाने के लिए तुली हुई है तो वह इस काम को करने के लिए तैयार नहीं हैं और उनको उनके पद से हटा दिया जाए। सरकार ने इसके बाद मूर्तियाँ हटाने का साहस नहीं किया। परिसर में धारा 144 लगा दी गई।

मध्य गुंबद सील कर दिया गया। केवल मंदिर के पुजारियों को इस गुंबद में पूजा–अर्चना करने के लिए जाने की अनुमति थी।

न्यायालय ने बीचवाले गुंबद में विराजमान रामलला के पूजन का अधिकार माना

16 जनवरी, 1950 को रामभक्त श्री गोपाल सिंह विशारद ने मुकदमा दायर करके यह शिकायत की कि सरकारी अधिकारी ढाँचे के बीचवाले गुंबद में जाकर

रामजी की पूजा-अर्चना करने से उन्हें रोक रहे हैं। उन्होंने यह माँग की कि न्यायालय रामभक्तों के इस अधिकार की घोषणा करे कि वह बीचवाले गुंबद में गर्भगृह तक जाकर भगवान् की पूजा कर सकते हैं। न्यायालय ने एक अंतरिम आदेश के द्वारा यह प्रार्थना स्वीकार कर ली। बाद में फैजाबाद के सिविल जज ने यह भी आदेश दिया कि भगवान् की मूर्तियाँ अपने स्थान से हटाई नहीं जाएँगी। दूसरे पक्ष ने इलाहाबाद उच्च न्यायालय तक इसके विरुद्ध अपील की, पर उच्च न्यायालय ने भी 26 मई, 1955 के निर्णय में फैजाबाद के सिविल जज के फैसले को ही उचित माना।

महंत श्री परमहंस रामचंद्र दास ने 5 दिसंबर, 1950 को फैजाबाद के सिविल जज के सामने एक वाद स्थापित किया। इसमें वही माँग की गई थी, जो श्री गोपाल सिंह विशारद ने अपने जनवरी 1950 के मुकदमे में की थी। यह मुकदमा 18 सितंबर, 1990 को वापस ले लिया गया था।

1959 : निर्मोही अखाड़े का मुकदमा

17 दिसंबर, 1959 को निर्मोही अखाड़े ने एक वाद स्थापित करके यह घोषित करने की माँग की कि अखाड़े को श्रीरामजन्मस्थान और मंदिर का प्रबंध तथा वहाँ पूजा-अर्चना करवाने का संपूर्ण अधिकार है। इसलिए यह जन्मस्थान और वहाँ का मंदिर अखाड़े को सौंप दिया जाए।

1961 : सुन्नी सेंट्रल वक्फ बोर्ड का मुकदमा

18 दिसंबर, 1961 को सुन्नी सेंट्रल वक्फ बोर्ड और 9 अन्य मुसलमानों ने सिविल जज फैजाबाद की अदालत में स्थापित मुकदमे में यह माँग की कि बाबरी ढाँचा और उससे जुड़ी हुई जमीन सार्वजनिक मस्जिद की है। उन्होंने यह भी माँग की कि वहाँ से सब मूर्तियों को हटाया जाए और इस सबका कब्जा बोर्ड को दे दिया जाए।

1989 : श्रीरामलला का मुकदमा

1 जुलाई, 1989 को स्वयं भगवान् श्रीराम विराजमान एवं स्थान श्रीरामजन्मभूमि अयोध्या ने फैजाबाद के सिविल जज के सामने अपने वाद मित्र श्री देवकी नंदन के द्वारा एक मुकदमा स्थापित कर यह माँग की कि संपूर्ण वादग्रस्त भूमि के वह स्वयं स्वामी हैं और यह निषेधाज्ञा भी माँगी कि विवादित स्थान पर मंदिर के निर्माण में कोई बाधा उत्पन्न नहीं करें।

1989 : मुकदमों की सुनवाई इलाहाबाद उच्च न्यायालय में स्थानांतरित

इन चारों मुकदमों की सुनवाई एक साथ की गई। 10 जुलाई, 1989 को ये चारों मुकदमे इलाहाबाद उच्च न्यायालय में सुनवाई के लिए स्थानांतरित कर दिए गए। 21 जुलाई, 1989 को उच्च न्यायालय ने इनकी सुनवाई के लिए तीन न्यायाधीशों की पीठ का गठन किया। 14 अगस्त, 1989 को उच्च न्यायालय ने सभी पक्षकारों को यथास्थिति बनाए रखने का आदेश दिया।

1986 : गुंबद के नीचे के मंदिर का ताला खुला

जैसा कि ऊपर कहा है, 22–23 दिसंबर, 1949 की रात्रि में भगवान् के प्रकट होने के बाद उस परिसर में धारा 144 लगा दी गई। उसके बाद दंड प्रक्रिया संहिता की धारा 145 के अंतर्गत परिसर को अटैच करके इसका कब्जा रिसीवर के नाते म्युनिसिपल बोर्ड, फैजाबाद के अध्यक्ष को सौंप दिया गया था। केवल पुजारी पूजा–अर्चना के लिए मंदिर में जा सकते थे। शेष सब लोग मंदिर के द्वार पर लगे हुए जँगले के पीछे से दर्शन करने के लिए विवश थे।

25 जनवरी, 1986 को श्री उमेशचंद्र ने न्यायालय से प्रार्थना की कि मध्य गुंबद के नीचे के मंदिर का ताला खोल दिया जाए, जिससे सब रामभक्त मंदिर के अंदर जाकर दर्शन कर सकें। न्यायालय ने यह प्रार्थना 1 फरवरी, 1986 को स्वीकार कर ली। मंदिर के ताले खुल गए। सब भक्तों को भगवान् के निकट जाकर पूजा का अधिकार मिला। इस आदेश के खिलाफ उच्च न्यायालय में एक रिट याचिका भी दी गई, पर मंदिर के ताले खुले रहे।

दिसंबर 1992 : उत्तर प्रदेश सरकार द्वारा किया भूमि अधिग्रहण न्यायालय ने निरस्त किया

उत्तर प्रदेश सरकार ने 7–10 अक्तूबर, 1991 को विवादित ढाँचे और इसके आसपास की 2.77 एकड़ भूमि का अधिग्रहण कर लिया। आदेश के अनुसार यह अधिग्रहण अयोध्या में भक्तों को सुविधाएँ देने एवं अन्य विकास कार्यों के लिए किया गया था। इस अधिग्रहण को इलाहाबाद उच्च न्यायालय में चुनौती दी गई और न्यायालय ने 11 दिसंबर, 1992 को यह अधिग्रहण रद्द कर दिया।

1993 : केंद्र सरकार द्वारा भूमि का अधिग्रहण और न्यायालय का निर्णय

केंद्र सरकार ने 1993 में एक अध्यादेश द्वारा विवादित ढाँचे और उसके आसपास की 68 एकड़ भूमि का अधिग्रहण कर लिया। इस कानून में यह भी प्रावधान था कि इस समस्त भूमि के स्वामित्व को लेकर चल रहे सब मुकदमे समाप्त माने जाएँगे। साथ ही, केंद्र सरकार ने राष्ट्रपतिजी द्वारा सर्वोच्च न्यायालय से यह निर्णय माँगा कि क्या बाबरी मस्जिद के निर्माण से पहले उस स्थान पर कोई हिन्दू मंदिर या धर्मस्थान था ? माननीय सर्वोच्च न्यायालय ने इस पर विचार करने से इनकार कर दिया।

इस अध्यादेश को सर्वोच्च न्यायालय में डॉ. एम. इस्माइल फारुकी ने चुनौती दी। अपने 24 अक्तूबर, 1994 के निर्णय में माननीय सर्वोच्च न्यायालय ने कहा कि सरकार संपत्ति के लिए चल रहे मुकदमों को समाप्त नहीं कर सकती थी। मुकदमे पुनर्जीवित कर दिए गए। सरकार से कहा गया कि वह इस सारी भूमि की सुरक्षा और व्यवस्था करे और विवादित भूमि के स्वामित्व का निर्णय होने के बाद भूमि को उसके वास्तविक स्वामी को सौंप दे।

2010 : इलाहाबाद उच्च न्यायालय का निर्णय

अपनी सुनवाई के दौरान उच्च न्यायालय ने भारतीय पुरातत्त्व सर्वेक्षण विभाग को विवादित भूमि के नीचे की खुदाई करके वैज्ञानिक पद्धति से यह पता लगाने का आदेश दिया कि क्या विवादित ढाँचा किसी मंदिर या अन्य हिन्दू संस्थान के ऊपर बनाया गया है ? यह जाँच दोनों पक्षों एवं फैजाबाद के जिला जज की उपस्थिति में की गई। इसमें यह स्पष्ट हो गया कि बाबरी ढाँचे के नीचे बड़ी भूमि पर एक मंदिर होने के निश्चित प्रमाण हैं।

इन मुकदमों में 87 लोगों की गवाहियाँ लिखी गईं, जो 13,990 पृष्ठों में है। 533 दस्तावेज मुकदमे के भाग बने। इसके अलावा वकीलों ने संस्कृत, हिंदी, उर्दू, पर्शियन, तुर्किश, फ्रेंच व अंग्रेजी में एक हजार से अधिक निर्णय और पुस्तकें पढ़ीं, जो इतिहास, संस्कृति, पुरातत्त्व सर्वेक्षण और धर्म से संबंधित विषयों पर थीं।

इलाहाबाद उच्च न्यायालय ने 30 सितंबर, 2010 को अपना निर्णय सुनाया। न्यायमूर्ति धर्मवीर शर्मा ने भगवान् श्रीराम विराजमान के पक्ष में निर्णय दिया, पर बाकी दोनों न्यायाधीशों ने यह तो माना कि निर्मोही अखाड़े और सुन्नी सेंट्रल वक्फ

बोर्ड के मुकदमे समय बाधित हैं, इसलिए खारिज होने योग्य हैं। इसके बावजूद उन्होंने कहा कि विवादित भूमि को तीन बराबर हिस्सों में इस प्रकार बाँट दिया जाए कि—

(क) बीचवाले गुंबद और उसमें विराजित विग्रह हिन्दुओं को मिले,

(ख) राम चबूतरा और उसके पास की भूमि निर्मोही अखाड़े को मिले और

(ग) मुसलमानों को दी जानेवाली भूमि के लिए बाधामुक्त रास्ता हो।

सर्वोच्च न्यायालय में

इस निर्णय से कोई संतुष्ट नहीं हुआ, इसलिए सब पक्षों ने इस निर्णय के खिलाफ सर्वोच्च न्यायालय में अपील की। ये अपीलें 30 सितंबर, 2010 को सुनवाई के लिए स्वीकार की गईं। उच्च न्यायालय के निर्णय पर रोक लगाई गई और सभी पक्षकारों को यथास्थिति बनाए रखने का आदेश दिया गया।

सर्वोच्च न्यायालय में सुनवाई के लिए एक अंतहीन जैसी प्रतीक्षा करनी पड़ी। लगभग 9 वर्षों बाद 8 जनवरी, 2019 को इन अपीलों की सुनवाई के लिए पाँच न्यायाधीशों की संविधान पीठ का गठन किया गया, पर 26 फरवरी, 2019 को हिन्दू पक्ष की असहमति के बावजूद यह विषय मध्यस्थता के लिए भेज दिया गया। यह मध्यस्थता असफल हो गई।

अंततः 6 अगस्त, 2019 को सुनवाई शुरू हुई। यह सुनवाई 40 दिन चली। सुनवाई 16 अक्तूबर, 2019 को पूरी हुई। हिन्दू पक्ष के वकीलों ने श्रद्धा और आस्था के साथ मुकदमा लड़ा। 90 वर्ष से अधिक आयु के श्री के. पारासरन ने न्यायाधीशों की प्रार्थना पर भी भगवान् के इस मुकदमे में बैठकर बहस करना स्वीकार नहीं किया। श्री सी.एस. वैद्यनाथन नंगे पैर रहकर बहस करते थे। सब वकील मानो अपना धार्मिक और आध्यात्मिक कर्तव्य निभा रहे थे।

9 नवंबर, 2019 : विजय-मंदिर निर्माण का मार्ग प्रशस्त

सर्वोच्च न्यायालय ने 9 नवंबर, 2019 को अपना सर्वसम्मत निर्णय दिया। यह पूरी विवादित भूमि श्रीरामलला की घोषित की गई। सरकार को आदेश दिया गया कि इस पर श्रीरामलला का भव्य मंदिर बनाने के लिए एक ट्रस्ट बनाए।

सर्वोच्च न्यायालय ने यह निर्णय देने के लिए अपनी विवेचना में यह माना कि—

- मस्जिद की नींव एक पुराने विशाल, स्थानीय एवं गैर-इस्लामिक शैली के ढाँचे की दीवार पर थी, जो 12वीं शताब्दी का है, न कि खाली जमीन पर। मस्जिद के नीचेवाला ढाँचा, उसकी वास्तुकला तथा प्राप्त अवशेष हिन्दू मंदिर के लगते हैं, जो कि उस देशकाल की खुदाई से प्राप्त मंदिरों के समान हैं। इस निर्णय तक पहुँचने के लिए सर्वोच्च न्यायालय ने भारतीय पुरातात्त्विक सर्वेक्षण विभाग की रिपोर्ट का विशद अध्ययन किया और इन निष्कर्षों के लिए उसे स्वीकार कर लिया।
- यात्रियों के ऐतिहासिक अभिलेखों के आधार पर न्यायालय ने माना कि हिन्दुओं को अडिग आस्था और विश्वास था कि विवादित स्थल भगवान् राम का जन्मस्थान है।
- श्रीराम चबूतरा, सीता रसोई तथा भंडारे पर हिन्दुओं द्वारा निरंतर पूजा करना प्रमाणों से सिद्ध हो गया। सर्वोच्च न्यायालय ने यह भी माना कि विवादित ढाँचे के अंदर भी हिन्दुओं का जाना-आना सदैव बना रहा। न्यायालय ने कहा कि ये स्थान हमेशा हिन्दुओं के आधिपत्य में रहे।
- 1857 में अंग्रेज सरकार द्वारा विवादित स्थल की बाड़ाबंदी के बाद भी मस्जिद तथा बाहर का भाग एक ही संपत्ति मानी गई।
- दस्तावेजी साक्ष्यों तथा गवाहों के बयान से स्थापित होता है कि धार्मिक अवसरों तथा त्योहारों के समय बड़ी संख्या में हिन्दू यहाँ पूजा करते आए हैं।
- मुस्लिम गवाहों ने भी स्वीकार किया है कि मस्जिद के अंदर तथा बाहर हिन्दू धर्म के प्रतीक, यथा वराह, जय-विजय, गरुड़ इत्यादि उपस्थित हैं;
- न्यायालय के समक्ष मो. सलीम नामक व्यक्ति द्वारा 30 नवंबर, 1858 को दर्ज प्राथमिक सूचना रिपोर्ट प्रस्तुत की गई, जिसमें कहा गया था कि निहंगों के एक समूह ने विवादित भूमि पर प्रवेश कर एक चबूतरा बनाया, उस पर अपना निशान स्थापित कर दिया तथा अंदर 'राम-राम' लिख दिया।
- शीतल दुबे नामक थानेदार ने इस रिपोर्ट को सत्यापित किया। यह पहला दस्तावेजी साक्ष्य था, जो यह बताता है कि हिन्दुओं की उपस्थिति मस्जिद के बाहर तथा अंदर, दोनों जगह थी।

जन्मस्थान पर भव्य मंदिर-निर्माण

प्रधानमंत्रीजी ने 5 फरवरी, 2020 को संसद् भवन में 'श्रीरामजन्मभूमि तीर्थ क्षेत्र' नाम से यह ट्रस्ट घोषित किया। उसी दिन सायंकाल अयोध्या के जिलाधिकारी ने 68 एकड़ अधिगृहीत भूमि ट्रस्ट को सौंप दी।

5 अगस्त, 2020 को देश के प्रधानमंत्री श्री नरेंद्र मोदी, राष्ट्रीय स्वयंसेवक संघ के सरसंघचालक श्री मोहन भागवत और देश के प्रमुख संतों और हिन्दू नेताओं द्वारा अयोध्या में मंदिर के लिए भूमि पूजन किया गया।

ट्रस्ट ने देश से मंदिर-निर्माण के लिए निधि समर्पण का आह्वान किया। 15 जनवरी, 2021 (मकर संक्रांति) से 27 फरवरी, 2021 (सदगुरु श्रीरविदास जयंती) तक निधि समर्पण का देशव्यापी अभियान चला। लगभग 10 लद्दाख कार्यकर्ता 5.50 लद्दाख से अधिक स्थानों पर 12.50 करोड़ परिवारों के पास गए। इतिहास में ऐसा पहली बार हुआ। कश्मीर से कन्याकुमारी तक, कच्छ से कामरूप तक समस्त देशवासियों ने एक मन से, पूरी श्रद्धा से मंदिर निर्माण के लिए समर्पण किया। मंदिर निर्माण से राष्ट्र निर्माण होगा और यह भारत के परम वैभव की प्राप्ति तक चलेगा।

□

अध्याय : 15

अयोध्या जन्मभूमि पर श्रीरामजन्मभूमि का भूमि पूजन

—मोहनराव भागवतजी
सरसंघचालक, राष्ट्रीय स्वयंसेवक संघ

श्रद्धेय नृत्यगोपालदास महाराजजी सहित उपस्थित सभी संत चरण, भारत के आदरणीय और जनप्रिय प्रधानमंत्री श्री नरेंद्र मोदी, उत्तर प्रदेश की माननीया राज्यपाल महोदया श्रीमती आनंदीबेन पटेल, उत्तर प्रदेश के माननीय मुख्यमंत्री श्री योगी आदित्यनाथ, सभी नागरिक सज्जन एवं माता-भगिनी! यह आनंद का क्षण है! बहुत प्रकार से आनंद है। एक संकल्प लिया था, मुझे स्मरण है कि तब के हमारे सरसंघचालक श्री बालासाहब देवरस ने यह बात हमको कदम आगे बढ़ाने से पहले याद दिलाई थी कि इस गंभीर विषय पर कम-से-कम 20-30 वर्ष काम करना पड़ेगा, तब जाकर यह काम होगा और 30वें वर्ष के प्रारंभ में हमको संकल्प पूर्ति का फल मिल रहा है। जी-जान से प्रयास किया है, लोगों ने बलिदान दिया है, वे सभी लोग सूक्ष्म रूप से आज यहाँ उपस्थित हैं, क्योंकि प्रत्यक्ष रूप से उपस्थित हो नहीं सकते हैं। ऐसे भी लोग हैं, जो अभी जीवित हैं, परंतु कोरोना महामारी के कारण यहाँ आ नहीं सके। रथयात्रा की अगवानी करनेवाले श्री लालकृष्ण आडवाणी आज अपने घर में बैठकर इस कार्यक्रम को देख रहे होंगे। ऐसे भी कई लोग हैं, जो आ तो सकते हैं, परंतु यहाँ बुलाए नहीं जा सकते हैं, क्योंकि परिस्थिति ही ऐसी है, लेकिन वे सब भी अपनी-अपनी जगह आनंदित हो रहे होंगे और मैं पूरे देश में देख रहा हूँ कि

चारों तरफ आनंद की लहर है। यह सदियों की आस पूरी होने की खुशी है, लेकिन सबसे बड़ा आनंद है, भारत को आत्मनिर्भर बनाने के लिए जिस आत्मविश्वास और आत्मभान की आवश्यकता थी, उसका सगुण साकार अधिष्ठान बनने का शुभारंभ आज हो रहा है। वह अधिष्ठान है, आध्यात्मिक दृष्टि का 'सियाराम मय सब जग जानी', सारे जगत् में अपने को देखने की और अपने में सारे जगत् को देखने की भारत की दृष्टि, जिसके कारण उसके प्रत्येक व्यक्ति का व्यवहार आज भी विश्व में सबसे अधिक सज्जनता का होता है और उस देश का सामूहिक व्यवहार सबके साथ 'वसुधैव कुटुम्बकम्' का होता है। ऐसा स्वभाव और ऐसा अपने कर्तव्य का निर्वाह व्यावहारिक जगत् की माया की दुविधा में से रास्ता निकालते हुए जितना हो सके, सबको साथ ले चलने की, जो एक विधि बनती है, उसका अधिष्ठान आज यहाँ बन रहा है। परम वैभव संपन्न और सबका कल्याण करनेवाला भारत, उसके निर्माण का शुभारंभ आज ऐसे निर्माण का व्यवस्थागत नेतृत्व जिनके हाथ में है, उनके हाथ से हो रहा है, यह और एक आनंद है।

इसलिए उन सबका स्मरण होता है। लगता है कि अशोक सिंघलजी आज यहाँ रहते तो कितना अच्छा होता, महंत परमहंस दासजी आज हो सकते तो कितना अच्छा होता, लेकिन जो इच्छा परमात्मा की है, वैसा होता है, लेकिन मेरा विश्वास है कि जो हैं, वे मन से, जो नहीं हैं, वे सूक्ष्म रूप से आज यहाँ इस आनंद को अनुभूत कर रहे हैं, लेकिन इस आनंद में एक स्फुरण है, एक उत्साह है, हम कर सकते हैं, हमको करना है, वही करना है—

एतद्देशप्रसूतस्य सकाशादग्रजन्मन:,
स्वं स्वं चरित्रं शिक्षेरन्पृथिव्यां सर्वमानवा:।

जीवन जीने की शिक्षा देनी है, अभी यह कोरोना का दौर चल रहा है, सारा विश्व अंतर्मुख हो गया है। विचार कर रहा है कि कहाँ गलती हुई, कैसे रास्ता निकले, दो रास्तों को देख लिया, तीसरा रास्ता कोई और है क्या? हाँ! हमारे पास है, हम दे सकते हैं, देने का काम हमको करना है। उसकी तैयारी करने के संकल्प का भी आज दिवस है। उसके लिए आवश्यक पुरुषार्थ हमने किया है, प्रभु श्रीराम के चरित्र में से आज तक देखेंगे तो सारा पुरुषार्थ, पराक्रम और वीरव्रती हमारे रग-रग में है, उसको हमने खोया नहीं है। वह हमारे पास है। हम शुरू करें, हो जाएगा। इस प्रकार का विश्वास और प्रेरणा आज हम सबको इस दिन से मिलती है। कोई भी अपवाद नहीं है, क्योंकि 'सब राम के हैं और सब में राम हैं'।

इसलिए अब यहाँ भव्य मंदिर बनेगा। सारी प्रक्रिया शुरू हो गई है, दायित्व बाँटे गए हैं। जिनका जो काम है, वे करेंगे। उस समय हम लोगों को यह काम रहेगा कि हम सबको अपने मन की अयोध्या को सजाना-सँवारना है। इस भव्य कार्य के लिए प्रभु श्रीराम जिस धर्म के विग्रह माने जाते हैं, वह धारण करनेवाला, ऊपर उठानेवाला, सबकी उन्नति करनेवाला और सबको अपना माननेवाला धर्म, उसकी ध्वजा को अपने कंधे पर लेकर संपूर्ण विश्व को सुख-शांति देनेवाला भारत हम खड़ा कर सकें, इसलिए हमको अपने मन की अयोध्या को बनाना है। यहाँ पर जैसे-जैसे मंदिर बनेगा, वह अयोध्या भी बनती चली जानी चाहिए और इस मंदिर के पूर्ण होने से पहले हमारा मन-मंदिर बनकर तैयार रहना चाहिए, इसकी आवश्यकता है और वह मन-मंदिर कैसा रहेगा, बताया है—

काम क्रोध मद मान न मोहा। लोभ न छोभ न राग न द्रोहा॥
जिनके कपट दंभ नहीं माया। तिनके हृदय बसहिं रघुराया॥
जात-पाँत धनु धर्म बड़ाई। प्रिय परिवार सदन सुखदाई॥
सब कटि तुम्हहिं उर लाई। तिन्ह के हृदय रहहूँ रघुराई॥

हमारा हृदय भी राम का बसेरा होना चाहिए। इसलिए सभी दोषों, विकारों, द्वेषों और शत्रुता से मुक्त, दुनिया की माया कैसी भी हो, उसमें सब प्रकार का व्यवहार करने में समर्थ और हृदय से सब प्रकार के भेदों को तिलांजलि देकर केवल अपने देशवासी ही क्या, अपितु संपूर्ण जगत् को अपनाने की क्षमता रखनेवाला इस देश का व्यक्ति और इस देश का समाज, यह गढ़ने का काम है। उस गढ़ने के काम का एक सगुण साकार प्रतीक, जो सदैव प्रेरणा देता रहेगा, वह यहाँ खड़ा होनेवाला है। भव्य राममंदिर बनाने का काम भारत के लाखों मंदिरों में एक और मंदिर बनाने का काम नहीं है, अपितु उन सारे मंदिरों की मूर्तियों का जो आशय है, उस आशय का पुनर्प्रकटीकरण और पुनर्स्थापन करने का शुभारंभ आज यहाँ बहुत ही समर्थ हाथों से हुआ है। इस मंगल अवसर पर मैं आप सबका अभिनंदन करता हूँ और जो मेरे मन में इस समय विचार आए, उसको आपके चिंतन के लिए आपके सामने रखता हुआ आपसे विदा लेता हूँ।

□

अध्याय : 16

भगवान् भास्कर के आशीर्वाद के साथ एक स्वर्णिम ऐतिहासिक क्षण

—नरेंद्र मोदीजी
भारत के प्रधानमंत्री
भाद्रपद मास, द्वितीय तिथि
05 अगस्त, 2020
विक्रम संवत् 2077

सियावर रामचंद्र की जय!

जय सियाराम।

जय सियाराम।

आज यह जयघोष सिर्फ सियाराम की नगरी में ही नहीं सुनाई दे रहा बल्कि इसकी गूँज पूरे विश्वभर में है। सभी देशवासियों को और विश्वभर में फैले करोड़ों भारत भक्तों को, राम भक्तों को आज के इस पवित्र अवसर की कोटि-कोटि बधाई। मंच पर विराजमान यू.पी. की गवर्नर श्रीमती आनंदीबेन पटेलजी, यू.पी. के मुख्यमंत्री योगी आदित्यनाथजी, पूज्य नृत्यगोपाल दासजी महाराज और हम सभी के श्रद्धेय श्री मोहन भागवतजी, यह मेरा सौभाग्य है कि श्रीरामजन्मभूमि तीर्थ क्षेत्र ट्रस्ट ने मुझे आमंत्रित किया, इस ऐतिहासिक पल का साक्षी बनने का अवसर दिया। मैं इसके लिए हृदयपूर्वक 'श्रीरामजन्मभूमि तीर्थ क्षेत्र ट्रस्ट' का आभार व्यक्त करता हूँ।

राम काजु कीन्हे बिनु मोहि कहाँ बिश्राम॥

भारत, आज, भगवान् भास्कर के सान्निध्य में सरयू के किनारे एक स्वर्णिम अध्याय रच रहा है—

कन्याकुमारी से क्षीरभवानी तक
कोटेश्वर से कामाख्या तक,
जगन्नाथ से केदारनाथ तक,
सोमनाथ से काशी विश्वनाथ तक,
सम्मेद शिखर से श्रवणबेलगोला तक,
बोधगया से सारनाथ तक,
अमृतसर से पटना साहिब तक,
अंडमान से अजमेर तक,
लक्ष्यद्वीप से लेह तक,
आज पूरा भारतराममय है।
पूरा देश रोमांचित है, हर मन दीपमय है।
आज पूरा भारत भावुक भी है।
सदियों का इंतजार आज समाप्त हो रहा है।

करोड़ों लोगों को आज यह विश्वास ही नहीं हो रहा कि वो अपने जीते-जी इस पावन दिन को देख पा रहे हैं।

साथियो, बरसों से टाट और टेंट के नीचे रह रहे हमारे रामलला के लिए अब एक भव्य मंदिर का निर्माण होगा।

टूटना और फिर उठ खड़ा होना,
सदियों से चल रहे इस व्यतिक्रम से रामजन्मभूमि आज मुक्त हो गई है।

मेरे साथ फिर एक बार बोलिए, जय सियाराम, जय सियाराम!

साथियो, हमारे स्वतंत्रता आंदोलन के समय कई-कई पीढ़ियों ने अपना सबकुछ समर्पित कर दिया था।

गुलामी के कालखंड में कोई ऐसा समय नहीं था जब आजादी के लिए आंदोलन न चला हो; देश का कोई भू-भाग ऐसा नहीं था जहाँ आजादी के लिए बलिदान न दिया गया हो।

15 अगस्त का दिन उस अथाह तप का, लाखों बलिदानों का प्रतीक है, स्वतंत्रता की उस उत्कंठ इच्छा, उस भावना का प्रतीक है।

ठीक उसी तरह राम मंदिर के लिए कई-कई सदियों तक, कई-कई पीढ़ियों ने अखंड-अविरत एकनिष्ठ प्रयास किया है।

आज का यह दिन उसी तप, त्याग और संकल्प का प्रतीक है।

राम मंदिर के लिए चले आंदोलन में अर्पण भी था, तर्पण भी था, संघर्ष भी था, संकल्प भी था।

जिनके त्याग, बलिदान और संघर्ष से आज यह स्वप्न साकार हो रहा है,

जिनकी तपस्या राममंदिर में नींव की तरह जुड़ी हुई है,

मैं उन सब लोगों को आज नमन करता हूँ, उनका वंदन करता हूँ।

संपूर्ण सृष्टि की शक्तियाँ, राम जन्मभूमि के पवित्र आंदोलन से जुड़ा हर व्यक्तित्व, जो जहाँ है, इस आयोजन को देख रहा है, वो भाव-विभोर है, सभी को आशीर्वाद दे रहा है।

साथियो, राम हमारे मन में गढ़े हुए हैं, हमारे भीतर घुल-मिल गए हैं।

कोई काम करना हो, तो प्रेरणा के लिए हम भगवान् राम की ओर ही देखते हैं।

आप भगवान् राम की अद्भुत शक्ति देखिए।

इमारतें नष्ट कर दी गईं, अस्तित्व मिटाने का प्रयास भी बहुत हुआ, लेकिन राम आज भी हमारे मन में बसे हैं, हमारी संस्कृति का आधार हैं।

श्रीराम भारत की मर्यादा हैं, श्रीराम मर्यादा पुरुषोत्तम हैं।

इसी आलोक में अयोध्या में रामजन्मभूमि पर श्रीराम के इस भव्य-दिव्य मंदिर के लिए भूमिपूजन हुआ है।

यहाँ आने से पहले मैंने हनुमानगढ़ी का दर्शन किया।

राम के सब काम हनुमान ही तो करते हैं।

राम के आदर्शों की कलियुग में रक्षा करने की जिम्मेदारी भी हनुमानजी की ही है।

हनुमानजी के आशीर्वाद से श्रीराममंदिर भूमिपूजन का यह आयोजन शुरू हुआ है।

साथियो, श्रीराम का मंदिर हमारी संस्कृति का आधुनिक प्रतीक बनेगा,

हमारी शाश्वत् आस्था का प्रतीक बनेगा,

हमारी राष्ट्रीय भावना का प्रतीक बनेगा,

और यह मंदिर करोड़ों-करोड़ लोगों की सामूहिक संकल्पशक्ति का भी प्रतीक बनेगा।

यह मंदिर आनेवाली पीढ़ियों को आस्था, श्रद्धा और संकल्प की प्रेरणा देता रहेगा।

इस मंदिर के बनने के बाद अयोध्या की सिर्फ भव्यता ही नहीं बढ़ेगी, इस क्षेत्र का पूरा अर्थतंत्र भी बदल जाएगा।

यहाँ हर क्षेत्र में नए अवसर बनेंगे, हर क्षेत्र में अवसर बढ़ेंगे।

सोचिए, पूरी दुनिया से लोग यहाँ आएँगे; पूरी दुनिया प्रभु राम और माता जानकी का दर्शन करने आएगी।

कितना कुछ बदल जाएगा यहाँ!

साथियो, राममंदिर के निर्माण की यह प्रक्रिया राष्ट्र को जोड़ने का उपक्रम है।

यह महोत्सव है—

विश्वास को विद्यमान से जोड़ने का।

नर को नारायण से जोड़ने का।

लोक को आस्था से जोड़ने का।

वर्तमान को अतीत से जोड़ने का।

और

स्व को संस्कार से जोड़ने का।

आज के ये ऐतिहासिक पल युगों-युगों तक, दिग-दिगंत तक भारत की कीर्ति-पताका फहराते रहेंगे।

आज का यह दिन करोड़ों रामभक्तों के संकल्प की सत्यता का प्रमाण है।

आज का यह दिन सत्य, अहिंसा, आस्था और बलिदान को न्यायप्रिय भारत की एक अनुपम भेंट है।

कोरोना से बनी स्थितियों के कारण भूमिपूजन का यह कार्यक्रम अनेक मर्यादाओं के बीच हो रहा है।

श्रीराम के काम में मर्यादा का जैसा उदाहरण प्रस्तुत किया जाना चाहिए, देश ने वैसा ही उदाहरण प्रस्तुत किया है।

इसी मर्यादा का अनुभव हमने तब भी किया था जब माननीय सर्वोच्च न्यायालय ने अपना ऐतिहासिक फैसला सुनाया था।

हमने तब भी देखा था कि कैसे सभी देशवासियों ने शांति के साथ, सभी की भावनाओं का ध्यान रखते हुए व्यवहार किया था।

आज भी हम हर तरफ वही मर्यादा देख रहे हैं।

साथियो, इस मंदिर के साथ सिर्फ नया इतिहास ही नहीं रचा जा रहा, बल्कि इतिहास खुद को दोहरा भी रहा है।

जिस तरह गिलहरी से लेकर वानर और केवट से लेकर वनवासी बंधुओं को भगवान् राम की विजय का माध्यम बनने का सौभाग्य मिला,

जिस तरह छोटे-छोटे ग्वालों ने भगवान् श्रीकृष्ण द्वारा गोवर्धन पर्वत उठाने में

बड़ी भूमिका निभाई,

जिस तरह मावले, छत्रपति वीर शिवाजी की स्वराज स्थापना के निमित्त बने,

जिस तरह गरीब-पिछड़े, विदेशी आक्रांताओं के साथ लड़ाई में महाराजा सुहेलदेव के संबल बने,

जिस तरह दलितों-पिछड़ों-आदिवासियों, समाज के हर वर्ग ने आजादी की लड़ाई में गांधीजी को सहयोग दिया,

उसी तरह आज देशभर के लोगों के सहयोग से राममंदिर निर्माण का यह पुण्य-कार्य प्रारंभ हुआ है।

जैसे पत्थरों पर श्रीराम लिखकर रामसेतु बनाया गया, वैसे ही घर-घर से, गाँव-गाँव से श्रद्धापूर्वक पूजी शिलाएँ, यहाँ ऊर्जा का स्रोत बन गई हैं।

देशभर के धामों और मंदिरों से लाई गई मिट्टी और नदियों का जल, वहाँ के लोगों, वहाँ की संस्कृति और वहाँ की भावनाएँ, आज यहाँ की शक्ति बन गई हैं।

वाकई, यह 'न भूतो, न भविष्यति' है।

भारत की आस्था, भारत के लोगों की सामूहिकता की यह अमोघ शक्ति पूरी दुनिया के लिए अध्ययन का विषय है, शोध का विषय है।

साथियो,

श्रीरामचंद्र को तेज में सूर्य के समान,

क्षमा में पृथ्वी के तुल्य,

बुद्धि में बृहस्पति के सदृश्य,

और यश में इंद्र के समान माना गया है।

श्रीराम का चरित्र सबसे अधिक जिस केंद्रबिंदु पर घूमता है, वो है सत्य पर अडिग रहना।

इसीलिए ही श्रीराम संपूर्ण हैं।

इसलिए ही वो हजारों वर्षों से भारत के लिए प्रकाश-स्तंभ बने हुए हैं।

श्रीराम ने सामाजिक समरसता को अपने शासन की आधारशिला बनाया था।

उन्होंने गुरु वशिष्ठ से ज्ञान, केवट से प्रेम, शबरी से मातृत्व, हनुमानजी एवं वनवासी बंधुओं से सहयोग और प्रजा से विश्वास प्राप्त किया।

यहाँ तक कि एक गिलहरी की महत्ता को भी उन्होंने सहर्ष स्वीकार किया।

उनका अद्‌भुत व्यक्तित्व,

उनकी वीरता, उनकी उदारता

उनकी सत्यनिष्ठा, उनकी निर्भीकता,

उनका धैर्य, उनकी दृढ़ता,

उनकी दार्शनिक दृष्टि युगों-युगों तक प्रेरित करती रहेगी।

राम प्रजा से एक समान प्रेम करते हैं, लेकिन गरीबों और दीन-दुखियों पर उनकी विशेष कृपा रहती है।

इसलिए तो माता सीता, रामजी के लिए कहती हैं, *'दीन दयाल बिरिदु समभारी'*।

यानी जो दीन हैं, जो दुखी हैं, उनकी बिगड़ी बनानेवाले श्रीराम हैं।

साथियो,

जीवन का ऐसा कोई पहलू नहीं है, जहाँ हमारे राम प्रेरणा न देते हों।

भारत की ऐसी कोई भावना नहीं है, जिसमें प्रभु राम झलकते न हों।

भारत की आस्था में राम हैं, भारत के आदर्शों में राम हैं!

भारत की दिव्यता में राम हैं, भारत के दर्शन में राम हैं!

हजारों साल पहले वाल्मीकि की 'रामायण' में जो राम प्राचीन भारत का पथप्रदर्शन कर रहे थे,

जो राम मध्ययुग में तुलसी, कबीर और नानक के जरिए भारत को बल दे रहे थे, वही राम आजादी की लड़ाई के समय बापू के भजनों में अहिंसा और सत्याग्रह की शक्ति बनकर मौजूद थे!

तुलसी के राम सगुण राम हैं, तो नानक और कबीर के राम निर्गुण राम हैं!

भगवान् बुद्ध भी राम से जुड़े हैं तो सदियों से यह अयोध्या नगरी जैन धर्म की आस्था का केंद्र भी रही है।

राम की यही सर्वव्यापकता भारत की विविधता में एकता का जीवन चरित्र है!

तमिल में 'कंब रामायण' तो तेलुगु में 'रघुनाथ' और 'रंगनाथ रामायण' हैं।

ओड़िया में 'रूइपाद-कातेड़पदी रामायण' तो कन्नड़ में 'कुमुदेंदु रामायण' है।

आप कश्मीर जाएँगे तो आपको 'रामावतारचरित' मिलेगा, मलयालम में 'रामचरितम्' मिलेगी।

बांग्ला में 'कृत्तिवास रामायण' है तो गुरु गोबिंदसिंह ने तो खुद 'गोबिंद रामायण' लिखी है।

अलग-अलग रामायणों में, अलग अलग जगहों पर राम भिन्न-भिन्न रूपों में मिलेंगे, लेकिन राम सब जगह हैं, राम सबके हैं।

इसीलिए,

राम भारत की 'अनेकता में एकता' के सूत्र हैं।

साथियो, दुनिया में कितने ही देश राम के नाम का वंदन करते हैं; वहाँ के नागरिक खुद को श्रीराम से जुड़ा हुआ मानते हैं।

विश्व की सर्वाधिक मुस्लिम जनसंख्या जिस देश में है, वो है इंडोनेशिया।

वहाँ हमारे देश की ही तरह 'काकाविन रामायण', 'स्वर्णद्वीप रामायण', 'योगेश्वर रामायण' जैसी कई अनूठी रामायणें हैं। राम आज भी वहाँ पूजनीय हैं।

कंबोडिया में 'रमकेर रामायण' है, लाओ में 'फ्रा लाक फ्रा लाम रामायण' है, मलेशिया में 'हिकायत सेरी राम' तो थाईलैंड में 'रामाकेन' है!

आपको ईरान और चीन में भी राम के प्रसंग तथा राम कथाओं का विवरण मिलेगा।

श्रीलंका में 'रामायण' की कथा 'जानकीहरण' के नाम सुनाई जाती है और नेपाल का तो राम से आत्मीय संबंध माता जानकी से जुड़ा है।

ऐसे ही दुनिया के और न जाने कितने देश हैं, कितने छोर हैं, जहाँ की आस्था में या अतीत में राम किसी-न-किसी रूप में रचे-बसे हैं!

आज भी भारत के बाहर दर्जनों ऐसे देश हैं, जहाँ वहाँ की भाषा में रामकथा, आज भी प्रचलित है।

मुझे विश्वास है कि आज इन देशों में भी करोड़ों लोगों को राम मंदिर के निर्माण का काम शुरू होने से बहुत सुखद अनुभूति हो रही होगी।

आखिर राम सबके हैं, सब में हैं।

साथियो, मुझे विश्वास है कि श्रीराम के नाम की तरह ही अयोध्या में बननेवाला यह भव्य राममंदिर भारतीय संस्कृति की समृद्ध विरासत का द्योतक होगा।

मुझे विश्वास है कि यहाँ निर्मित होनेवाला राममंदिर अनंतकाल तक पूरी मानवता को प्रेरणा देगा।

इसलिए हमें यह भी सुनिश्चित करना है कि भगवान् श्रीराम का संदेश, राममंदिर का संदेश, हमारी हजारों सालों की परंपरा का संदेश, कैसे पूरे विश्व तक निरंतर पहुँचे।

कैसे हमारे ज्ञान, हमारी जीवन-दृष्टि से विश्व परिचित हो—यह हमारी, हमारी वर्तमान और भावी पीढ़ियों की जिम्मेदारी है।

इसी को समझते हुए आज देश में भगवान् राम के चरण जहाँ-जहाँ पड़े, वहाँ राम सर्किट का निर्माण किया जा रहा है!

अयोध्या तो भगवान् राम की अपनी नगरी है!

अयोध्या की महिमा तो खुद प्रभु श्रीराम ने कही है, *'जन्मभूमि मम पुरी सुहावनि॥'*

यहाँ राम कह रहे हैं, मेरी जन्मभूमि अयोध्या अलौकिक शोभा की नगरी है।

मुझे खुशी कि आज प्रभु राम की जन्मभूमि की भव्यता, दिव्यता बढ़ाने के लिए कई ऐतिहासिक काम हो रहे हैं!

साथियो, हमारे यहाँ शास्त्रों में कहा गया है, *'न् राम सदृशो राजा, प्रथिव्याम् नीतिवान् अभूत॥'*

यानी कि पूरी पृथ्वी पर श्रीराम के जैसा नीतिवान शासक कभी हुआ ही नहीं!

श्रीराम की शिक्षा है, *'नहिं दरिद्र कोउ दुखी न दीना॥'*

कोई भी दुखी न हो, गरीब न हो।

श्रीराम का सामाजिक संदेश है, *'प्रहृष्ट नर नारीक:, समाज उत्सव शोभित:॥'*

नर-नारी सभी समान रूप से सुखी हों।

श्रीराम का निर्देश है, *'कच्चित् ते दयित: सर्वे, कृषि गोरक्ष जीविन:॥'*

किसान, पशुपालक—सभी हमेशा खुश रहें।

श्रीराम का आदेश है, *'कश्चिद् वृद्धान् च बालान् च, वैद्यान् मुख्यान् राघव। त्रिभि: एतै: वुभूषसे॥'*

बुजुर्गों की, बच्चों की, चिकित्सकों की सदैव रक्षा होनी चाहिए।

श्रीराम का आह्वान है, *'जौं सभीत आवा सरनाई। रखिहंउ ताहि प्रान की नाई॥'*

जो शरण में आए, उसकी रक्षा करना सभी का कर्तव्य है।

श्रीराम का सूत्र है, *'जननी जन्मभूमिश्च स्वर्गादपि गरीयसी॥'*

अपनी मातृभूमि स्वर्ग से भी बढ़कर होती है।

और भाइयो और बहनो,

यह भी श्रीराम की ही नीति है, *'भय बिनु होइ न प्रीति॥'*

इसलिए हमारा देश जितना ताकतवर होगा, उतनी ही प्रीति और शांति भी बनी रहेगी।

राम की यही नीति और रीति सदियों से भारत का मार्गदर्शन करती रही है।

राष्ट्रपिता महात्मा गांधी ने इन्हीं सूत्रों, इन्हीं मंत्रों के आलोक में रामराज्य का सपना देखा था।

राम का जीवन, उनका चरित्र ही गांधीजी के रामराज्य का रास्ता है।

साथियो, स्वयं प्रभु श्रीराम ने कहा है—

'देशकाल अवसर अनुहारी। बोले बचन बिनीत बिचारी॥'

अर्थात्, राम समय, स्थान और परिस्थितियों के हिसाब से बोलते हैं, सोचते हैं, करते हैं।

राम हमें समय के साथ बढ़ना सिखाते हैं, चलना सिखाते हैं।

राम परिवर्तन के पक्षधर हैं, राम आधुनिकता के पक्षधर हैं।

उनकी इन्हीं प्रेरणाओं के साथ श्रीराम के आदर्शों के साथ भारत आज आगे बढ़ रहा है!

साथियो, प्रभु श्रीराम ने हमें कर्तव्यपालन की सीख दी है। अपने कर्तव्यों को हम कैसे निभाएँ, इसकी सीख दी है!

उन्होंने हमें विरोध से निकलकर, बोध और शोध का मार्ग दिखाया है!

हमें आपसी प्रेम और भाईचारे के जोड़ से राममंदिर की इन शिलाओं को जोड़ना है।

हमें ध्यान रखना है, जब-जब मानवता ने राम को माना है, विकास हुआ है; जब-जब हम भटके हैं, विनाश के रास्ते खुले हैं!

हमें सभी की भावनाओं का ध्यान रखना है।

हमें सबके साथ से, सबके विश्वास से, सबका विकास करना है।

अपने परिश्रम, अपनी संकल्पशक्ति से एक आत्मविश्वासी और आत्मनिर्भर भारत का निर्माण करना है।

साथियो,

तमिल रामायण में श्रीराम कहते हैं—

'कालम् ताय, ईण्ड इनुम इरुत्ति पोलाम्॥'

भाव यह कि अब देरी नहीं करनी है, अब हमें आगे बढ़ना है!

आज भारत के लिए भी, हम सबके लिए भी, भगवान् राम का यही संदेश है!

मुझे विश्वास है, हम सब आगे बढ़ेंगे, देश आगे बढ़ेगा!

भगवान् राम का यह मंदिर युगों-युगों तक मानवता को प्रेरणा देता रहेगा, मार्गदर्शन करता रहेगा!

वैसे कोरोना की वजह से जिस तरह के हालात हैं, प्रभु राम का मर्यादा का मार्ग आज और अधिक आवश्यक है।

वर्तमान की मर्यादा है—दो गज की दूरी, मास्क है जरूरी।

मर्यादाओं का पालन करते हुए सभी देशवासियों को प्रभु राम स्वस्थ रखें, सुखी रखें, यही प्रार्थना है।

सभी देशवासियों पर माता सीता और श्रीराम का आशीर्वाद बना रहे,

इन्हीं शुभकामनाओं के साथ, सभी देशवासियों को एक बार फिर बधाई!

बोलो सियापति रामचंद्र की ''जय!

□

चित्रावली

(निधि समर्पण अभियान से संबंधित)

भारत के राष्ट्रपति श्री रामनाथ कोविंदजी से अयोध्या में भगवान् श्रीराम की जन्मभूमि पर हो रहे भव्य मंदिर-निर्माण हेतु उनका निधि समर्पण लेकर राष्ट्रपति भवन से बाहर निकलते हुए— श्रीरामजन्मभूमि तीर्थ क्षेत्र के कोषाध्यक्ष पूजनीय महामंडलेश्वर श्री गोविंददेव गिरिजी महाराज और उनकी बाईं तरफ श्रीरामजन्मभूमि तीर्थक्षेत्र निर्माण समिति के अध्यक्ष श्री नृपेंद्र मिश्रजी तथा दाहिनी तरफ विश्व हिन्दू परिषद् के अंतरराष्ट्रीय कार्याध्यक्ष श्री आलोक कुमारजी, उनके दाहिनी तरफ हैं--राष्ट्रीय स्वयंसेवक संघ, दिल्ली प्रांत के मा. प्रांत संघचालक श्री कुलभूषण आहूजाजी

कांचीकामकोटि मठ में निधि समर्पण करते हुए कांचीकामकोटि मठ के पूजनीय शंकराचार्य, स्वामी विजयेंद्र सरस्वती महाराज, पूजनीय मध्वाचार्य (पेजावर मठ) स्वामी विश्व प्रसन्नतीर्थ महाराज, पूजनीय महामंडलेश्वर श्री गोविंददेवगिरि महाराज, तमिलनाडु के राज्यपाल मा. बनवारीलालजी पुरोहित और समर्पणकर्ता भक्तजन।

अयोध्या में भगवान् श्रीराम की जन्मभूमि पर हो रहे भव्य मंदिर-निर्माण हेतु निधि समर्पण अभियान के निमित्त जम्मू में राष्ट्रीय स्वयंसेवक संघ के तत्कालीन सरकार्यवाह मा. श्री भय्याजी जोशी जम्मू के एक रामभक्त से उनका निधि समर्पण प्राप्त करते हुए।

अयोध्या में भगवान् श्रीराम की जन्मभूमि पर हो रहे भव्य मंदिर–निर्माण हेतु निधि समर्पण अभियान के निमित्त उत्तर प्रदेश के यशस्वी मुख्यमंत्री श्री योगी आदित्यनाथ से उनका निधि समर्पण प्राप्त करते हुए राष्ट्रीय स्वयंसेवक संघ के तत्कालीन सह–सरकार्यवाह मा. दत्तात्रेय होसबोलेजी, पूजनीय कमलनयन दासजी महाराज और श्रीरामजन्मभूमि तीर्थक्षेत्र के महासचिव श्री चंपत रायजी।

अयोध्या में भगवान् श्रीराम की जन्मभूमि पर हो रहे भव्य मंदिर–निर्माण हेतु निधि समर्पण अभियान के निमित्त मध्य प्रदेश के मुख्यमंत्री श्री शिवराज सिंह चौहान से उनका निधि समर्पण प्राप्त करते हुए विश्व हिन्दू परिषद् के केंद्रीय संगठन महामंत्री श्री माननीय विनायक देशपांडेजी, राष्ट्रीय स्वयंसेवक संघ के मा. प्रांत संघचालक श्री अशोक पांडेजी तथा विश्व हिन्दू परिषद् के क्षेत्र मंत्री (मध्य प्रदेश, छत्तीसगढ़) श्री राजेश तिवारीजी।

अयोध्या में भगवान् श्रीराम की जन्मभूमि पर हो रहे भव्य मंदिर-निर्माण हेतु निधि समर्पण अभियान के निमित्त केरल के राज्यपाल श्री आरिफ मोहम्मद खानजी से उनका निधि समर्पण प्राप्त करते हुए पूजनीय स्वामी सत्स्वरूपानंद सरस्वतीजी, पूज्य माताजी देवी ज्ञानाभनिष्ठाजी तथा केरल के विहिप के अन्य वरिष्ठ कार्यकर्ताओं के साथ विश्व हिन्दू परिषद् के अंतरराष्ट्रीय महामंत्री श्री मिलिंद परांडेजी।

अयोध्या में भगवान् श्रीराम की जन्मभूमि पर हो रहे भव्य मंदिर-निर्माण हेतु निधि समर्पण अभियान के निमित्त महाराष्ट्र की रिपब्लिकन पार्टी ऑफ इंडिया के अध्यक्ष मा. परशुराम वाडेकरजी एवं अन्य बौद्ध संप्रदाय के अन्य बंधुओं से श्रीरामजन्मभूमि तीर्थ-क्षेत्र के महासचिव श्री चंपत रायजी उनका निधि समर्पण प्राप्त करते हुए।

अयोध्या में भगवान् श्रीराम की जन्मभूमि पर हो रहे भव्य मंदिर–निर्माण हेतु निधि समर्पण अभियान के निमित्त पंजाब सिख जत्थेबंदियों व 1984 के दंगा पीड़ित बंधुओं के प्रमुख सरदार सुरजीत सिंह व सरदार विक्रम सिंहजी से विहिप के केंद्रीय कार्यकारिणी के सदस्य मा. दिनेशजी उनका निधि समर्पण प्राप्त करते हुए।

अयोध्या में भगवान् श्रीराम की जन्मभूमि पर हो रहे भव्य मंदिर–निर्माण हेतु निधि समर्पण अभियान के निमित्त राजस्थान के राज्यपाल मा. कलराज मिश्रजी से विहिप के केंद्रीय कार्यकारिणी के सदस्य मा. दिनेशजी उनका निधि समर्पण प्राप्त करते हुए। साथ में हैं राष्ट्रीय स्वयंसेवक संघ के मा. क्षेत्रीय संघचालक डॉ. रमेशचंद्र तथा विहिप केंद्रीय मंत्री बजरंगलालजी, केंद्रीय सहमंत्री श्री नरपतसिंहजी समेत निधि समर्पण के अन्य वरिष्ठ पदाधिकारीगण।

अयोध्या में भगवान् श्रीराम की जन्मभूमि पर हो रहे भव्य मंदिर-निर्माण हेतु निधि समर्पण अभियान के निमित्त हरियाणा के करनाल के पूजनीय संत श्री पीयूष मुनिजी महाराज से उनका निधि समर्पण प्राप्त करते हुए, राष्ट्रीय स्वयंसेवक संघ के वरिष्ठ प्रचारक प्रेमजी गोयल, विहिप के संयुक्त महामंत्री डॉ. सुरेंद्र जैनजी।

अयोध्या में भगवान् श्रीराम की जन्मभूमि पर हो रहे भव्य मंदिर-निर्माण हेतु निधि समर्पण अभियान के निमित्त हरियाणा के मुख्यमंत्री श्री मनोहर लाल खट्टरजी से उनका निधि समर्पण प्राप्त करता हुआ संघ और विहिप का संयुक्त प्रतिनिधिमंडल।

अयोध्या में भगवान् श्रीराम की जन्मभूमि पर हो रहे भव्य मंदिर-निर्माण हेतु निधि समर्पण अभियान के निमित्त पंजाब के मा. मुख्यमंत्री कैप्टन अमरिंदर सिंहजी से उनका निधि समर्पण प्राप्त करते हुए राष्ट्रीय स्वयंसेवक संघ के मा. प्रांत संघचालक श्री इकबालजी एवं विहिप के अन्य पदाधिकारीगण।

अयोध्या में भगवान् श्रीराम की जन्मभूमि पर हो रहे भव्य मंदिर-निर्माण हेतु निधि समर्पण अभियान के निमित्त छत्तीसगढ़ की राज्यपाल महोदया सुश्री अनसूया उइकेजी से उनका निधि समर्पण प्राप्त करते हुए विहिप के केंद्रीय मुख्य कोषाध्यक्ष डॉ. रमेश मोदीजी। साथ में श्रीरामजन्मभूमि अर्पण समिति के अध्यक्ष श्री बृजलालजी गोयल, डॉ. राजेंद्र दूबे, विहिप के प्रांत कोषाध्यक्ष श्री धवल शाह, विहिप के प्रांत सहमंत्री श्री घनश्याम चौधरीजी उपस्थित थे।

अयोध्या में भगवान् श्रीराम की जन्मभूमि पर हो रहे भव्य मंदिर-निर्माण हेतु निधि समर्पण अभियान के निमित्त झारखंड की राज्यपाल महोदया श्रीमती द्रौपदी मुर्मूजी से उनका निधि समर्पण प्राप्त करते हुए विहिप उपाध्यक्ष श्री जगन्नाथ शाहीजी।

अयोध्या में भगवान् श्रीराम की जन्मभूमि पर हो रहे भव्य मंदिर-निर्माण हेतु निधि समर्पण अभियान के निमित्त हिमाचल प्रदेश के मुख्यमंत्री श्री जयराम ठाकुरजी अपनी पत्नी और पुत्री के साथ विहिप के प्रांत संगठन मंत्री श्री नीरज दौनेरियाजी के नेतृत्व में संघ-विहिप के प्रतिनिधिमंडल को अपना निधि समर्पण करते हुए।

अयोध्या में भगवान् श्रीराम की जन्मभूमि पर हो रहे भव्य मंदिर–निर्माण हेतु निधि समर्पण अभियान के निर्ि न असम के मुख्यमंत्री श्री सर्बानंद सोनवालजी से उनका निधि समर्पण प्राप्त करते हुए राष्ट्रीय स्वयंसेवक संघ के मा. क्षेत्रीय संघचालक श्री असीम दत्तजी एवं निधि समर्पण अभियान के अन्य वरिष्ठ पदाधिकारीगण।

अयोध्या में भगवान् श्रीराम की जन्मभूमि पर हो रहे भव्य मंदिर–निर्माण हेतु निधि समर्पण अभियान के निमित्त मणिपुर की राज्यपाल महोदया डॉ. नजमा हेपतुल्लाजी से उनका निधि समर्पण प्राप्त करते हुए राष्ट्रीय स्वयंसेवक संघ के प्रांत कार्यवाह श्री राजेंद्र सिंहजी और दिनेश तिवारीजी तथा निधि समर्पण अभियान के अन्य वरिष्ठ पदाधिकारीगण।

अयोध्या में भगवान् श्रीराम की जन्मभूमि पर हो रहे भव्य मंदिर–निर्माण हेतु निधि समर्पण अभियान के निमित्त त्रिपुरा के मुख्यमंत्री श्री बिप्लव देवजी से उनका निधि समर्पण प्राप्त करते हुए त्रिपुरा के निधि समर्पण अभियान के अन्य वरिष्ठ पदाधिकारीगण।

अयोध्या में भगवान् श्रीराम की जन्मभूमि पर हो रहे भव्य मंदिर–निर्माण हेतु निधि समर्पण अभियान के निमित्त पंजाब के अमृतसर के श्री दुर्गियाना मंदिर ट्रस्ट के अध्यक्ष श्री रमेश शर्माजी, महासचिव श्री अरुणजी ने मंदिर की तरफ से निधि समर्पण किया। श्री दुर्गियाना मंदिर ट्रस्ट के पदाधिकारियों से निधि समर्पण प्राप्त करते हुए राष्ट्रीय स्वयंसेवक संघ के क्षेत्रीय प्रचारक प्रमुख श्री रामेश्वरजी तथा निधि समर्पण अभियान के अन्य पदाधिकारीगण।

अयोध्या में भगवान् श्रीराम की जन्मभूमि पर हो रहे भव्य मंदिर-निर्माण हेतु निधि समर्पण अभियान के निमित्त राजस्थान के उदयपुर के निवासी श्री अरविंद सिंहलजी (मा. अशोक सिंहलजी के भतीजे) तथा परिवार के अन्य सदस्यों से उनका निधि समर्पण प्राप्त करते हुए राष्ट्रीय स्वयंसेवक संघ के प्रांत प्रचारक श्री विजयानंदजी एवं निधि समर्पण अभियान के अन्य वरिष्ठ पदाधिकारीगण।

अयोध्या में भगवान् श्रीराम की जन्मभूमि पर हो रहे भव्य मंदिर-निर्माण हेतु निधि समर्पण अभियान के निमित्त अरुणाचल प्रदेश के मुख्यमंत्री श्री पेमा खांडूजी से उनका निधि समर्पण प्राप्त करते हुए अरुणाचल प्रदेश के निधि समर्पण अभियान के अध्यक्ष श्री तेची गुबिनजी तथा अन्य वरिष्ठ पदाधिकारीगण।

॥ श्रीहरि: ॥

स्वामी गोविन्ददेव गिरि
आचार्य- डी.लिट्. (मानद)
कोषाध्यक्ष, श्रीरामजन्मभूमि तीर्थक्षेत्र (न्यास), अयोध्या

'धर्मश्री', सूर्यमुखी दत्तमंदिर के समीप,
पुणे विद्यापीठ मार्ग, पुणे ४११०१६
दूरभाष : (०२०) २५६५२५८९
फॅक्स : (०२०) २५६७२०६९
swamigovindgiriji@gmail.com

निवेदनम्

महामहिम! हे राष्ट्रपतिजी
रामदास हम आये हैं।
भारत माँ के गौरव हेतु
नम्र निवेदन लाये हैं॥
अवधपुरी में जन्मभूमि पर
मंदिर दिव्य बनाएँगे।
भेद-विषमता रहित राष्ट्र का
ध्वज ऊँचा लहराएँगे॥
राम सभी के, सभी राम के
साक्षात्कार कराएँगे।
विश्वबंधुता-समता-ममता
कर साकार दिखाएँगे॥
महामहिम से पावन भिक्षा
पाकर राष्ट्र जगाएँगे
परंपरा के स्वप्न पूर्ण कर
देश समर्थ बनाएँगे॥

स्वामी गोविंददेवगिरि:
१५.१.२०२१

। महर्षि वेदव्यास प्रतिष्ठान । गीता परिवार । संत श्री ज्ञानेश्वर गुरुकुल । श्रीकृष्ण सेवा निधि ।
Email : dharmashree123@gmail.com | Website : www.dharmashree.org

भारत के राष्ट्रपति श्री राम नाथ कोविंदजी के लिए अयोध्या में भगवान् श्रीराम की जन्मभूमि पर हो रहे भव्य मंदिर-निर्माण हेतु श्रीरामजन्मभूमि तीर्थ क्षेत्र के कोषाध्यक्ष पूजनीय महामंडलेश्वर श्री गोविंददेव गिरिजी महाराज द्वारा उनका निधि समर्पण प्राप्त करने के लिए लिखी गई एक कविता।

संदर्भ-ग्रंथ सूची

- **आचार्य, देवव्रत (2014) :** महर्षि वाल्मीकि कृत श्रीराम संवाद, सुरुचि प्रकाशन, नई दिल्ली
- **कुमार, प्रवेश (2019) :** सामाजिक समरसता विचार नहीं व्यवहार, मानक प्रकाशन, दिल्ली
- **गांधी, एम.के. (प्रकाशित लेख, 1949) :** रामनाम, नवजीवन प्रकाशन मंदिर, अहमदाबाद, गुजरात
- **गोपाल कृष्ण (2015) :** भारत की संत परंपरा और सामाजिक समरसता, मध्य प्रदेश हिंदी ग्रंथ अकादमी
- **टूलधारिया, बद्रीशाह (2002) :** दैशिक शास्त्र, दीनदयाल उपाध्याय प्रकाशन, लखनऊ, उत्तर प्रदेश
- **बी.आर. अंबेडकर समग्र, खंड-4 (2020) :** सामाजिक न्याय अधिकारिता मंत्रालय, भारत सरकार द्वारा प्रकाशित
- **मिश्र, रामेश्वर पंकज (1994) :** गांधीजी की विश्वदृष्टि, मानक प्रकाशन, दिल्ली
- **राणा, आशुतोष (2020) :** रामराज्य, कौटिल्य बुक्स प्रकाशन, नई दिल्ली
- **रामावतार (1991) :** दादा चेलाराम पब्लिकेशन, नई दिल्ली
- **वाल्मीकि रामायण (2020) :** विजय कुमार गोविंदराम हासानंद, नई सड़क, दिल्ली
- **विनोबा भावे (2004) :** ग्राम पंचायत, सर्व सेवा संघ संस्थान, वाराणसी, उत्तर प्रदेश
- **शर्मा, राम अवतार :** जहँ-जहँ राम चरन चलि जाहीं, श्रीराम सांस्कृतिक शोध संस्थान न्यास, दिल्ली
- **श्रीरामचरितमानस (2089 संवत्) :** गीता प्रेस, गोरखपुर, उत्तर प्रदेश
- **सहगल, नरेंद्र (2019) :** राष्ट्रनायक श्रीराम, सुरुचि प्रकाशन, नई दिल्ली
- स्रोत : **इंटरनेट सोर्स**

श्रीरामजन्मभूमि तीर्थक्षेत्र

विशेष संपोषण

अध्यक्ष

महंत नृत्यगोपाल दासजी महाराज

महामंत्री

श्री चंपत राय

कोषाध्यक्ष

स्वामी गोविंददेव गिरिजी महाराज

अध्यक्ष निर्माण समिति

श्री नृपेंद्र मिश्र

सदस्य

श्री के. पारासरनजी

जगद्गुरु शंकराचार्य ज्योतिष्पीठाधीश्वर स्वामी वासुदेवानंद सरस्वतीजी महाराज

जगद्गुरु माध्वाचार्य स्वामी विश्वप्रसन्नतीर्थजी महाराज

युगपुरुष परमानंदजी महाराज

श्री विमलेंद्र मोहन प्रताप मिश्र

श्री कामेश्वर चौपाल

महंत दिनेंद्र दासजी

श्री ज्ञानेश कुमार, आई.ए.एस.

श्री अवनीश अवस्थी, आई.ए.एस.

श्री अनुज झा (जिलाधिकारी अयोध्या)

श्रीरामजन्मभूमि तीर्थ क्षेत्र निर्माण समिति

श्री नृपेंद्र मिश्र, आई.ए.एस.

(सेवानिवृत्त)

पूर्व प्रमुख सचिव प्रधानमंत्री, भारत

अध्यक्ष-निर्माण समिति

श्री शत्रुघ्न सिंह, आई.ए.एस. (सेवानिवृत्त)
पूर्व मुख्य सचिव, उत्तराखंड

श्री आशुतोष शर्मा
लेखा महापरीक्षक (AG)

श्री दिवाकर त्रिपाठी, आई.ए.एस.
(सेवानिवृत्त)
(व्यवस्था प्रमुख : हनुमान मंदिर, लखनऊ)

श्री अनूप मित्तल (सेवानिवृत्त)
पूर्व अध्यक्ष, राष्ट्रीय भवन निर्माण निगम
(N.B.C.C.)

प्रो. रमन सूरी (सेवानिवृत्त)
संकायाध्यक्ष (डीन)
स्कूल ऑफ आर्किटेक्चर

श्री के.के. शर्मा, आई.पी.एस. (सेवानिवृत्त)
महानिदेशक-सीमा सुरक्षा बल
(B.S.F.)

श्रीरामजन्मभूमि तीर्थ क्षेत्र महानिर्माण प्रबंधन

केंद्रीय संपर्क :
श्रीरामजन्मभूमि तीर्थ क्षेत्र
राम कचहरी, रामकोट, अयोध्या-224 123 (उ.प्र.)

Central Contact :
SHRI RAM JANMBHOOMI TEERTH KSHETRA
RAM KACHEHRI, RAMKOT, AYODHYA-224123 [U.P.]
वेबस्थल (वेबसाइट)
www.srjbtkshetra.org
अणुडाक (इ-मेल)
contact@srjbtkshetra.org

COMPETENCY MAPPING FOR INDUSTRIAL SECTORS

By

Dr. R.N. Misra

Professor

Deptt. of Management

SMIT, Berhampur

Under Biju Patnaik University of Technology

Rourkela

(Orissa)

DISCOVERY PUBLISHING HOUSE PVT. LTD.

NEW DELHI-110 002

First Published-2010

ISBN 978-81-8356-633-9

Published by:

DISCOVERY PUBLISHING HOUSE PVT. LTD.
4831/24, Ansari Road, Prahlad Street
Darya Ganj, New Delhi-110002 (India)
Phone: 23279245, 43764432 • Fax: 91-11-23253475
E-mail: parul.wasan@gmail.com
info@discoverypublishinggroup.com
Website: www.discoverypublishinggroup.com

Printed at:
Mehra Offset Press
Delhi

Preface

In an organization knowledge is considered as most important. Human relations and other conceptual knowledge like attitude and skills required for all jobs in a well developed organization. Behavioural science is very essential to examine the work performance of an individual. Competency mapping is an in house job.

Competency mapping plays an important role in all business undertaking in the present era. Competency is the judge the ability of an individual to perform effectively in a job relevant area, again it examine the effective performance of an individual as per his required area. Competency is related to context when competency mapping is done in an organization, the functional and role related contexts are taken into due consideration. Context competencies developed in one context are taken into due consideration. Context competencies developed in one context which cannot be generalized from one organization to another and one function to another and one role to another. The competencies mapping adopted by one organization cannot be borrowed by another organization. This book is very helpful to HR managers and others who are dealing with person concern.

R.N. MISRA

Acknowledgements

I express my special thanks and gratitude to Shri Tilak Wasan, the Director, Discovery Publishing House Pvt Ltd, New Delhi. I also convey my thanks, the real leader of the Discovery Publishing House, Shri Parul Wasan the son of Shri Tilak Wasan for taking pain to publish this book. I am also thankful to all staff members of Discovery Publishing House, New Delhi for their kind help and co-operation provided in publishing this book in time.

I am also thankful to my wife Smt Swarna Prava Misra, for taking all efforts for editing this book. My son Roopesh and Rookesh helped me in all the times for editing this book. My daughter-in-law Amrita Misra, Deptt. of English has taken all efforts for error free of the manuscript, so I am thankful to her. I am also very much thankful to Miss Isita Kar for her cooperation.

AUTHOR

Contents

1

Introduction

For Nalco:

"Our Most Valuable Assets Are Not Our Results But The People Who Make Them Happen. Let's Develop Them."

INTRODUCTION

Training means providing necessary knowledge or skill to an employee to enable him to perform the assigned work or job. Training is an organized programme or activity for the purpose of sharpening the skill and activities of an employee to discharge his duty well. The purpose of training is to cover up the deficiencies, inabilities and enhance performance of an employee. 'Training' as defined by management experts, according to Jucius:

"the term 'training' is used here to indicate only process by which the aptitudes, skill and abilities of employees to perform specific jobs are increased."

In the words of Dale S. Beach:

"Training is the organized procedure in which people learn knowledge and/or skill for definite purpose."

In short training makes person suitable for the job for which he is selected.

NEED FOR A STUDY

For the student of the management, the project work is the first ever exposure to the field where he/she gets ample opportunity to test his/her inherent capabilities as well learnt management skills. Need for this study is:

- To outline the brief profile of the organization.
- To make qualitative analysis of various dimensions of training and development, competency mapping.
- To know-how the employees of the organization both executives and non-executives perceive training and development.
- To make appropriate suggestions for enhancing organizational effectiveness.

Factors influencing the selection of the organization for the study:

- NALCO occupies a unique position amongst public sector units (PSUs) in India.
- Nalco is the largest aluminium producing industry and equally profit-making PSU. The NALCO is having global linkages with many countries.
- Besides graining practical knowledge by conducting study on the topic *"Competency Mapping for Industrial Sectors"*, the author could also be able to satisfy the other requirements to get the degree, because, this constitute partial fulfilment of MBA.

METHODOLOGY

It is a systematic investigation of any study and for any kind of social science research; methodology is bound to follow. In the present context to carry on the present studying a systematic manner various methods and techniques have been adopted.

Methods of Data Collection

For the present study amongst the various methods available in social science like case study method, historical method, statistical method, census method etc. have been followed:

- *Case study method*:- This method has been adopted in collecting details and relevant information of the topic considering the entire organization as a unit.
- *Historical method*:- It has been adopted to elucidate the information regarding the history and the phase-wise development of the organization as well as resources till today.
- *Survey method*:- It has been adopted in order to conduct a sample survey whereby the researcher could able to ascertain the opinion, feelings, and respective perceptions in the study from the sample respondents.

SOURCES OF DATA COLLECTION

The sources of data for the present study were both primary and secondary sources.

Primary sources - Schedules, interview, observation, group discussion etc.

Secondary sources - Booklets, magazines, official files etc.

The official files, records, booklets, standing order and other documents were used as a major source of data collection for this research work.

Limitations

Every study suffers from some limitations; so, the present study is also not an exception. The present study suffers from following limitations:

- The time is limited for such a vast topic.
- The study is based on the secondary data and official records.
- Most of the time used for communicating with executives of different departments.
- By the time of the study the entire personnel department was busy in their own work.

The researcher has to face specific problems while collecting the data about the topic, because Nalco is a public sector organization and PSUs pose bureaucratic rule bounds structure and where there is any kind of change in a situation like this no one is ready to discuss any information with out the permission of his higher authority who is mostly busy, not available due to his official assignments. The author went to an organization with a topic like 'competency mapping' having such a structure is bound to face problems.

Besides all sort of problems, the present work has its own justifications.

2

Industry Profile

INTRODUCTION TO PRODUCT/INDUSTRY

Finished Products

a. Bauxite

b. Alumina Hydrate

c. Calcined Alumina

d. Special Hydrate

e. Special Aluminas

f. Detergent Grade Zeolite - A

g. Aluminium Ingots/Sow Ingots

h. Aluminium Wire Rods

i. Aluminium Alloy Ingots

j. Aluminium Billets

k. Aluminium Cast Strips

l. Aluminium Rolled Products

   i. Standard Sheet

ii. Standard Coil
iii. Coil Stock for Roll Forming
iv. Cable Wrap Stock
v. Foil Stock
vi. Fin Stock
vii. Closure Stock

Intermediary Products

a. Aluminium molten metal
b. Anodes
c. Anodes butts

Raw Materials

a. Bauxite Ore
b. Caustic Soda
c. C.P. Coke
d. C.T. Pitch
e. Aluminium fluoride
f. Lime
g. Coal
h. Water
i. Fuel oil

INDUSTRY SCENARIO

Rusal's and Ruias Plan for 10 Lakhs MT Alumina Plant in Orissa

Rusal has approached the Ruias of Essar to jointly build a 10-million tonne alumina refinery in Orissa, as part of its larger strategy to own alumina capacities across the world. The cost of building the project is about $ one billion.

Orissa is having one of India's largest bauxite deposits and has attracted global majors. Already Canada based Aclan has teamed up with Hindalco under Utkal alumina to build an alumina refinery in the State.

Russal, which makes 4.1 million tons of alumina annually, is planning to double that production capacity in the next five years. Access to cheap power is important in this sector as alumina, which is extracted from bauxite, is refined electrolytically to make metal aluminium. Companies, which have access to cheap electricity, can convert alumina into aluminium, while high energy cost regions have seen large-scale plant closure.

Aluminium companies in North America and Europe are either closing plants or shifting manufacturing activities to areas with cheap access to alumina and power. Some of the large companies that had shut down units recently include Alcoa, Hydro, Pechinery and Mexico's Almexa Alumina.

KUMAR MANAGLAM BIRLA SET TO RAISE STAKE IN HINDALCO

Kumar Managlam Birla is now scaling up his stake in the A.V. Birla group's flagship company Hindalco. This comes on the heels of similar exercise undertaken by two of India's biggest names Ratan Tata and Mukesh Ambani. Sources said that Birla, who holds about 26.5% stake in Hindalco, is looking to scale up his holding by about 10% through the preferential issue. This would raise the promoter's stake in the company to around 35-36 per cent.

Although the company did not specify how the proceeds from the preferential issue would be utilized, sources said it would be used to part finance in acquisition of Canada based Noveils for $ 6 billion.

STERLITE TO UP OFFER PRICE FOR GOVERNMENT'S 49 PER CENT IN BALCO

Anil Agarwal's flagship Sterlite Industry is planning to raise its offer price to buy-out the Union Government's 49% residual stake in the erstwhile public sector aluminium major Bharat Aluminium Company (BALCO). Sterlite had earlier offered Rs. 1,098 crore doubling the valuation of it, which was paid to buy a majority of 51 per cent stake in BALCO in 2001. But negotiations have been in conclusive over the past three years as the Government continues to demand an even higher valuation. Negotiations on reconciliation with the Union Government are currently on and are expected to be complete with in the next few months.

Sterlite had bought a majority stake in BALCO for Rs. 551 crore in 2001. Between 2001 and 2006, Balco has commissioned a 2.5-lakh tonnes and an associated 540 MW Captive Power Plant at a total cost of $ 550 million.

VEDANT INKS MOU FOR JHARSUGUDA SMELTER

The Orissa Government signed a fresh MOU with Vedanta Alumina Limited (VAL) a subsidiary of Sterlite Industries limited for a Smelter Plant at Jharsuguda. In 2003, the Government had signed on MOU with Sterlite Industries for setting up a one million tonne per annuam.

Alumina refinery plant at Langigarh in Kalahandi District along with a 100-mega watt Captive Power Plant. The project is now about to completion.

JINDAL SOON TO COMMISSION 250 MW POWER PLANTS

Jindal Steels Limited at Kalinga Nagar (Orissa) is poised to commission its 250 MW Captive Power Plant soon when the Ferro chrome-based furnace complex becomes operational. The commissioning of the power project will reduce the dependency of the company on power-grid and would release the surplus power required for other areas of development.

FUTURE FOCUS

Nalco has drawn up ambitious programmes for expansion and growth of the company in coming years.

Second Phase Expansion

The company has started work on the Second Phase expansion programme at an investment of Rs. 4,091 crores.

- Government approval received: October 2004.
- Project outlay: Rs. 4,091.51 crores.
- Completion: 50 months from date of approval.

The Capacities

	Present Capacity	Capacity Expansion
Mines	4.8 Million Tonnes	6.3 Million Tonnes
Refinery	1.575 Million Tonnes	2.1 Million Tonnes
Aluminium Smelter	3,45,000 Tonnes	4,60,000 Tonnes
Captive Power Plant	960 MW	1200 MW

Backward Integration

Coalmine block:- For improving the bottom line, the company has embarked upon the backward integration project. During the year, Department of Coal, Ministry of Coal and Mines has provisionally allotted a captive coal mines (Utkal-E coal Block) at Talcher, Orissa on 20th July, 2004. The preliminary works such as mines plan, action plan for environmental clearance, geological report etc. have already started.

Pottangi Bauxite Deposit:- Keeping in view Nalco's present and future expansion programme, the Orissa Government has allotted pottangi bauxite deposit, estimated at about 92 million tones, which is located near Panchpatmali.

Forward Integration/Value Addition

Rolled Product Unit

The revised cost estimate of Rs. 398.36 crore for Rolled Product Unit (a 100% EOU) of capacity 50,000 tonnes has been approved by Government in January 2005. The company will be able to produce and market high value items of standard sheets, Coil Stocks, Cable Wraps, etc. for a variety of end uses.

Joint Ventures

The company is exploring the possibility of setting up smelters in the country/abroad for utilizing the surplus alumina.

3

Company Profile

GENERAL PROFILE

Mission

To achieve growth in business with global competitive edge, providing satisfaction to the customers, employees, shareholders and community at large.

ORIGIN AND HISTORY

National Aluminium Company Limited as a Public Sector Enterprise of the Government of India was incorporated in 1981 to exploit a part of large deposits of Bauxites discovered in the East Coast.

Nalco is one of the biggest and Asia's largest integrated project starting from Bauxite mine and going up to the production of aluminium ingots having its four units namely, Mines Division, Refinery Unit (both at Damanjodi, Koraput) Smelter Unit and Captive Power Plant (both at Angul, Orissa).

Nalco is considered to be a turning point in the history of Indian aluminium industry. In a major leap forward Nalco has not only addressed itself to the need for self-sufficient in aluminium but also has given the country the technological edge in producing the strategic metal on the best of world of export began in January 1988, with a shipment of 76,000 tonnes of alumina, since then the company has never looked back.

Nalco is the first Indian company to be registered with London Metal Exchange. The company has also received ISO-9002 and 14001 certification for all its units namely Mine, Alumina, Refinery, Alumina Smelter and its own power plant. Nalco has emerged as the largest integrated bauxite alumina aluminium complex in Asia.

The company is currently implementing a major Rs. 4091.51 crore expansion plan to increase mines capacity from 4.8 million TPA to 6.3 million TPA. Alumina refinery capacity from 1,575 million TPA to 2.1 million TPA, Aluminium smelter capacity from 345,000 TPA to 460,000 TPA and power plant capacity 960 MW to 1200 MW.

Nalco serves the national interest and enjoy trust and confidence of the market and of the general public on account of its product excellence, productivity, profitability and good industrial relations the inherent trust on customer service is another hallmark of the company.

Transparent and successful operation of Nalco as well as its contributions has brought about remarkable socio-economic progress to the two underdeveloped district of Orissa, where the company's plant facilities are located.

Global Linkages

Nalco has a strong global presence. The company today boasts of customers in more than 30 countries worldwide. Nalco has its contact with regard to the Technological association with the countries named U.S.A., France, U.K., Germany and Hong Kong with regard to aluminium export the countries are Belgium, U.K., Switzerland, Bangladesh, Singapore, Sri Lanka, Italy, Saudi Arabia, Pakistan, Thailand,

Indonesia, Dubai, Myanmar, Nepal with regard to Alumina Export, the countries are U.S.A., Brazil, Norway, France, U.K., Egypt, Bahrain, Indonesia, Hong Kong, Australia, Japan, North Korea, Russia, China, Finland, Philippines and Iran etc.

Location

The aluminium refinery is close to the bauxite mines at Damanjodi, whereas the Smelter and CPP (Captive Power Plant) at Angul are in proximity to the Talcher Coal Mines in Orissa. This split location gives a tremendous advantage. This ensures minimum moment of bulk materials such as coal and bauxite as well as transmission of power thereby cutting costs.

Angul, today is fairly big and busting town on the NH No. 42, which is the main highway, connecting Bhubaneswar with Raipur, Sambalpur, Sundargarh and Rourkela. Nalco has established its Smelter Plant, the CPP and its township close to the NH No. 42. The place is easily accessible from Cuttack and Bhubaneswar by Road and Rail.

Segments of NALCO

Bauxite Mine

On Panchpatmail hill of Koraput District a fully mechanized opencast mine of 2.4 million TPA capacities is in operation since November 1985 serving feedstock to alumina refinery at Damanjodi located on the foothills.

1. Area Deposited: 16 sq. km.
2. Resource: 370 million tons in three blocks.
3. Life Deposited: Over 100 years.
4. One Quality: Alumina 45 per cent, Silica 2 per cent.
5. Crushing: 1 × 900 TPA roll crusher
6. Transport: 14.6 km long single flight out curve cable belt conveyor of 900 TPA.

Alumina Refinery

The 8,00,000 tonnes per annum (TPA) Alumina refinery having strews of 4,00,000 TPA capacity each is located in the valley of Damanjodi in Koraput District and in operation since September 1986. The refinery is designed to provide 43,25,000 tons of Alumina to the company's Smelter at Angul and export 3,75,000 tons of Alumina to overseas markets through Vishakhapatnam Port.

Aluminium Smelter

The Smelter Plant is the most modern of its kind in India and situated at Angul on NH 42 about 160 km North of BBSR. Based on the state of art technology of electrolytic reduction of alumina to aluminium obtained from periphery. Nalco Smelter has the capacity of 2,18,000 tons per annum.

CPP (Captive Power Plant)

Close to the Aluminium Smelter at Angul, a Captive Power Plant of 960 MW capacity has been established for firm supply of power to the Smelter. The coal demand of the plant is met from a dedicated mine of Mahanadi Coalfields Limited. The plant is also connected with the State grid for sale of surplus power. The ongoing expansion shall raise its capacity to 1200 MW.

The salient features of CPP

i. Microprocessor-based burner management system for optimum thermal efficiency.

ii. Computer-controlled data acquisition system for online monitoring.

iii. Automatic turbines run up system.

iv. Specially designed barrel type-high pressure turbine.

v. Electrostatic precipitators with advance 3D intelligent controllers.

vi. Dry and wet ash disposal system.

Port Facility

On the northern arm of the inner harbour of Vishakhapatnam Port on the Bay of Bengal. Nalco has established mechanized storage and ship-handling facilities for export of 3,75,000 tons alumina in bulk. The design caters for loading ship of 35,000 DWT capacities through a mobile loader.

Environment Policy

The Captive Power Plant of Nalco, located at Angul, Orissa, generating coal based Thermal Power being committed to the corporate environmental policy of the company further resolves to minimize pollution and protect the environment in the impact zone of its operation.

Objectives

a. To achieve continual improvement in use of natural resource.

b. To reduce, contain and treat all effluents and emissions of the plant harmful to the environment.

c. To take special care in minimizing emission of flyash and its safe disposal including continual effort for commercial and agricultural uses of flyash.

d. To reduce dust level in the coal and ash handling areas.

e. To create and conserve green belts in and around the plant.

f. To create awareness and concern for the environment among the employees and persons working on behalf of the organization.

Quality Policy

Quality forms the core of Nalco's business philosophy, meeting the needs and expectations of the customer and consistently improving system and work ethics is the chosen path in achieving excellence in business and in fulfilling social obligations.

Guiding Principles

- To ensure a healthy return on investment by maximizing operational efficiency, capacity utilization and productivity.
- To continually improve and redesign systems, processes and practices in order to ensure error prevention and improve response time.
- To adopt internal customer focus as a means to external customer satisfaction.
- To treat human resource as the key to quality excellence and ensure development, involvement and satisfaction of employees.
- To ensure high quality of inputs through proactive interaction with suppliers.
- To meet obligations towards the society as a responsible corporate citizen.
- To provide value for money to all stake holders.
- To follow ethical business philosophy at all times.

ORGANIZATION CHART

Attendance

Employee's attendance is recorded in electronic punching machine through a punching card. They are required to punch their card while entering and leave the work place.

This enables the time office to compute the wages. During the duty hours if they have to leave the work premises and on out pass duly signed by the concerned shift-in-change.

Human Resource Management Philosophy

- To attract competent personnel with growth potential and develop their skills and capabilities in a congenial work and social environment through opportunities for training, recognitions, career development, and other incentives.
- To develop and nurture favourable attitudes among the employees and to obtain their best contribution to the organization by providing stable employment, safe working conditions, job satisfaction, quick redressal of grievances and through good pay and welfare amenities commensurate with the company's capacity to spend and the Government's guidelines.
- To foster fellowship and sense of belongingness among all sections of employees through closer association of employees with the management and by encouraging healthy trade union practices.

TPM (Total Productive Maintenance)

Eight Pillars of TPM

Losses are eliminated by actions under eight heads called 'pillars of TPM'.

	Pillar	Objective
01	Autonomous Maintenance	Develop equipment competent operators to maintain basis conditions of equipment and shop floor and eliminate forced deterioration.
02	Planned Maintenance	Improve reliability and maintainability of equipments.

(*contd.*)

ORGANIZATION STRUCTURE OF CPP WRT. COMPETENCY MAPPING PROCESS

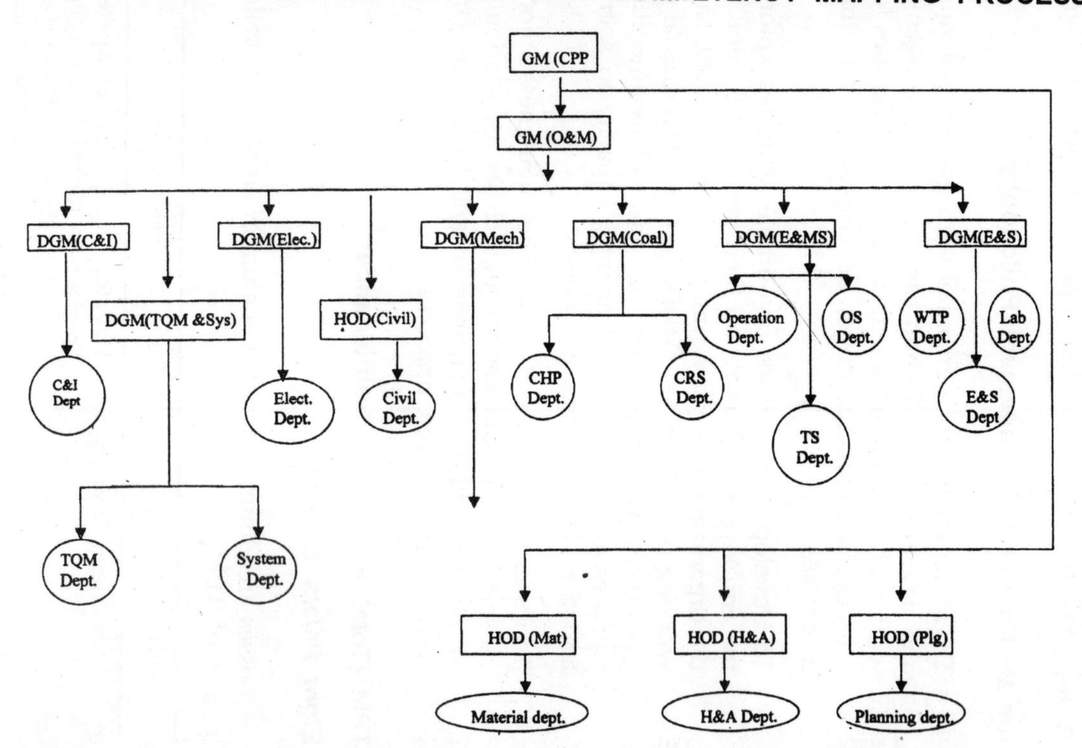

ORGANIZATION STRUCTURE OF HRD DEPARTMENT

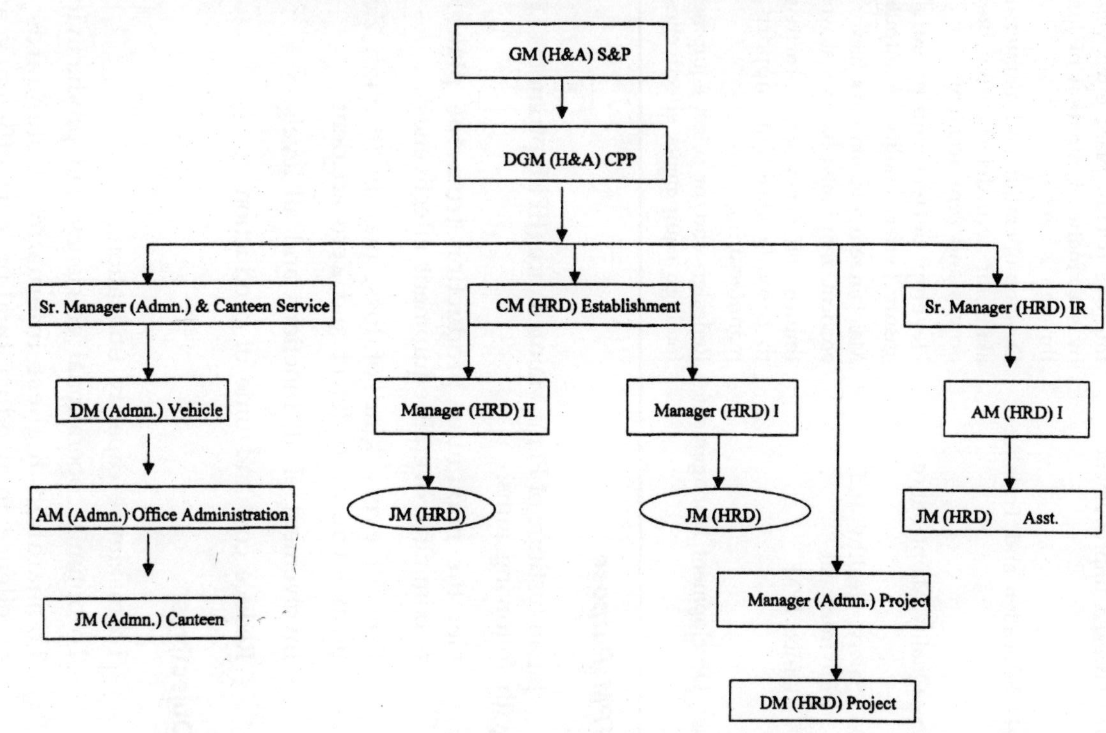

	Pillar	Objective
03	Focused Improvement	Improve overall plant effectiveness by systematic elimination of losses through Kaizens.
04	Education and Training	Develop operation and maintenance skills for zero defects, zero breakdowns and zero accident.
05	Quality Maintenance	Develop perfect equipments to ensure perfect quality of outputs.
06	Safety, Healthy and Environment	Maintain zero pollution and achieve zero accident, zero health hazards at work.
07	Office TPM	Improve efficiency of office activities to provide excellent support for manufacturing.
08	Development Management	Redesign and/or select equipments for high equipments effectiveness.

TPM Purpose

Japan Institute of Plant Maintenance (JIPM) promotes TPM with following aims:

- Get the maximum production from the plant by maximizing overall equipment effectiveness.
- Prevent every kind of loss, mainly through Zero breakdown, Zero defect and Zero accident.
- Involvement of all functions and all levels.
- Reduce cost and time of production.

Objectives

- To maximize capacity utilization.
- To optimize operational efficiency and productivity.
- To maintain highest international standards of excellence in product quality, cost efficiency and customer service.

- To provide a steady growth in business by technology up gradation, expansion and diversification.
- To have global presence and earn foreign exchange.
- To maintain leadership in domestic market.
- To instil financial discipline at all levels for achieving cost and budgetary controls, optimize utilization of working capital and effective cash flow management.
- To maximize return on investment.
- To develop a strong R and D base and increase business development activities.
- To promote a result oriented organizational ethics and work culture that empower and helps realization of individual and organizational goals.
- To maximize internal customer satisfaction.
- To foster high standards of health, safety and environment friendly products.
- To participate in peripheral development of the area.

SWOT

Strength of Nalco

i. India's biggest Aluminium producer and exporter.

ii. Biggest bauxite deposits in the world.

iii. Collaboration with foreign company.

iv. Advance and modern technology used in Nalco.

v. One of the cheapest producers of Aluminium.

vi. The organization is customer driven.

vii. An ISO: 9001: 2000 (Quality Management System), ISO: 14001: 2004 (Environmental Management System), OHSAS 18001: 1999 (Occupational Health and Safety Management System) certified company.

viii. Nalco enjoys a superior brand image.

ix. Nalco is having strong intellectual capital.

x. Nalco is cash rich due to earning of profit uninterruptedly since inception of the organization.

xi. Being on the side of National Highway 42, i.e. there is transportation advantage.

xii. Nalco is green field project.

Weaknesses of Nalco

a. Nalco has limited product mix.

b. Concentrated operation in Orissa only.

c. Lack of capacity for innovation.

d. Difficulties in mobilizing resources.

e. The company does not follow any clear-cut policy or corporate strategy with regard to financial investment, marketing, human resource and inventory control.

Opportunities of Nalco

In the product life-cycle, Nalco is in the growth stage, it is expanding its capacity already first stage expansion completed and second stage is in progress. It is having a huge customer base in National and International market. Still it has no of opportunities as detailed below:

i. Development of new product by means of diversification and R and D efforts.

ii. Development of new market especially in Europe, China and Middle East.

iii. Setting up new aluminium plant in those locations of abroad where there is an acute shortage of supply of aluminium and cheap availability of power.

iv. Nalco ahs opportunities for knowledge management by doing rigorous competency mapping, task analysis etc. of its human resource and to make a HRD data bank.

v. Nalco has opportunity to set up a captive coal mines to further reduce power cost.

vi. Nalco may implement E-governance by adopting proper framework of E-governance in its functional areas.

vii. Nalco has opportunity's to further optimize resource consumption, reduction of green house gases, carbon trading etc.

viii. Nalco may have expansion plans from down stream project.

ix. Nalco may create a wide range of opportunities for the ancillary industries, which uses the by-product of the main plant.

Threats of Nalco

i. Stringent Environment Regulation and influences from pressure group.

ii. Deteriorating work culture of Nalco by the non-unionized employees.

iii. Fierce competition in the domestic market in the next five years.

iv. Low percapita consumption of aluminium in India.

v. De-motivated work force due to lack of performance based work culture.

vi. Accumulation of high value non-moving items in the inventory.

vii. Lack of site emergency procedure and natural calamities.

viii. Lack of effective protection in the area of terrorist attack.
ix. Low international aluminium price.
x. Frequent changes of obsolescence of technology.

Unique Achievements

i. Discovery of East Coast Bauxite - 1975.
ii. Preparation of Nalco's feasibility report - July 1979.
iii. Investment decision by the Government - January 1980.
iv. Formation of the Company - January 1981.
v. Commencement of sales of aluminium - May 1987.
vi. Commencement of aluminium export - January 1988.
vii. First Mines Safety Award - 1988.
viii. London Metal Exchange Registration - May 1989.
ix. Star trading house status - January 1992.
x. Indira Gandhi Rajbhasa Award - 1993, 1995.
xi. FICCI Award for pollution central and environment 1996, 1997.
xii. Best occupational health service award by Government of Orissa - March 1998.
xiii. First EEPC Export Aaward - 1998-99.
xiv. Pollution control excellence award for CPP - 2000.
xv. Rajbhasa Shield from Ministry of Home Affairs - 2001.
xvi. State Pollution Control Excellence Award - 2002.
xvii. Niryat Shree Award - 2003.
xviii. Capexil's Highest Export Award - 2004-05 and 06.

FUNCTIONAL PROFILE

Production

Items	Performance during year 2004-2005	Performance during year 2005-2006	% Increase/ Decrease
Alumina	15,75,000 MT	15,90,000 MT	+ 9.12%
Aluminium	3,38,483 MT	3,59,000 MT	+ 13.50%
Power	5613 MU	5679 MU	+ 9.58%

Sales and Export

Items	Performance during the year 2006	Performance during the year 2007	% Increase or Decrease
Export of alumina	9,09,000 MT	8,63,000 MT	-2.78%
Export of aluminium	1,33,000 MT	96,000 MT	+ 2.30%
DOMESTIC metal sale	2,06,000 MT	2,58,000 MT	+ 23.35%
Total metal sale	3,39,000 MT	3,54,000 MT	+ 14.14%

Finance performance (Rs. in millions)

Year	2003-04	2004-05	2005-06
Sales turnover	33485.7	44399.4	53240
Export earning	17172.7	22002.5	23060
Net profit	7373.7	12348.4	15620

PERSONNEL

In Nalco, there are 6962 persons possessing of a variety of skills, qualifications and competence. The company is truly youthful with the average age of the employees being below

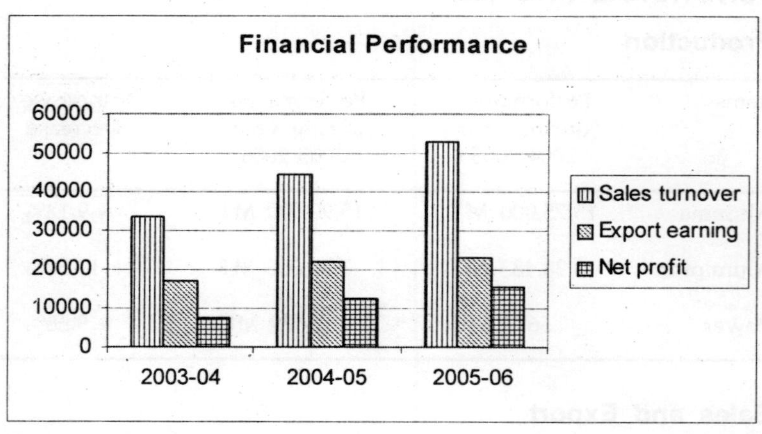

37 years starting a core group of 262 employees in 1982. The progressive growth in manpower has taken place in a planned manner. Matching the needs of the different stages of the project. Thye strength of 6962 employees as on July 2007 is close to optimum requirement against existing capacity.

Composition of Manpower

Skilled personnel	3550
Unskilled and semi-skilled	1166
Supervisor	915
Executives	1807

WAGE STRUCTURE

Pay Scale of Executives

Grade	Designation	Pay Scale
E0	Executive of Training	8,600-14,600
E1	Junior Manager	11,225-17,525
E2	Assistant Manager	13,750-18,300

(*contd.*)

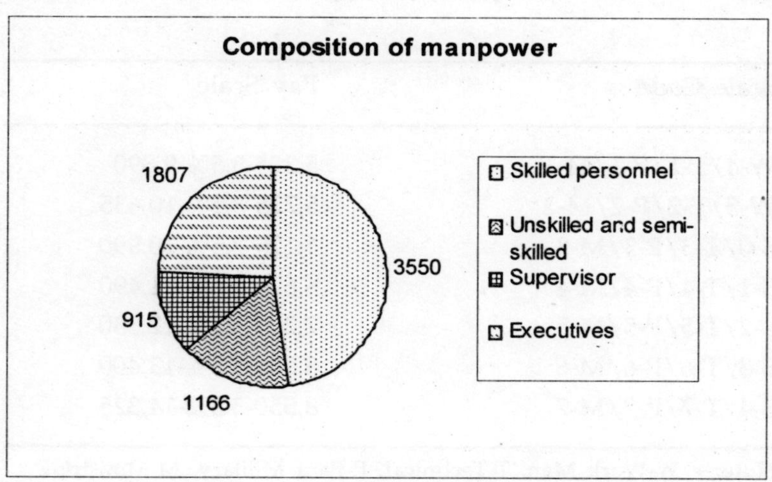

Grade	Designation	Pay Scale
E3	Deputy Manager	16,000-20,800
E4	Manager	17,500-22,300
E5	Senior Manager	18,500-23,900
E6	Chief Manager	19,000-24,750
E7	Deputy General Manager	19,500-25,600
E8	General Manager	20,500-26,500
E9	Director	23,750-28,550

Pay Scale of Non-Executives and Employees

Scale Code	Pay Scale
W-1	4,400-3%-7,950
W-2	4,650-3%-8,400
W-3/T-0/P-0/M-0	4,950-3.5%-9,150

(*contd.*)

Scale Code	Pay Scale
W-4/T-1/P-1/M-1	5,325-3.5%-9,890
W-5/T-2/P-2/M-2	5,725-3.5%-10,635
S-0/T-3/P-3/M-3	6,125-3.5%-10,990
S-1/T-4/P-4/M-4	6,625-3.5%-11,490
S-2/T-5/P-5/M-5	7,225-3.5%-12,530
S-3/T-6/P-6/M-6	8,000-3.5%-13,400
S-4/T-7/P-7/M-7	8,550-3.5%-14,325

Note: W-Work Man, T-Technical, P-Para Military, M-Ministrial
Source: *HRD Department, Nalco.*

PARTICULARS ABOUT TRADE UNIONS

Sl. No	Trade Unions	Affiliations of Regd	Date .	Regd. No.	Membership Strength
1.	Nalco Progressive Employees Union	HMS	30.7.1983	1497	1535
2.	Nalco Karmachari Sangha	INTUC	12.10.1983	1515	859
3.	Aluminium Majdoor Sangh	BMS	25.9.1987	1794	889
4.	Nalco Smelter Workers Union	-	2.2.1998	145	-
5.	Nalco Smelter Shramik Sangha	-	7.8.2001	193	245
6.	Nalco Employees Sangha	-	29.8.2001	197	392

4

Conceptual Profile

INTRODUCTION

Training means providing necessary knowledge or skill to an employee to enable him to perform the assigned work or job. Training is an organized programme or activity for the purpose of sharpening the skill and activities of an employee to discharge his duty well. The purpose of training is to cover up the deficiencies, inabilities and performance of an employee. 'Training' as defined by management experts, i.e. according to Jucius,

"The term 'training' is used here to indicate only process by which the aptitudes, skill and abilities of employees to perform specific jobs are increased."

In the word of Dale S. Beach,

"'Training' is the organized procedure in which people learn knowledge and/or skill for definite purpose."

In short training makes a person suitable for the job for which he is selected.

Need for/basic purpose of training:

To make labour force more useful

Training familiarizes the employees with the object of the organization and work, he has to perform, workers learn to operate equipments effectively and increase the utility of the organization.

Increasing the efficiency of employees

Workers are acquainted with the real situation of work, its tool, equipments and environment. They work practically; they are not required to follow trail and error method for efficient performance of work.

Familiarity with the working condition

Workers learn to work properly in the real situation. Work force employed in the factory belongs to different part of the country. They are unfamiliar to the company; therefore training is essential to change their habit, approach and thinking it also helps in bringing coordination among employees.

Familiarity with equipment and method

The trainee learns to operate the up to date machine and equipments. He also learns the method of working.

Boosting the morale of employees

Trained workers know their job well and they are satisfied with their work. The satisfaction increases their morale.

To improve quality

Better-informed workers are likely to make fewer mistakes. Quality increase may be in relation to a company, product or service or with reference to an intangible organization employment atmosphere.

To improve health and society

Proper training could prevent industrial accidents. A safer work environment needs more stable mental attitude on the part of the employees.

IMPORTANCE OF TRAINING

Training is the corner stone of the sound management, for it makes employees more effective and productive. It is actively and intimately connected with the personal and managerial activities. It is an integral part of whole management programme, with all/many activities functionally interrelated.

1. Training enables the employees to develop within the organization and increase their "Market value", earning power and job security.
2. Training enables the management to resolve sources of friction arising from parochialism, to bring home to the employees the fact that management is not divisible.
3. It moulds the employee's attitude and helps them to activate better cooperation with the company and greater loyalty to it.
4. Management is benefited in the sense that the highest standards of quality are achieved, a satisfactory organization structure is build up, and authority can be delegated and stimulated for progress applied to employees.
5. Moreover, it heightens the morale of employees and helps in reducing dissatisfaction, complaints, grievances, and absenteeism, thus reduce the rate of labor turnover.
6. Trained employees make better and economical use of material resources, thus reducing the wastage and constant need for supervision is reduced.

CONCEPTS OF TRAINING

Training is a continuous process and consumes time and entails heavy expenditure. A successful training programme presumes that sufficient care has to be taken to discover area in which it is needed most and create the necessary environment for its conduct. Certain general principles are needed to be considering while organizing a training programme.

1. Trainees in work organization tends to be more responsive to training programmers when they feel the need to learn i.e. the trainee will be more eager to learn training, if training answers the problems/need to the employee.
2. Learning is more effective where there is reinforcement in the form of reward or punishment.
3. In the long run awards tend to be more effective for changing behaviours and increasing ones learning.
4. Rewards for the application of the learned behaviour are most useful when they quickly follow the desired performance.
5. Larger the reward for good performance following the implementation of learner behavior, the greater will be the reinforcement of the new behaviour.
6. Negative reinforcement, through applications of penalties and heavy criticism following inadequate performance may have a destructive effect.
7. Training that request the trainee to make change in this values, attitudes, and social belief, usually achieve better results if the trainee is encouraged to participate discuss and discover new desirable behaviour norms.
8. The trainee should be provided with feedback on the progress he is making in utilizing the training he has received.

9. The development of new behaviour norms and skill is facilitated through practice and repetition.

10. The training materials should be as meaningful as possible because if the trainees understand the general principles understanding what is being taught he will understand it better and clearly.

STEPS IN TRAINING PROGRAMME

Training programmes are costly affair and time consuming process. Therefore, they are needed to be drafted in careful manner. Usually organization follows the following steps for training:-

Analysis of Training Needs

A training programme should be established only when it is felt that it would assist in the solution of specific operational problems. We should make a thorough analysis of the entire organization, its operation and manpower resources available in order to find out "trouble spots", where training may be needed and for competency mapping.

Organizational Analysis

Primarily based on the determination of the organization's goal, resources and its allocation. We need to establish the frame work of the organization, e.g. environment management system, total quality management, occupational health and safety assessment series (OHSAS) etc.

Competency Mapping

Reviews the knowledge, attitudes and skills of the incumbents in each position and determines what knowledge and skill he must acquire and what he must make in his behaviour.

Designing the Training Profile

We have decided who is to be trained the new comer or the older employees, or the supervisor staff.....etc. this step stage following the sub steps:-

(a) Competency requirement of each and every role.

(b) Actual competent profile of individual.

(c) Finding the competency gap.

Development of Training Programmes

The trainer should clearly tell, show, illustrate and question in order to put over the new knowledge and operations. The learner should be told of the sequence of the entire job and why each step in its performance is necessary. Instructions should be given clearly, completely and patiently, there should be on emphasis of key points, and one point should be explained at a time. Preparing training calendar can do these activities.

Implementation

Here, trainee is asked to perform a job several time slowly, explaining him each step. If the new comer commits any mistake it is corrected after respective performance, he will gradually build up skill and speed.

The trainee is then tested and the effectiveness of the training programme is evaluated. Some techniques are:

a. Giving written and oral tests to trainees to ascertain how far they have learned the techniques and principles.

b. Observing trainees on the job itself.

c. Finding out the group or individual reaction in training programmers and getting them to fill up evaluation sheets.

d. Arranging structured interview for trainees or sending questionnaires.

e. Eliciting the opinion of management about the trainee's performance.

f. Comparing the results obtained after the training with those secured before the training programme in order to find out any material change regarding-attitude, behaviour, performance..etc

Evaluation

This step is undertaken with a view to testing the effectiveness of training efforts. This consists of:

a. putting a trainee on his own.

b. checking frequently to be sure that he has followed instructions.

c. extra supervision and close follow-up until he is qualified to work with normal supervision.

Training Policy

Every company/organization requires a systematic and well-established training policy. Such policy represents the top management commitments to the training of its employees and comprises rules and procedures' governing the standards of scope of training. A training policy is considered necessary for the following reasons:

- to indicate a company's intention to develop its personnel.

- to provide guidance in the framing and implementation of programmes and to provide information concerning them to all concerned.

- to discover critical areas where training is given on a priority basis.

- To provide suitable opportunities to the employee for his own betterment.

Training for Different Employees

Employees at different level require different training. There are different people working in organization with different qualification and different experiences, we need to make them efficient enough to cope up with the organization's working environment.

A) **Universal workers**: - Require training in handling machine and materials to reduce the cost of production and waste and to do the job in economical way. Training is given on the job itself and their immediate superior officers impart it.
Period: 3-6 weeks.

B) **Semi-skilled workers**:- Require training to cope with the requirement of the industry arising out of the adoption of mechanism, rationalization and technical process. These employees are given training either in their own section of their dept. or in segregated training shops where machines and other facilities are usually available. More proficient workers house or inspectors impart the training.
Period: few hours on a week depending upon the numbers of operation, speed and accuracy required on job.

C) **Skilled workers**:- Given training through system of apprenticeship, such training is also known as craft men training. It is particularly useful for traders like-carpentry, drilling, boring, planning and host of other industrial jobs and operations.

D) **Other employees**:- These include typist, stenographers, accounts clerks and those who handle computers - need training or usually provided outside the Industry.

E) **Salesman**:- They are given training so that they know the nature and quality of the product and the routine involved in putting through a deal, they are trained in the art of salesmanship and handling customer.

F) **Supervisory staff**:- Need training because they are linked in the chain of Administration. The training programmers should be tailor made to fit the need. Training enables them to cope up with the increasing demand of the enterprise in they are employed, and to develop team spirit.

METHODS OF TRAINING

There are several methods of imparting training. All of these falls under two broad categories:

(a) On the job training.

(b) Off the job training.

On the Job Training

This method of training involves training while working. This is the most effective method of training for the workers. In this case the immediate superior or the person supervision the employees provides the training.

This method of training is advantageous to the employee as they learn while working practically or realistically. There is no need to create artificial situation to train an employee. Under this technique the employee works and gets the results immediately. Any short performance is visible. This inspires employees to reattempt and succeed.

The different "on the job training methods" are:

1. **Live demonstrations**: Under this technique first a live demonstration is performed to help the employee understand actual performance and then attempt

himself. It makes the employee understand the risks and complexities of job itself.

2. **Performance under supervision**: Under this method the employee is being closely monitored and supervised by the supervisor or the experienced persons while performing on the job.
3. **Group training method**: Under this method a group of employees are required to perform one by one. This way one learns from others success or failures. While in a group this makes employees free, interactive and participating and helps learn fast.
4. **Job rotation**: Job rotation means changing the job of an employee in a systematic way. Under this method the employee is transferred from job to another as per pre-determined transfer policy. The purpose of job rotation is to make the employees versatile.
5. **Vestibule training**: It means creating separate facilities for imparting training to large number of workers. Large organizations start vestibule schools and appoint qualified instructors to impart training to the workers. The purpose of this training is to cerate a near similar of the duplicate working condition. The workers in this environment are away from their place to work but get training under almost/ near job situation and thus learn without being subjected to the stress of work...

Off the Job Training

"Off the job training" means imparting training while not on the job. Under this category the employees are required to attend training programmes when away from job. The reason for it is while off the job the employees are free from tension and workload and thus learn better and fast. The following are some of the job training methods:

1) **Class room training**: Under this method workers are required to attend classes for a fixed time. The classes

are arranged either within the organization or some technical institute or vocational institute. These classes are in the form of special courses designed to suit the requirement of the organization. The classroom method involves lectures, conference, group discussions and demonstrations, sharing documentaries, slides and films. At time crash courses are also devised and arranged. The aim of these courses is to impart specialized, advanced and latest techniques in special area concerning the job or organization. Certain educational and management institutes have specially designed courses to develop and train employees and executives.

2) **Conference**: It is a group meeting. In this method the executives interact freely to exercise pool and share their ideas, experiences as to different work situations. It is an effective method as people get the opportunity to learn from others experience. Conferences are normally conducted in big halls where people present their views by way of lecture. Conferences are generally held under the chairmanship of some senior participant.

3) **Seminars**: Seminar is a small-scale conference. It is also organized like a conference but with a different that normally it is not held under chairmanship. Seminars are held on some pre-decided subject or theme. The experts make presentations and the participants are given the opportunity to raise questions and clear their doubts.

4) **Case study**: Case study method involves the class room participation where the trainees are assigned some problems based on principals already taught. The trainees have to find out the solution. The instructors help wherever the trainees are help up. Case study can also be by way of assigning a study in writing, requiring the trainees to present there write up in the subject.

5) **Role playing**: Under this technique the trainees are given two different roles and they play the role assigned.

For example, to explain the sales promotion one trainee is given the role of sales man while the other is given the role of customer. Both of them plays their respective roles and thus help them to understand the behaviour and psychological aspects of each role-played.

6) **Sensitivity training**: This training aims at creating awareness and sensitivity to behavioural aspects of oneself and others. The trainees are enabled to see themselves as other see them and develop understanding of others behaviour and views. The training helps to become more sensitive to others feelings and develop tolerance towards others.

Executive development is the process where by the executives are sought to be developed. This development includes all those activities and programmes, which aims at increasing the capacity of an individual to perform his work better. Those programmes are designed to involve behavioural change through understanding the use of knowledge and skill.

PART I

TRAINING AND DEVELOPMENT PRACTICES IN NALCO

The analysis of the study reveals that Nalco believes training as an on going process through out the career of every employee with the view to develop his technical, human and conceptual skills. With out training, development of an employee may not be possible. The training institute at Angul provides training for different kinds of employees within the organization to develop their job skill. The training department is headed by one DGM. It is conducting training with internal and external faculty. The institute provides training for the employee and also sends outside the organization for their development. NALCO has policies like ISO9001, ISO14001, and OHSAS 18001. ISO 9001 deals with the quality of the product. ISO14001 deals with the maintenance of pollution free environment. OHSAS 18001 deals with health and safety of the employees, which results in plant effectiveness. The aim of the training institute at Angul is to develop and nurture favourable attitude among the employees and to obtain their best contributions to the organization by providing stable employment, safe working conditions, job satisfaction, etc. NALCO assigns high importance to promotion and maintenance of pollution free environment in all its activities. Employees in the Nalco are very much hard working and sincere to their work. It aims to treat human resources as the key to quality excellence and ensure development, involvement and satisfaction of employees. Training department of Nalco is good for other employees who come to take training. "CHANAKYA" is the name of in-house training centre, well equipped with central A/C and also facility for the LCD presentation.

Training is an expensive area of the company's personnel budget, which requires due attention in correlating training functional necessities and developmental needs of the individual and the organization.

The company fulfils its task of training and development of its employees to its optimum extent by sponsoring them to various in-house programmes and to the course offered by the reputed institutes in the country and abroad. A training proposal may either come from the department where an employee is working or it may come in the form of a suggestion from the training dept. based on the training needs reflected in the appraisal or annual assessment reports. For this the training dept. prepares a training calendar on yearly basis.

Besides short range and prospective training, plans are also made for various groups of employees for elaborate consultation with the departments. The training dept. processes the training proposals including proposals of participation in seminar and conferences. After attending the training it is necessary for an employee to give feedback on the course to his superiors and colleagues and to the training dept. Training feedback can be given through a formal meeting or by circulation of written report on the course.

Department's Objective and Target

Exhibit	Activity	Target
01	Collection of training needs	February 2007
02	Preparation of annual plan	March 2007
03	Approved plan	March 2007
04	Man-days to be achieved	2.5 man days per person
05	Continuous improvement	02 projects

INFRASTRUCTURE AVAILABLE IN NALCO FOR TRAINING AND DEVELOPMENT

The NALCO can be considered a giant company with a total manpower numbering as 6977, spread in five different segments. The company's Angul unit alone consists of 4400 employees. Captive power plant and smelter plant in Angul has got the highest employees among the other units of Nalco; therefore, it has become necessary for the company to provide adequate support systems and training facilities to its manpower. For CPP and SMELTER plant known as S and P complex has the only training centre.

The training centre is equipped with all the modern facilities such as adequate class-rooms, conference hall, an auditorium, a good team of faculty and also a library where all sorts of modern books and periodicals are available. All these resources help making the training programmes a success in the organization.

Types of Training Imparted in Nalco

The process of training has been in practice since ancient days. Masters known as 'GURU' or 'USTAD' imparted the training in earlier days. The trainee had to live with the *guru* and learn the job with him. NALCO is a human industry;

therefore, it has to take its utmost care of its human resources. However, the company provides five types of training for its continual improvement.

Functional/skill-based Training

There are varieties of jobs and tasks available in this giant industry and each of them require different skills and knowledge to perform it efficiently. Such training is given to the employees based on the skill required for the job, or based on what functions are required to perform the job. One may have to list out the activities, task, qualifications and behaviour required in a particular job. This may include putting the trainees at ease, emphasizing the importance of the tasks and giving a general description of job duties and responsibilities and then giving essential information in a clear manner. This includes positioning the trainee at work site, telling him each step of the job, stressing why and how each step is carried out. Trainee does it practically, to show whether he has understood his job or not. The training is directly related to the job and thus, trainee gets deep knowledge about his duties.

Soft Skill-related Training

Soft skill may be self-referred, as human behaviour required performing the tasks. There are various activities, which require such soft skills, for example in case of HR activities, one should be good enough to make interpersonal relationship with other colleagues. Even persons working in a project should have spirit and work in unity.

These qualities need to be developed, so that each employee may work in unity and with sense of belongingness. Training may develop certain human behaviour and attitudes necessary for accomplishing company's goal and objectives. Such training may build up one's communication abilities, delegation abilities, team building and inter-personal skills.

Induction Training

A competent and experienced executive imparts training, who provides knowledge about the work tools, equipment, techniques and situational problems when an employee joins the company for the first time; he/she is totally unaware of its rules and regulations and other aspects. Under this training programme the trainees is acquainted with the policies, objectives, rules, programmers and strategy of enterprise. The objective of the training is to make the employee aware and believe in the ideologies of the working. Such training is provided to fresh GETs, SOTs, JOTs , MTs and other trainees joining in NALCO.

Vocational Training

The company provides such training to the graduates who come to the organization to do a project on certain topic. A trainee completes his/her project on that topic within 1-2 months. Such training is usually done on summer. A trainee is provided with a guide, who must be an efficient employee of the organization who gives knowledge about the subject in deep. The guide enables the trainee to make efficient coordination between the theoretical education, which has been acquired from his institution and the practical applications in real working life.

Apprenticeship Training

In order to achieve mastery level training, the trainee should be kept under guidance and supervision of experienced experts in the field for longer period. For training in craft, trades and in technical areas, apprenticeship is the oldest and most commonly used method, specially when proficiency in the job is the result of relatively long training periods of 2-3 years of persons of supervisory ability. The field in which apprenticeship training is offered in NALCO is machinist, mechanic, electricians, toolmakers etc. A major part of training is spent on-the job productive work. Each apprentice is given a programme of assignments according to predetermined schedules, which provides for efficient training in trade skills.

Training Arrangements

Training is a process of learning, a sequence of programmed behaviour. It is application of knowledge. It gives people an awareness of rules, procedures to guide their behaviour. It attempts to improve their performance in current job. There are many people involved in arranging the training programme for employees. Nalco has adopted the technique called *competency mapping* to identify the training needs of the employees in each of the departments. Competency mapping is the process of identification of competency required to perform successfully a given job or a set of task at a given point of time.

It consists of breaking a given job in to its constituent task or activities and identifying the competencies (technical, managerial, behavioural) needed to perform the same successfully. First, the competencies acquired by the individual are compared. If there are any deficiencies, then it is called as competency gap. Under each of JOD then has the idea that how many employees' needs training in which field, he then sends the request to the training center for the arrangement of the training programme. Once the request is approved, work-order is given to the agencies for providing training. Training calendar is prepared and schedule is given to each of the employees. Everything is arranged starting from the refreshment of the employees to faculty arrangements.

TRAINING PROGRAMMES IMPARTED DURING THE PAST YEARS

The NALCO is a developing industry, having thousands of employees working for it. S and P complex and CPP itself consist of 65% of the total manpower and, therefore, training programme is conducted frequently. Both the in-house training and external training are conducted. Here are the records of training programmes held during 2006-2007 (Table 4.1 and 4.2).

POST-TRAINING FEEDBACK SYSTEM

A feedback questionnaire has been designed to assess effectiveness of the training imparted in terms of suitability of the topics, training infrastructure and acceptance of the concerned faculty members at the end of each in house programme. The sponsored employee to any external training programme, highlighting the effectiveness of the same, submits a feedback training report.

EFFECTIVENESS EVALUATION OF TRAINING

Training effectiveness evaluation is done for all training. After the training is organized, within two months of programme completion, the training effectiveness evaluation forms are circulated to concerned HODs with a copy to HRD nodal officer in respect of employees who have attended the training. The filled-in evaluation forms are collected and analyzed by the concerned HRD nodal officer within three months of training in consultation with the concerned HOD. Proposals for corrective action if any are communicated to the training in charge within four months of completion of training.

PART II

THEORETICAL FRAMEWORK COMPETENCY MAPPING PROCESS

History of Competencies

A team of educationists led by *Benjamin Bloom* in the USA in mid fifties laid the foundation for identifying educational objectives and there by defining the knowledge, attitudes and skills needed to be developed in education. The task force

Table 4.1: Annual Training Report for 2006-07
Training Details

Unit	Level	S & P Complex (Angul)		HCF BBSR		With in India	
		No of Employee	Man Days	No of Employee	Man Days	No of Employee	Man Days
Smelter	Executive	391	2619.5	332	612	123	464
CPP	Executive	331	422	201	382	118	664
Smelter	Non-Executive	961	2024	12	21	367	1699
CPP	Non-Executive	665	901	07	12	187	1331
Total		2348	5966.5	552	1027	795	4158

Note: Grand total man-days=11, 188.5 grand total = 3695 nos. of employees have attended training.

Table 4.2: Annual Training Report for 2005-06
Training Details

Unit	Level	S & P Complex (Angul)		HCF BBSR		With in India	
		No of Employee	Man Days	No of Employee	Man Days	No of Employee	Man Days
Smelter	Executive	399	718	315	936	156	670
CPP	Executive	234	335	236	524	136	625
Smelter	Non-Executive	473	2103	17	41	287	1165
CPP	Non-Executive	539	824	19	45	454	2365
Total		1645	3980	587	1546	1033	4825

Note: Grand total – 3,265 nos. of employees attended training.
Grand Total Man Days = 10,351.

Training Need Identification and Finalization of Training Plan

Activity	Training	HRD	Check point	Reference
Submission of training requisites by HRD			February	
Compilation of training need			March	F22/TRG/4.18
Annual plan for approval			March	-Do-
Review			Plan is revised every moth and rescheduled	Review file

lead by Bloom took several years to make an exhaustive classification of the educational objectives that were grouped under the cognitive domain.

David McClelland, the famous Harvard Psychologist has pioneered the competency movement across the world. His classic book on *Talent and Society, Achievement Motive, The Achieving Society, Motivating Economic Experience,* brought our several new dimensions of the competencies. These competencies brought ht turning point for competency movement. In an article published in U.S. It was said, traditional achievement and intelligence scores may not be able to predict job success and what is required is to profile the exact competencies required to perform a given job effectively and measure them using a variety of tests. This article combined with the work done by *Doglas Brey* and his associates at *AT and T* in the US where in they presented evidence that competencies can be assessed through assessment centers and on the job success can be predicted to some extent by the same, laid the foundation for popularization of the competency movement.

Later *McBer Consulting Firm,* founded by *Devid McClelland* and his associate *Berlew,* specialized in mapping the competencies of entrepreneurs and managers across the world. They even developed a new yet simple methodology called the *"Behaviors Event Interviewing"* (BEI) to map the competencies. With increased recognition of the limitation of performance appraisal in predictive future performance, potential appraisal got focused and assessment center became popular in seventies. Especially in L and T by the IIM (A) professors, as early as 1975. L and T did competency mapping and could not start assessment centre until much latter as it was not perceived as a priority area.

What is Competency Mapping

Any underlying characteristic required performing a given task, activity, or role successfully can be considered as competency. Competency may take the following forms:

- Knowledge,
- Attitude,
- Skill and
- Other characteristics of an individual including: Motives, Values, Traits, and Self-Concept etc.

Knowledge is awareness and information. A large part of our competencies include information. A person who has a lot of information on a given subject, theme or aspect of life is considered knowledge us. Knowledge is a cognitive competency. It deals with what the person knows. A doctor knows or has a lot of information about what causes a particular disease; for example, Malaria, Migraine or Headache etc.

An IT specialist has knowledge on the IT domain/area he specializes in.

The knowledge can be acquired by reading books, listening to others, watching a television or listening to radio for information, watching a film or videotape etc. Knowledge is understanding/information of facts, events, theories, hypothesis, probabilities etc. Knowledge is easy to acquire because there are so many ways of acquiring it. The education systems we normally go through provide a lot of information and knowledge. These are called cognitive competencies.

However, knowledge by itself is not sufficient to carryout an occupation or carries out most of the tasks in our life. While knowledge is essential part of our competency, it doesn't complete the competency most of the time. Knowledge of what causes migraines can only make you a knowledge our person on migraine but not a good doctor. A good doctor has diagnostics skills, which he acquires with repeated application of knowledge to diagnose the patients. He looks at various symptoms, reads, reports, takes note of the history, asks right kind of questions and on the basis of all these comes to a conclusion about the possible reason for a particular person to have migraine. This is the skill or diagnostic skill he acquired with repeated application of knowledge and study.

Attitudes decide our approach or avoidance behaviour. They are normally conceptualized as positive or negative. A positive attitude makes us to treat that object, technology, method, situation, person and group or proves more positively, use it, appreciate it and promote the same. As they determine our likelihood of associating with it, the attitude could form a significant part of our competency. Attitudes are formed with experiences and can be changed from time to time. Thus we will use SAP if we have right kind of information about it, have positive attitude to the same and some skill in using it, including the knowledge of how to use it and benefit from it and the skill of negotiating and getting the support to use it.

Thus, skill is the ability to carry out a given task or activity successfully or accurately or proficiently or with quality or with fewer errors and so on.

Skill is the ability to actually perform a physical or mental task. For example, the ability to perform an operation or to prepare a project proposal or to manage a team etc.

Skills normally require knowledge, attitudes and practice. Skill requires coordination of the body and the mind. For example, the skill to drive a bicycle or a car or an aeroplane, the skill to conduct an operation; the skill to repair an automobile, the skill to convince another person to buy a new product, the skill to get positive about the uses of ERP or SAP he is not likely to use the ERP or SAP. Attitudes determine the kind of things we choose and whether we are likely to approach a particular situation or whether we are open to try out the technology or meet the customer or sell to a particular product with high motivation etc.

Competencies are a complex combination of knowledge, attitudes and skills. In other words, competency consists of information and understanding as well as having the predisposition and psychomotor ability to use it.

For example

Mr. Rananujan is very good in SAP.

He is extremely good in designing SAP.

He is proficient in SAP.

He is a strong promoter of SAP. He swears by it.

He is an experienced SAP implementer.

He is a skilled ERP administrator.

He is a skilled analyst.

Designing is a skill. It assumes knowledge and more than knowledge, an ability to do it. Here, designing is the "performance parameter". Simply saying, "he is good at SAP" doesn't communicate much about the individual's knowledge or attitude or skill. Normally, such statements are understood to mean the skill. However, in one context it could mean different things. For example, it could mean that he is very good at teaching about SAP or he is very good at defending the use of SAP or he is good at pointing out the disadvantages of SAP or he has thorough knowledge about SAP, its failures and success.

He is a strong promoter of SAP. He swears by it, i.e. he has a positive attitude to SAP. This competence is heavy-attitude competence. He is proficient in SAP doesn't communicate much about his knowledge but it is dominated with the skill. It does not say which aspect is he proficient in. it still says about proficiency indicating that he is skillful. Experienced SAP implementer states that he is a skilled implementer. This may imply that he knows the issues in implementation, anticipate the problems and issues, suggest ways of dealing with them and ensure that it is implemented by using a variety of skills (may be problem solving, negotiation, creativity etc.)

Adding a few other dimensions further complicates the concept of competency. These include values, motives, traits and self-concept.

Values

Values are more enduring and more generalized beliefs and attitudes in our personality. They are learnt form family, peers, and organizations of society. They are more permanent than attitudes. For example behavioural values like honesty, openness, transparency, occupational values or work values one holds for money (economic), science or scientific enquiry, theory, concepts and models etc. Security in a job, work condition etc., also form part of competencies. For example if a teacher has academic and theoretical values he is likely to take teaching job well. A consultant or a doctor needs to have high scientific values, and an artist needs to have aesthetic values etc.

Difference between Competency and Competence

According to Woodruff, competence is a performance criterion while competencies are the behaviours driving the competence.

According to Rowe, competence is a skill and a standard of performance where as competency is defined as the behaviour needed to achieve competence.

Definition of Competency

Competency is an underlying characteristic of a person, which enables him/her to deliver superior performance in a given job, role or a situation.

Competencies are seen mainly as inputs. They consist of clusters of knowledge, attitude and skill that affect an individual's ability to perform.

According to Hayes:

"Competencies are generic knowledge, motives, traits, social role or a skill of a person linked to superior performance on the job."

According to Albanese:

"Competencies are personal characteristics that contribute to effective managerial performance".

According to Unido:

"A competency is a set of skills, related knowledge and attributes that allow an individual to successfully perform a task or an activity within a specific function or job."

Components of Competency

The components of competency are:

1. Knowledge,
2. Skills,
3. Attitudes,
4. Motives and traits,
5. Self-concept.

Knowledge

1. Knowledge consists of awareness and information which a person can acquire from various sources like books, websites, listening to others, television, newspapers, magazines etc.
2. It is cognitive competency and deals with what a person knows.
3. However, knowledge by itself is not sufficient to carry out an occupation or task. Knowledge on any subject only provides information.

Skills

1. It is the ability to actually perform a physical or mental task.

2. It requires co-ordination of the body and mind
3. Skill to perform also requires knowledge, attitude and practice
4. Some examples are:
   a. Skill to drive a bicycle or a car or an aeroplane
   b. Skill to convince another person to buy a product
   c. Skill to negotiate and get the product in the interest of the organization.

Attitude

1. They are predisposed to other individuals, groups, objects, situations, events and issues.
2. These are formed with experience
3. They need not remain the same and are likely to change
4. Attitudes can be positive or negative
5. Attitudes influence the approach.

Values

1. Values are more enduring and generalized belief.
2. They are more permanent in nature than attitudes.
3. They are learnt from family, peers, organization and society
4. Honesty, Openness, Transparency, Occupational values, Integrity etc.

Motives and Traits

1. The things a person constantly thinks or wants, that cause action are called "Motives".

2. Traits include physical qualities or characteristics like quick reaction time, good eyesight for drivers etc.

Self-concept

1. This constitutes a person's image of him/herself including the self worth, confidence and attitude to one's self-things one values, qualities one posses, goals one achieved.
2. Self-confidence,
3. A person's belief that he/she can be effective in almost any situation is a part of the individual's self-concept.

Classification of Competencies

- Technical and functional
- Managerial
- Human
- Conceptual
- Threshold and Differentiating
- Core
- Distinct
- Basic
- Generic
- Specific
- Meta
- Team
- Key

Technical or Functional

1. These competencies are associated with technological or functional expertise required to perform a job.
2. They are more technical in nature, e.g. Knowledge of IT laws, various income tax forms, amendments taking place in IT laws can be considered as technical competencies for an Income-tax professional.

Managerial

1. There are required to plan, organize, mobilize and utilize various resources.
2. These competencies include planning skills, organizing skills etc.

Human

1. These are required to motivate, utilize and develop human resources.

Conceptual

1. Conceptual competencies consist of abilities to visualize the invisible, think at abstract levels and use thinking to plan future business.
2. Strategic thinking, forecasting skills etc.

Threshold and Differentiating

1. Threshold competencies are essential competencies required for all job incumbents to perform a job at minimum level of proficiency.
2. Differentiating competencies, distinguish superior from average performer.

3. Both these competencies are identified in context of a specific job.

Core

1. These are the competencies which every member regardless of his/her position or performance, need to exhibit in an organization.
2. Core competencies are sometimes called as "Generic competencies".
3. They are quite similar to threshold competencies, except that threshold competencies are identified with context to a specific job.

Distinctive

1. These are individual attributes that are required to perform successfully in various organizational operations.

Basic

1. These are those competencies, which a person is required to perform in any productive activity such as reading, applying numeric system, expressiveness, listening etc.
2. These are competencies, which are acquired gradually along with life in formal education.

Generic

1. These are knowledge and ability associated with development of various occupational areas and branches of productive activities.
2. These competencies may be self taught, acquired through training or educational programs.

Specific

1. These are skills associated with technical knowledge and abilities required for performance of a productive function.
2. These are usually conveyed in a technical language and refer to certain tools.
3. Use of stethoscope, welding with oxy-acetylene equipments etc.

Meta

1. "Knowledge" about knowledge is called "meta knowledge".
2. The ability to judge the availability, use, comprehension and learning ability of personal competencies is called "Meta competence."

Team

1. These describe specific capabilities and characteristics of a team as a work unit.
2. Research indicates some important team competencies of high performing teams which include capability for setting collective goals, establishing priorities, defining roles, creating trust and collaborative environment etc.

Key

1. These are used to describe elements of behaviour that are important for all employees.
2. These types of competencies support organizational values, desired culture and performance expectations.
3. Clearly defining key competencies support the induction process.

4. They also ensure new employees are good match to culture and general performance standards.

Who identifies competencies?

Competencies can be identified by one or more of the following category of people: Experts, HR Specialists, Job analysts, Psychologists, Industrial Engineers etc. in consultation with Line Managers, Current and Past Role holders, Supervising Seniors, Reporting and Reviewing Officers, Internal Customers, Subordinates of the role holders and other role set members of the role (those who have expectations from the role holder and who interact with him/her).

What Methodology is used?

The following methods are used in combination with competency mapping: Interviews, Group work, Task Forces, Task Analysis workshops, questionnaire, use of Job descriptions, Performance Appraisal Formats etc.

How are They Identifies?

The process of identification is not very complex. Some of the methods are given below:

1. Simply ask each person who is currently performing the role to list the tasks to be performed by him one by one and identify the Knowledge, Attitude and Skills required performing each of them. Consolidate the list, present it to a role set group or a special task force constituted for that role, Edit and Finalize.

2. Appoint a task force for each role.

What Language to use?

Use Technical Language for technical competencies, e.g. Knowledge of hydraulics. Use business language for business competencies, e.g. knowledge of markets for business or Strategic thinking. Use your own language or standard terms for behaviour competencies, e.g. Ability to Negotiate, Interpersonal, Sensitivity, Sales techniques. Too technical and conceptual knowledge align to the organization and people may create more problems than help.

Who can do it?

Competency mapping is a task, which can be done by many people. Now-a-days all management schools and definitely those specializing in HR train the students in competency mapping. Any Master in Management or Social Sciences or an employees with equivalent experience and training can develop these competencies. Conceptual background and understanding of the business is important. Familiarity with business, organizations, management and behavioural sciences are useful. HR manager, management graduates, applied psychologists are quite qualified to do this. Most institutions specializing in HR train the candidates to do this.

Some Tips on How to do it?

The following are some of tips to do competency mapping at low cost:

- Pick up a job or a role that is relatively well-understood by all individuals in the company. Work out for this role and give it as an illustration, for example Sales Executive, Production Supervisor, Assistant HR Manager, Receptionist, Transport Manager, PR managers, are known to all and easy to profile.
- Work out competency for this role if necessary with the help of job analysis specialist or an internal member who has knowledge or competency mapping. Prepare this as an illustration.

- Circulate these to others and ask various departments to do it on their won.
- Circulate samples of competencies done by others.
- Illustrate knowledge, attitudes, skills, values etc.
- Choose a sample that does not use jargons.
- Explain the purpose.
- Interview of past successful job holders helps.
- Current incumbent who are doing a good job along with their reporting officers is a good enough team in most cases.
- Once prepared even on the basis of one or two individuals' inputs, circulate to other role set members.

Competency mapping is important and is an essential. Every well managed firm should:-

- Have a clear organizational structure.
- Well-defined roles in terms of the tasks and activities associated with each role.
- Should have mapped the competency required for each role.
- Where appropriate or needed should have identified the generic competency for each set of roles or levels of management.
- And should use them for recruitment, performance, management, promotion decisions and placement and training need identification.

Competency mapping is essentially an in-house job. Consultants can at best give the methodology and train of the line managers and HR staff. Consultants cannot do competency mapping all by themselves because no consultant can ever have all the knowledge required to identify the technological, managerial, human relations and other conceptual knowledge, attitudes and skills required for all jobs in a firm. Where consultants are excessively relied upon the data generated are likely to enrich the consultants and consulting firms much more than the commissioning firm itself.

The lower the consultant's involvement more the work needs to be done internally and higher the intellectual capital generation and retention within the organization.

Role-Analysis for Competency Mapping

"Competency" has two relevant meanings.

- The first addresses the ability of an individual to perform effectively in a job-relevant area.
- The second is a definition of what is required of an individual for effective performance.

These two are closely related but distinct. The second meaning involves defining what is important to success on a job, while the first deals with the degree to which an individual does what is important to a job. Defining job competencies is useful in assisting individuals develop their competencies for that job.

Competencies are contextual. They related to a context. The organization, the function, the role, the level and the timing give the context. Normally when competency mapping is done the organizational, the functional and role related contexts are taken into consideration.

It is because of this context competencies developed in one context cannot be generalized from one organization to another and one function to another and one role to another. Thus the competencies required to perform the role of General Manager in one organization cannot be easily used for another, for example, General Manager Role of Finance needs different competencies than those of the General Manager of marketing. Competencies needed for performing the role of a General

Manager differs from that of the Deputy General Manager depending on the organization, its structure, function, timing etc.

Thus, it is important that each organization defines or map competencies for its role itself and does not merely copy from others. However an organization and functions that are similar in nature or share the context could benefit from each other and cut short the elaborate process of competence mapping. The disadvantage here is the possibility of missing out of sum details that are very much related to the unique context of the organization, function and the related aspects. Hence, the need for competency mapping is to be done by each organization.

The following steps may be followed in competency mapping:

1. Decide the roles for which the competencies need to be mapped.
2. Identify the location of the roles in the organizational structure. This needs the clarity of organizational structure, defining the role relationships (reporting authority, subordinates, peers etc.) Identify the role set members of the role holder. The role set members of the role consists of all those who have expectations form the role holders, all those to whom the role holder has obligations to fulfil, e.g., the role set members of the General Manager in a company may consist of his boss, the Vice President Commercial and Marketing who is his Boss, four Regional Managers of Sale and Marketing who report to him, seven Managers of Sales and Marketing who report to him, seven Managers in his office who are looking after various products and are reporting to him (Product Manager X, Y, Z, etc.), some major dealers with whom the GM, Services, the General Manager Production, GM Quality, the GM Personnel, the GM Finance, the MD who often asks for information

directly from the GM, the advertising agency MD who deals with him etc.

3. Identifying the objectives of the function or the Deptt. or the Unit or the Section where the role is located.
4. Identify the objectives of the role. Why does the role exist? What is the main purpose of the role etc. details.
5. Collect the Key Performance Areas of the role holder for the past two to three years from the performance appraisal records. If they are not available get them written by the role holder or a sample of the role holders if there is more than one role holder of the same role. Alternately collect the job descriptions if any of the to role to make a list of all time task and activities to be performed by that role holder.
6. Interview the role holder to list the tasks and activities expected to be performed by the individual or get the role holder to list all the activities he is expected to perform in his role. Group them into a set of tasks. An activity is the description of a specific action to be undertaken by the individual role holder as part of the tasks he is expected to carry out by virtue of role holding. Thus, contacting a dealer to collect outstanding or get his new requirements or get to know his level of satisfaction with a particular product given to him etc. are all specific activities. They may all fall under the broad task of "Customer contacts" for a Manager Sales. The tasks list may be as many as fifteen to twenty for some roles and as few as five to six for other roles. There is no rigid role about the number of tasks. It depends on how complex the role is. It is useful to start with as many tasks as possible.
7. Interview the role holder to list the actual knowledge, attitude, skills and other competencies required for performing the task effectively. The role holder should be asked questions like "if you are to recruit some one

to perform this task what qualities or competencies would you look for in him/her? What competencies do you think re-required to perform this well? Whenever you had done a good job, what qualities in you have helped you to do it well? Whenever you were not able to do a good job what the competencies or qualities you lacked that you felt were preventing you from doing a good job etc.? It may be a good idea to prepare the role holder to understand the difference between knowledge, attitudes and skills. This needs to be listed for each task. The list of activities should be used in listing the competencies. The critical activities determine the competencies needed to perform the task well.

8. Repeat the process with the entire role set members. If the role set members is too many, take those who are very critical. The Boss sub-ordinates and internal customer should be represented.
9. Consolidate the list of competencies from all the role holders' by each task.
10. Edit, finalize and Present it to the supervisors of the role-holder and the role holder for approval and finalization.

ILLUSTRATION # 1:

Project management competencies (Lyle Spencer)

A competency is defined as "a reliably measurable, relatively enduring characteristics of an individual which is causally related to and statistically predicts effective or superior (one standard deviation above the mean) performance in a job". Competencies are independent predictor variables which determine criterion variables, e.g. productivity or economic value added.

Respondent traits are conscious beliefs or values, formed by early social reinforcement. These traits are satisfied by external reinforcement praise, symbolic or monetary rewards. The distinction between operant and respondent traits is important because these are ensured in different ways and predicts different behaviours in different situations. Operant and respondent measures of the same trait show no correlation, for example, a person who spontaneously takes risks may or may not agree with a respondent test item "I enjoy taking calculated risks".

Conversely, a person who "very much agrees" with this item may or may not actually engage in risk taking.

Measurement of traits thus obeys an "uncertainty principle" analogous to that in physics, which states that act and method of measurement affects the variable measured.

Operant measures and unstructured situations predict what people will do spontaneously when "left on their own" in unstructured situations. Respondent trait measures predict what people will do when asked to respond to similar stimuli presented by tests or in work situations, e.g. when influenced by appeal their values, ordered to do something by a boss, offered a reward or threatened with punishment.

The practical rule is "operant predict operant, and respondent predict respondents", for example, if a firm wants to select a manager to start a new business in China, where the manager will have great discretion and few influences from headquarters, it should choose a person high in operant need for achievements, which predicts sustainable entrepreneurial activities. The firm can closely supervise and motivate given an entrepreneurial task. It might select a person who shows he or she highly values achievement on a respondent personality test.

Six competency traits categories or levels are shown in Fig. 4.1, "Iceberg" levels of competencies. Starting at the bottom of the iceberg, the deepest level of trait competencies is:

Motive: deep underlying needs, thoughts and feelings, initiative. N (= need) motive traits are "affectively toned

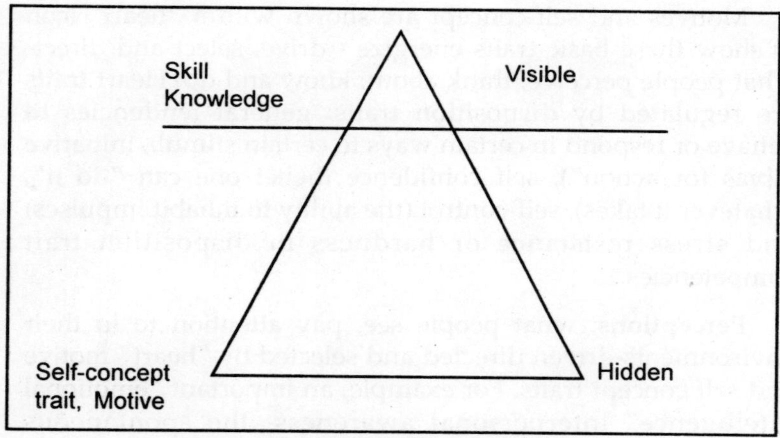

Fig. 4.1: Iceberg Model

associate networks," intrinsically pleasurable spontaneous thoughts, measured by operant tests, which drive, direct and select perception and behaviour. For example, if a person is high in achievement motivation, he or she will tend to see opportunities for entrepreneurship and/or innovation and engage in behaviours related to these goals. A person high in affiliation motivation will see opportunities to befriend others and engage in social behaviours.

Motivated "selective attention" is critical in competency studies. Superior performers pay attention to, see and seek different kinds of information than average performers do. "Chance favours the prepared mind:" this preparedness is largely a function of motives.

Self-concepts are respondent traits: attitudes, values aspirations, self-confidence measured by respondent tests which ask people what they value, think they do or are interested in doing; e.g., occupational preference inventories like the strong, Campbell Vocational Inventory, psychological tests like the Jackson, Edwards or California Personality Inventories.

Motives and self-concept are shown with a "heart" icon to show these basic traits energize - drive, select and direct-what people perceive, think about, know and do. Heart traits are regulated by disposition traits: general tendencies to behave or respond in certain ways to certain stimuli, initiative ("bias for action"), self confidence (belief one can "do it", whatever it takes), self-control (the ability to inhabit impulses) and stress resistance or hardness in disposition trait competencies.

Perceptions: what people see, pay attention to in their environments-driven directed and selected by "heart" motive and self concept traits. For example, an important "emotional intelligence" interpersonal awareness- the spontaneous tendency to attend how others are feeling and responding is driven affiliation and power motives and interest in people. A related intra-personal trait, "accurate self-assessment" - access to one's own feelings and objective understanding of one's strengths and weaknesses - is driven by three social motives and an interest in self-monitoring.

Perception is shown with an "eye" icon to symbolize selective perception by any sense: sight, hearing, taste, smell.

Cognitive Processing

Analytical and conceptual thinking: Operant measure cognitive processing are measured by behavioural interviews in which interviews are asked to "think out loud" as they explain the thought processes they went through to solve a problem or discover a new concept. Respondent measures of cognitive processing included IQ and aptitude and pencil tests like the wonders of collage Board SA cognitive process and recognized.

- **Analytic Thinking (AT)**: the ability "systems analyses" complex information, and to array data by cause-and – effect inferences (If X happens Then Y is likely to happen), by priorities (A is more important than B), and by time sequences (Do N at time I in order to be able to do M at time 2)

- **Conceptual thinking**: The use of learned concepts at lower levels for creation of new concepts to make sense of new, unorganized data.

Content Knowledge

Declarative knowledge (what one knows) of facts or procedures, either technical (how to trouble-shoot a defective computer) or interpersonal (the 5 rules of effective feedback), as measured by respondent tests.

A consistent finding of competency research is that declarative content knowledge, especially as measured by respondent tests, rarely distinguished superior from average performers. Explanations for this finding include:

- Content knowledge is a threshold competency, necessary but not sufficient for superior performance, and a giving for people in many professions who have had to pass Medical, Bar or other exams to be allowed to do the job.

- Content knowledge and respondent competencies at best predict what a person can do, but operant motives predict what he or she will do because he or she wants to.
- Declarative concept knowledge, what one knows and can recall if asked, and procedural knowledge, what one can do, involve fundamentally different processes and structure in the brain (declarative knowledge resides in the left infero-lateral temporal lobe; procedural knowledge in the supplementary motor, pre-motor and motor cortices, and Broca's area for speech behaviours)

Cognitive processing is shown as a head icon containing a "computer chip" to represent the brain's "CPU" and "disk drive" to show content knowledge brain" data bases" (facts) and "rule bases" (algorithms, decision rules).

Skills: Procedural "know-how" knowledge (what one can do), either covert (e.g., deductive or inductive reasoning) or observable e.g. "active listening" skill in an interview. Skill competencies are shown as a "hand" icon for motor behaviours (word processing welding), a "mouth" icon for speech), and the "eye" icon for information seeking-active perceptual searching for additional data.

Competencies are shown in Fig. 4.1 "iceberg" diagram to illustrate the difference between easily visible skill and knowledge competencies from less easily seen "below the water line" self-concept and motive trait competencies.

The "iceberg" model has implications for design of competency-based human resource applications. Competencies differ in the extent to which they can be taught. Content knowledge and behavioural skills are easiest to teach. Altering perception, self-concept values and motives is harder.

While changing motives and traits is possible, the process is lengthy, difficult and expensive. From a cost effectiveness standpoint, the rule is "hire for core motivation and traits characteristics, and develop knowledge and skills". Most organizations do the reverse: they hire on the basis of educational credentials (MBAs from good schools) and assume that candidates come with or can be indoctrinated with the appropriate motives and traits. It is more cost effective to hire people with the "right stuff" (motive and traits) and train them in knowledge and skills needed to do specific jobs or, in the words of one Personal Manager, *"you can teach a turkey to climb a tree, but it's easier to hire a squirrel"*.

"Competence at Work" ("Spencer and Spencer")

"A competency is an underlying characteristic of an individual that is casually related to criterion-referenced effective and/or superior performance in a job or situations".

Underlying characteristics means the competency is a fairly deep and enduring part of a person's personality and can predict behaviour in wide variety of situations and job tasks. Following are the five types of competency characteristics:

1. **Motives**: They "drive, direct and select" behaviour towards certain actions or goals and away from others, e.g. Achievement-oriented people consistently set challenging goals for themselves, take personal responsibility for accomplishing them and use feedback to do better.

2. **Traits**: are physical characteristics and consistent responses to situations or information, e.g. Reaction time and good eyesight is physical trait competencies of combat pilots.

3. **Self-concept**: a person's attitudes, values, or self-image, E.g. Self-confidence, a person's belief that he/she can be effective in almost any situation is part of that person's concept of self.

4. **Knowledge**: information a person has in specific content areas. However, knowledge at best predicts what someone "can" do, not what he/she "will" do, e.g. a surgeon's knowledge of nerves and muscles in the human body.

5. **Skill**: the ability to perform a certain physical or mental task. Mental or cognitive skill-competencies include analytic thinking. (Processing knowledge and data, determining cause and effect, organizing data and plans and conceptual thinking).

Following figure illustrates that knowledge and skill competencies tend to be visible and relatively surface, characteristics of people. Core motive and trait competencies at the base of the personality iceberg are more difficult to access and develop; it is most cost effective to select for these characteristics. Many organizations hire on the basis of surface knowledge and skill competencies and either assume that recruits have the underlying motive and trait competencies or that good management can instill these. The converse is probably more cost effective; organizations should select for core motives and competencies and teach the knowledge and skills required to do specific jobs.

In complex jobs, competencies are relatively more important in predicting superior performance than task related skills, intelligence or credentials. What distinguish superior performance in these higher-level technical, managerial and professional jobs is motivation, interpersonal skills and political skills, all of which are Competencies. It follows that competency studies are most cost-effective way to staff these positions.

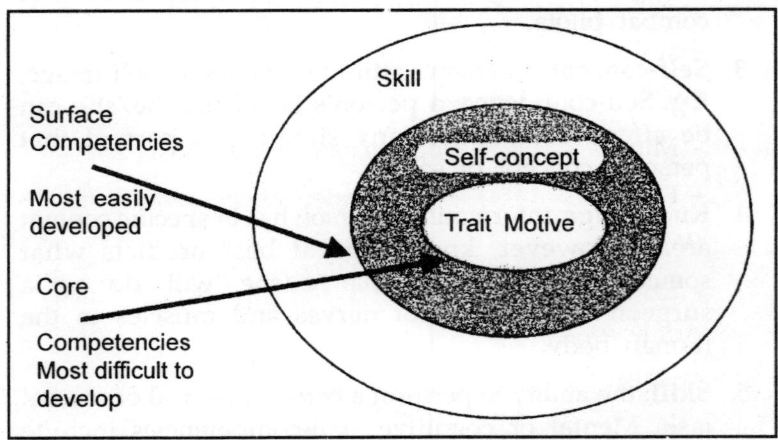

Fig 4.2: Central and Surface Competencies

Competency Mapping Process Practised at CPP, NALCO

Procedure and Modus Operandi of Competency Mapping

The competency mapping is done in a systematic way by using various types of forms. The first form is meant for determining the, "Competency Requirements" in respect of an employee. In this form, the Job position of the employee in respect of whom the mapping is to be done is indicated. Bunching the grades in which the employees concerned work indicates the job position in respect of a particular category of employees. The following example will make the position clear.

- Employee working in T0 to T4 grade: Technician/ Operator

  (With functional denomination)

- Employees working in T5 to T7 grade: Highly Skilled Technician/Operator

  (With functional denomination)

- Employees working supervisory grade: Supervisor

  (With functional denomination)

- Ministerial (Non-supervisory) grade: Assistant
- Executive in E0 to E3 grade: Officer/Engineer

  (With functional denomination)

- Executive in E4 and E5 grade: Manager

  (With functional denomination)

- Executive in E6 grade: Section for Line-in-charge
- Deputy General Manager: HOD

After identification of the Job position the minimum educational qualifications and experience requisite for the job position is indicated in the form over and above the educational qualifications, the training requisites are mentioned in three different categories, i.e. (a) Functional (general), (b) Functional (Statutory/Mandatory), (c) Developmental. Here the Functional training related to the present job position.

In the third part the job skills required for the job position is indicated. The job skill is derived from the activities, by which the jobholder is required to perform the job efficiently. For a particular task an employee is required to perform a number of activities. Here lies the competence level of the employee to perform the job to a desired level. For that purpose there is a provision in the form of indicate the level of skill required. The example of the level of skill is given below:

I = New in job,

II = Can perform under guidance,

III = Perform Independently,

IV = Independent + Problem Solving,

V = IV + Ability to supervise and Train others.

The nature of skill, which is essential for the job position, is indicated here along with its level expected from the jobholder in the functional area.

For the workmen level only the job skill are to be indicated in the form. But for the supervisory category, the level of skill like communication and interpersonal skill is indicated. Similarly for the executives the level of soft skill like communication, inter-personal skill, delegation and leadership and team building is indicated.

The Unit HRD department does all the above exercise involving concerned department executives and HODs, where the jobholders work. While doing the exercise great care is taken to analyze the activities involved to perform all task the job holder is required to do and then only the job skill which is the ability to carry out a given task or activity successfully or accurately or proficiently or speedily or with quality or with fewer errors and so on is to be briefly indicated in the form.

For the above purpose the involvement of concerned Controlling Officers, the HODs/Section or Line-In-Charge and concerned DGM is most essential. The authorities for preparation and approval of the Competency Requirement and Actual Competence profile are as indicated below:

Responsibility	Preparing	Approving
1. GMs	ED	ED
2. DGMs	GM	ED
3. HOD/INCHARGE	DGM	GM
4. Other Executives	HOD/INCHARGE	HOD/INCHARGE
5. Supervisors	HOD/INCHARGE	HOD/INCHARGE
6. Skilled Workers	HOD/INCHARGE	HOD/INCHARGE

After filling up the "Competence Requirement Form" the second form, which is the "Actual Competence Profile", form is filled up in which the individual employee holding the job position is assessed.

The identified gaps derived by comparison of actual competencies of individual employees manning identified positions *vis-à-vis* competencies required for those positions, are recorded in Competence Gap Assessment form.

The following actions are decided in the Competence Gap Assessment Form for adequately correcting the gap identified.

a. Suitable training for upgrading the skill or meeting the statutory/mandatory requirements.

b. The employee may obtain additional education and/ or professional qualification.

c. Providing for mentoring, counseling and/or extra supervision like on the job training etc. for certain period.

d. Job rotation required for the positions.

e. For correcting job skill gaps, it will be decided by the Unit Head in consultation with concerned HODs/ DGMs.

f. HRD Department is responsible for preparing the Competency Gap Assessment, Which is approved by the authority as mentioned below:

Category	Approving
1. GMs	ED
2. Other Executives	Unit Head
3. Supervisors	DGM
4. Skilled Workers	DGM

After the measures are decided, the HRD department takes follow up action, by way of taking up the matter with the training department and the User Department to do the needful and make the assessment of the Training Effectiveness.

Any training/qualifications required by individuals are added to the database during this exercise.

For the purpose of Competency Mapping "Nodal Officers" for different units have been identified who are responsible for providing the forms, consulting the concerned departments, makes correspondence and maintain centralized record. In addition, "Positional Mentors" have also been nominated by various departments who can contact in regarding to progress of Competency Mapping work in respect of the employees of their department. The "Positional Mentors" are responsible for designing the modules and imparting on the job training in the shop floor to the concerned employees.

The Nodal Officer also initiates and co-ordinates all the necessary actions to be taken as approved by Competent Authority.

After job-skill related training programmes are organized to bridge the competence gap. Training department hands over training impact assessment forms to the HOD for evaluation of the training with a copy to HRD.

The effectiveness of training imparted is evaluated in Training Impact Assessment, as per procedure by the Nodal Officer in consultation with HOD concerned within 3-month of organization of the programme. Proposal for corrective Action, if any is communicated to the Training department within four months of organization of the programme.

The effectiveness of other actions is also evaluated only in case of significant changes. GM (H and A) reviews the actions on quarterly basis, where such significant changes are necessary and appropriate corrective and preventive actives are taken to improve the effectiveness of the system.

The exercise is continuous in nature and is being adopted by NALCO as a developmental tool. In each step unit HRD involves for correct assessment of skill requisites and the methodology to be applied for bridging the gaps, if any.

In regard to educational gap concerned employees are being addresses/counselled to perform the requisite educational qualification for which NALCO management has developed different motivational schemes. In case of skill gap, unit HRD follows up the matter with the concerned department head as well as the training head for better and quick result.

The exercise is being reviewed annually, wherever, any new job position arises or any employee's jobs on transfer/ recruitment, the same is assessed afresh and the whole exercise repeats. August is the month that has been finalized to start review so that after the full cycle, the training gap could be intimated to the training department by January, enabling them to incorporate in annual training plan, which start at the beginning of financial year.

The competency mapping process has been adopted in the 17 departments of CPP. The role identification along with role analysis of each role is carried out in these departments.

The roles identified for Chemical laboratory are:

1. E02 Area In Charge Executive
2. E02 Shift-In-Charge Executive
3. S01 Express Laboratory Chemist Supervisory
4. S02 Central Chemical Laboratory Supervisory
5. S03 Water Treatment Laboratory Chemist Supervisory
6. W01 Chemical Dosing Skilled Workers

The CPP has taken up the task of doing the competency mapping for employees through "Task Analysis Method". The activities are under full swing to follow the six steps approach of "Task Analysis", i.e. Contextual Model, Activity Analysis, Task delineation, Competency analysis, Performance analysis and discrepancy analysis.

5

Conclusion and Suggestions

CONCLUSION

From the study of training and development practices with emphasis on competency mapping process of smelter and Power complex, NALCO, Angul, it may be observed that the training and development programmes and competency mapping process practised in NALCO are expression of plans of management, designed according to achieve the objective of NALCO by developing the computerization of human resources. Competency mapping process is working as the tools for implementation of the management decisions and plans of action. Competency mapping processes also give the enterprise in its relationship with employees. So, overall competency mapping practiced in CPP, NALCO is successful.

Though competency mapping process was started as an activity of ISO-9001 Quality Management Systems linking to process activities, NALCO Management in particular NALCO HRD is using the scheme as a development tool, which in its due course of implementation is yielding more practical results.

This also helped CPP, NALCO to become one of the cheap power producers of the country and has in turn contributed to the profitability, sustainability of the organisation in all odd circumstances exploring skill inventories of the human resources.

SUGGESTIONS

Author to comment on/suggest regarding the Nalco's training and development programmes. But some points to which author want to highlight that:

1. Competency mapping should be formulated with active participation of executives, supervisors and workers at all level.
2. Line managers to spare more time for the competency mapping activities of the employees working under them.
3. For the competency mapping "Developmental Centre" along with "On the Job Training Centre" may be made.
4. The organization should have an assessment center and role analysis procedure.
5. Further proper questionnaire along with practical ability test for different position may be adopted for finding out proper gap and training need.
6. Necessary thorough competency appraisal system should be developed more effectively.
7. The Top Management should be more involved in the process of competency mapping and creating of thrust/ awareness within the organization.
8. NALCO should emphasis on the shop floor need-based training.
9. NALCO should constantly give opportunity to the employees to gather knowledge adopting various motivating packages.

Bibliography

Gupta, C.B., *Human Resource Management.*

HR Manual NALCO.

Memoria, C.B., *Personal Management.*

NALCO Journal.

NIPM Journals.

Rao, P. Suba, *Human Resource Management.*

The Company You Keep.

Index

❑❑❑